跨境电商概论

主　编　孙春媛　吴琼芳

副主编　潘晓霞

电子工业出版社
Publishing House of Electronics Industry
北京·BEIJING

内 容 简 介

本书基于跨境电子商务企业的岗位技能要求，对接跨境电子商务运行的各个环节，从八个项目展开，包括跨境电商、跨境电商平台、跨境电商店铺运营、跨境电商物流、跨境支付与结算、跨境数据化营销、跨境电商客服人员、跨境电商政策与法规。本书结合跨境电子商务行业的典型案例，系统、全面地介绍了跨境电商生态链，旨在帮助学习者初步学习跨境电商各个环节的基本知识与基础技能。本书配套有课件、习题等数字化资源，并选取部分优质资源，在书中以二维码形式标注，供学习者使用。

本书适合应用型本科院校、高等职业院校作为教材，也可供从业人员自学使用。

未经许可，不得以任何方式复制或抄袭本书的部分或全部内容。

版权所有，侵权必究。

图书在版编目（CIP）数据

跨境电商概论 / 孙春媛，吴琼芳主编 . -- 北京：电子工业出版社，2025.6. -- ISBN 978-7-121-50381-8

Ⅰ．F713.36

中国国家版本馆 CIP 数据核字第 20253FA768 号

责任编辑：张云怡
印　　刷：涿州市京南印刷厂
装　　订：涿州市京南印刷厂
出版发行：电子工业出版社
　　　　　北京市海淀区万寿路 173 信箱　邮编　100036
开　　本：787×1092　1/16　印张：15.25　字数：390 千字
版　　次：2025 年 6 月第 1 版
印　　次：2025 年 6 月第 1 次印刷
定　　价：59.00 元

凡所购买电子工业出版社图书有缺损问题，请向购买书店调换。若书店售缺，请与本社发行部联系，联系及邮购电话：（010）88254888，88258888。

质量投诉请发邮件至 zlts@phei.com.cn，盗版侵权举报请发邮件至 dbqq@phei.com.cn。

本书咨询联系方式：（010）88254573，zyy@phei.com.cn。

序 言

人工智能（AI）已经深刻地融入到社会生活的方方面面，跨境电子商务领域也不例外。人工智能大模型的广泛应用，重塑着跨境电子商务的发展格局，为这个行业带来了革命性的变化，还创造出了全新的商业机会。在此背景下，我们精心编写了这套 AI 跨境电子商务系列教材，旨在为跨境电子商务专业学生提供全面、系统且具有前瞻性的知识体系，助力他们在这个充满机遇与挑战的领域中掌握最新动态，提升专业素养，实现职业发展目标。

宁波舟山地区作为我国跨境电子商务产业非常发达的地区之一，拥有众多的跨境电子商务企业，形成了完善的跨境电子商务产业链。在这个充满活力和创新的环境中，企业积极探索人工智能大模型在跨境电子商务领域的应用，积累了丰富的实践经验。本套教材的编写团队正是来自宁波舟山地区的学校教师，他们不仅具有扎实的专业知识和丰富的教学经验，还与当地的跨境电子商务企业保持着紧密的联系，深入了解行业的最新动态和发展趋势。他们将人工智能大模型在跨境电子商务领域的应用案例融入到教材中，使教材更具实用性和针对性。

AI 跨境电子商务系列教材涵盖跨境电子商务的各个方面，包括概论、运营与管理、物流与供应链管理、B2B 跨境电商、通关实务、网络营销、数据分析与应用、视觉设计、法律法规、跨境电商英语、支付与结算、客户关系管理、进口跨境电子商务、B2B 跨境电商函电以及集装箱运输实务等。每一本教材都紧密围绕 AI 技术在该领域的应用展开，突出了教材的时代性和创新性。

无论是学生还是企业员工，这套教材都为他们提供了深入学习人工智能大模型在跨境电子商务领域中应用的平台，为其职业发展打下坚实的基础。对于跨境电子商务职业教育而言，是一次崭新的推进，而对整个跨境电子商务行业来说，这套教材的出版有助于推动人工智能大模型在跨境电子商务领域的广泛应用，促进跨境电子商务行业的转型升级。

在编写这套教材的过程中，我们得到了许多专家、学者和企业界人士以及电子工业出版社的支持和帮助，在此表示衷心的感谢。由于时间和水平有限，教材中难免存在不足之处，恳请广大读者批评指正。

AI 跨境电子商务系列教材编写委员会

编委会

总 主 编	胡坚达	宁波城市职业技术学院
编委会主任	沈凤池	浙江商业职业技术学院
	陈 明	浙江工商职业技术学院
	戎 丹	宁波城市职业技术学院
编委会委员	李 昂	宁波希革马人工智能有限责任公司
	陈海飞	舟山旅游与健康职业学院
	孙春媛	宁波城市职业技术学院
	薛 彪	宁波亿皇国际贸易有限公司
	周锡飞	浙江工商职业技术学院
	李永焕	宁波昊惠永星贸易公司
	张晓蕾	浙江纺织服装职业技术学院
	郭红彬	阿里巴巴国际事业部
	李明芳	浙江工商职业技术学院
	张文丰	浙江铭弘家居有限公司
	麻黎黎	宁波城市职业技术学院
	沈彦达	舟山旅游与健康职业学院
	袁静波	舟山普陀渔港小镇管委会
	许 辉	浙江工商职业技术学院
	李浩妍	宁波城市职业技术学院
	支程光	宁波得圣国际物流有限公司
	王艺熹	浙江药科职业大学
	农晓丹	宁波城市职业技术学院
	孔德民	浙江纺织服装职业技术学院
	史丽芳	宁波幼儿师范高等专科学校

前　言

党的二十大报告指出："育人的根本在于立德。全面贯彻党的教育方针，落实立德树人根本任务，培养德智体美劳全面发展的社会主义建设者和接班人。"本书在编写过程中坚决贯彻党的二十大精神和理念，以学生的全面发展为培养目标，融"知识学习、能力提升、素质培育"于一体，严格落实立德树人根本任务。本书对接跨境电商、国际经济与贸易等相关专业教学标准，立足中国国情，体现浙江特色，主要围绕跨境电商、跨境电商平台、跨境电商店铺运营、跨境电商物流、跨境支付与结算、跨境数据化营销、跨境电商客服、跨境电商政策与法规八个项目展开，通过跨境电商行业内的典型案例，结合 AI 技术的实际应用场景，系统、全面地介绍跨境电商生态链的各个环节，帮助学习者系统掌握跨境电商的基本知识与核心技能，同时培养其运用 AI 技术解决实际问题的能力，为培养适应数字经济发展的复合型人才提供有力支撑。

本书的特色有以下几点。

1. 案例教学融入中华优秀传统文化

结合实际案例，培养学生能力。引用"一花独放不是春，百花齐放春满园""海纳百川，有容乃大"让学生体会合作包容；引用"天下事有难易乎？为之，则难者亦易矣；不为，则易者亦难矣""工欲善其事，必先利其器""知者顺时而谋，愚者逆理而行"让学生理解实践创新；引用"先义而后利者荣，先利而后义者辱""不以规矩，不能成方圆""经国序民，正其制度"让学生理解爱国诚信、守正创新。

2. 采用标准引领，对接新要求，教材设计多样化

本书在内容选取上，对接课程标准、专业标准和职业标准，紧扣职业岗位和职业群需求，精准反映浙江共同富裕示范区建设对跨境电商的新要求，从浙江区块外延到长三角区块取材，有一定的典型性和推广性。本书的编写大纲经过了浙江跨境电商行业内专业人才的多次研讨，由宁波高校一线跨境电商实战教师及跨境电商企业的专业人员合力编写而成，专业性较强。

3. 数字化资源与 AI 技术融合，落实文化数字化战略

为贯彻实施国家文化数字化战略，本书除传统的电子课件、教案、习题外，还配有大量的数字化资源，各任务均设有教师讲解视频及相关素材。其中，AI 案例库会定期更新行业最新动态，确保教学内容与时俱进；AI 实训题库也会支持智能选品分析、营销文案生成等实

战训练。学习者使用本书时，扫描书上二维码，即可灵活地使用包括课程标准、教学设计、微课、动画、视频、电子课件、习题、实训、案例等类型丰富的数字化资源。

本书由宁波城市职业技术学院的孙春媛、吴琼芳担任主编，负责全书内容框架的制定及定稿统筹；由潘晓霞担任副主编。编写分工为：孙春媛负责项目一的编写；孙春媛、薛彪负责项目二的编写；吴琼芳负责项目三、项目四的编写；潘晓霞负责项目五、项目七的编写；孙春媛、吴琼芳、蔡文芳负责项目六、项目八的编写。本书在编写过程中还得到了史勤波、宁波亿皇国际贸易有限公司相关负责人的指导和帮助，在此向其表示衷心感谢。

由于编者学识有限，书中难免存在不足之处，恳请广大读者批评指正。

目　录

项目一　跨境电商 1
 任务一　了解跨境电商的岗位需求与职业能力 2
 任务二　分析典型城市跨境电商的发展 9
 任务三　跨境电商的分类 17

项目二　跨境电商平台 28
 任务一　认识跨境电商平台 29
 任务二　对比分析 B2C 跨境电商主流出口平台 33
 任务三　对比分析跨境电商零售进口平台 43
 任务四　对比分析跨境电商 B2B 主流平台 52

项目三　跨境电商店铺运营 62
 任务一　跨境电商市场调研 63
 任务二　跨境电商商品选择 67
 任务三　确定价格并发布商品 75
 任务四　管理库存与订单 82

项目四　跨境电商物流 88
 任务一　寄送邮政包裹 89
 任务二　使用国内快递 95
 任务三　选择国际快递 99
 任务四　确定专线物流 103
 任务五　认识海外仓 109

项目五 跨境支付与结算 117

  任务一 初探跨境支付与结算 118
  任务二 主流跨境支付与结算方式 124
  任务三 其他跨境支付与结算方式 135
  任务四 跨境支付与结算的风险与防范 143

项目六 跨境数据化营销 152

  任务一 分析跨境电商数据 153
  任务二 认知跨境电商营销 160

项目七 跨境电商客服人员 177

  任务一 了解跨境电商客服人员 178
  任务二 跨境电商客服人员售前沟通与服务 183
  任务三 跨境电商客服人员售中沟通与服务 191
  任务四 跨境电商客服人员售后沟通与服务 197

项目八 跨境电商政策与法规 207

  任务一 跨境电商的相关政策与法规 208
  任务二 世界主要国家或地区的跨境电商政策与法规 218

参考文献 235

项目一　跨境电商

培养目标

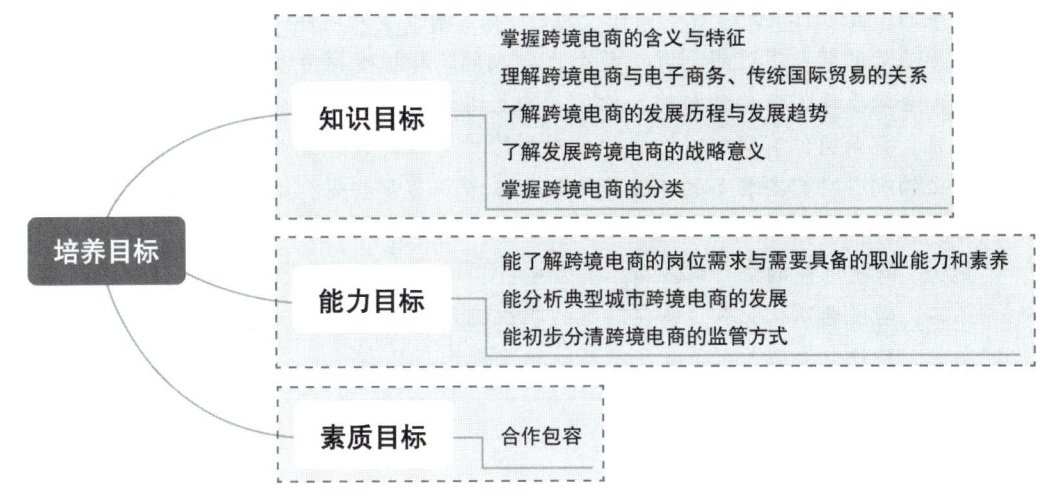

课前导学

一花独放不是春，百花齐放春满园

"一花独放不是春，百花齐放春满园。"出自《古今贤文》，意思是：只有一枝花盛开的时候，并不能称为春天，只有百花齐放的时候，才能真正迎来春天。不同国家、不同民族的思想文化各有千秋，只有姹紫嫣红之别，而无高低优劣之分。党的十八大以来，中国一直以海纳百川的胸襟为各国搭建平台：建设自贸试验区和自由贸易港，合理缩减外商投资准入负面清单，共建"一带一路"，举办中国国际进口博览会、中国进出口商品交易会、中国国际服务贸易交易会……以高水平对外开放促进深层次改革高质量发展，以实际行动向世界昭示中国开放的大门不会关闭，只会越开越大。党的二十大报告也指出，中国坚持在和平共处五项原则基础上同各国发展友好合作，推动构建新型国际关系，深化拓展平等、开放、合作的全球伙伴关系，致力于扩大同各国利益的汇合点。

作为全球贸易的新势力，跨境电商让更多人实现了"买全球卖全球"。据初步统计，2023年中国跨境电商进出口总额为2.38万亿元，同比增长15.6%。2024年一季度，中国跨境电商进出口额达到了5776亿元，同比增长9.6%，其中出口额高达4480亿元，同比增长14%。跨境电商已成为拉动中国外贸增长的新动能。随着新一轮科技革命和产业变革突飞猛进，全球数字经济蓬勃发展，为跨境电商快速发展提供了新机遇。未来，中国将继续扎实推进跨境电子商务综合试验区建设，持续完善配套政策，提升监管便利化水平，加快构建适应跨境电商发展需要的产业链和生态圈，促进跨境电商高质量发展。

任务一 了解跨境电商的岗位需求与职业能力

任务导入

同学们,当你们推开跨境电商的"大门"时,有没有对跨境电商专业有过了解呢,是否对毕业后的职业有过规划呢?整个大学期间,跨境电商专业会教给你哪些知识和技能呢,会培养你们哪些素质呢?你们是否思考过,跨境电商专业毕业后的工作内容是什么呢,就业岗位有哪些呢?当你们听到跨境电商的各种就业岗位时,能想明白它是做什么的吗,它需要具备的专业能力和职业素养有哪些呢?请各位同学先来思考三个问题。

第一,跨境电商的主要就业岗位有哪些?
第二,跨境电商从业人员需要具备的职业能力有哪些?
第三,跨境电商从业人员需要具备的职业素养有哪些?

一、跨境电商的主要就业岗位

跨境电商专业应届毕业生的就业方向主要包括跨境电商运营专员、跨境电商客服、跨境电商产品采购开发等。其中,跨境电商运营专员主要负责产品定价、上架、推广、优化与维护,海外仓发货,库存跟进等;跨境电商客服主要负责平台规则解读及线上邮件回复,解决用户售前、售中、售后问题,处理中差评并维护账号安全等;跨境电商产品采购开发主要负责搜集各类产品的相关资料,对市场当季产品特征及流行趋势进行归类整理和统计分析,并根据公司的产品需求,进行市场分析和调查,开发及采购合适的新产品。

经过几年的积累和沉淀后,跨境电商运营专员往跨境电商运营主管方向发展,跨境电商客服往跨境电商客服主管方向发展,跨境电商产品采购开发往产品开发采购总监或者供应链采购产品经理方向发展。具体的就业岗位与岗位职责如表1-1所示。

表1-1 跨境电商主要就业岗位与岗位职责

初始岗位	初始岗位职责	发展岗位	发展岗位职责
跨境电商运营专员	1.管理跨境电商平台账号,维护账号安全,提升店铺的好评率; 2.负责产品的定价、上架、推广、优化与维护,海外仓发货,库存跟进; 3.跟进产品销售情况,根据利润情况进行调价; 4.熟悉业务流程,定期统计销售数据和库存数据,及时调整销售策略,保持较好的库存周转率和库存量	跨境电商运营主管	1.负责平台店铺推广和运营,制订店铺整体运营策略、推广策略,提高店铺点击率、浏览量和转化率; 2.针对推广效果进行跟踪、评估,提出营销改进措施; 3.定期系统分析相关网店运营参数,组织策划网络店铺推广活动,并分析结果、评估效果; 4.参与新产品的开发与旧产品的淘汰,保证产品线健康成长; 5.了解和分析市场现状及竞争对手情况,定期统计销售数据,并提出改良方案

续表1-1

初始岗位	初始岗位职责	发展岗位	发展岗位职责
跨境电商客服	1. 开展线上客服工作，及时回复邮件，解决售前、售中、售后问题，处理中差评，维护账号安全； 2. 解读平台规则； 3. 熟悉产品，对产品信息进行分析和补充	跨境电商客服主管	1. 负责公司平台客服工作流程的优化、落地及考核等； 2. 把控客服团队的日常工作流程，监督并持续提高团队业绩水平； 3. 针对业务发展和用户诉求的变化，不断优化创新客服服务，提升用户体验； 4. 提升平台客服转化率、服务品质，降低退款率及投诉率
跨境电商产品采购开发	1. 搜集各类产品的相关资料，对市场当季产品特征及流行趋势进行归类整理和统计分析； 2. 对公司产品需求的市场进行分析和调查，开发及采购合适的新产品； 3. 创建及维护产品信息资料，整理和分析市场调查数据，进行成本利润核算及销售初期市场预测	产品开发采购总监/供应链采购产品经理	1. 负责各种类目产品的采购开发与管理，优化整合供应商资源； 2. 带领产品开发团队开发类目供应商，规范并完善产品开发流程和产品采购流程； 3. 根据公司经营目标、销售情况、市场信息和库存情况制订商品开发和采购引进计划并实施； 4. 了解海外市场对产品的需求，进行产品开发调研、选品，与运营部沟通并确定新的开发产品； 5. 结合竞争对手分析，并针对具体情况制订有效的产品开发策略，开发市场畅销或有潜力的新品

二、跨境电商从业人员需要具备的职业能力

（一）平台实操能力

跨境电商从业人员首先要了解公司的文化和工作背景，包括公司所处行业、行业地位、竞争对手、业务范围、企业文化、组织架构、业务流程、公司核心目标市场等。

跨境电商从业人员要熟悉各类跨境电商平台的操作流程。具体包括：通过跨境电商平台的帮助中心、参加公司平台操作培训、向老员工请教等途径学习各个跨境电商平台的规则及操作技巧；能对各跨境电商平台的规则进行横向扩展对比，并灵活交叉运用各平台操作规则；利用跨境电商平台，收集、整理、分析其他竞争对手的策略。

跨境电商从业人员要熟练操作平台的产品信息发布与店铺运营与装修。产品信息包括产品性能、产品属性、产品包装、物流方式、库存、产品详细描述、产品价格、产品对应目标市场、消费群体等内容。店铺运营与装修应根据季节、文化背景制作不同主题，且主题明确的店铺页面，店铺页面应力求干净、明晰，并定期对其进行美化加工。

（二）产品开发能力

跨境电商从业人员需要具备产品开发的能力、制订选品策略的能力、挖掘"蓝海"产品的能力。要会运用各种大数据工具分析市场的产品需求，能根据各国市场的消费习惯、文化背景和偏好选择产品；会依据市场流行趋势选择热销款式、颜色，并确定采购数量；能开展

流量性选品、高利润性选品和正常利润性选品；能颠覆传统选品模式，突破惯性思维，具备跳跃式、创新性选品理念等。

跨境电商从业人员还需要通过各种途径发布采购信息，基于供应链和利润空间选择，确定最佳供应商，并将采购工作落实到位。包括联系供应商订货，制作采购合同或采购单；跟踪订单执行情况，制订质检方案，抽检产品质量，质检收货；将选品方案所采购到货的产品编号录入公司产品管控系统；将产品信息转交给市场推广部，做好对接、货物入仓等工作。

（三）市场拓展能力

跨境电商从业人员需要分析目标市场，掌握国际市场的需求，包括目标市场所处地域环境的文化背景、大众消费价格区间、用户网络搜索习惯及目标市场的产品走向等。

跨境电商从业人员要分析出用户的需求偏好，并进行用户开发。可以通过多种信息分析用户的需求偏好，包括用户基本信息、用户采购历史、采购产品分类、采购数量、质量等级、货物交期、运输方式、付款方式、产品颜色、产品文化属性、价格区间等信息，从中整理出不同用户的真实需求。用户开发包括：制订不同时区用户开发工作流程；合理设计与用户的沟通方案；利用社交工具进行店铺推广；制作不同用户、不同产品的开发邮件；等等。

跨境电商从业人员还需要推广和运营平台店铺。包括制订店铺整体运营策略、推广策略，提高店铺点击率、浏览量和转化率；针对推广效果进行跟踪、评估，提出营销改进措施；定期系统分析相关网店运营参数，策划组织网络店铺推广活动，并分析结果、评估效果；了解和分析市场现状及竞争对手情况，定期统计销售数据，并提出改良方案；等等。

（四）用户服务能力

跨境电商从业人员需要提供售前、售中和售后服务。售前服务包括：根据公司的销售策略进行报价或修改价格；熟悉产品知识，及时回复用户邮件；及时处理站内各种即时信息等。售中服务包括：帮助用户查询物流状态，及时回复用户邮件。售后服务包括：了解与所销售产品有关的各种情况，及时收集用户对产品的反馈信息，如购物体验、物流体验、产品质量、服务质量、服务满意度等；有效处理用户投诉，制订用户投诉服务管控机制等。

跨境电商从业人员还要进行用户维护。包括区分用户价值，进行用户等级分类；以节假日问候等方式维护用户关系；定期向用户推送新产品信息；完善电子邮件开发体系，并及时与用户沟通。

三、跨境电商从业人员需要具备的职业素养

跨境电商从业人员要树立爱国、敬业、诚信、友善的社会主义核心价值观，同时也要具备以下职业素养。

（一）能沟通，会交流

跨境电商从业人员在与用户沟通时，要具备良好的表达能力和亲和力，能安抚用户情绪，同时也要掌握沟通技巧，具有较强的谈判能力。

（二）能自学，会探索

跨境电商从业人员要能密切关注跨境电商行业最新发展趋势，善于探索新的事物；对新产品的开发和新的跨境电商平台有强烈的自我学习意识，能通过请教行业专家、与同行交流、参加培训等方式自主学习。

（三）有责任，会合作

跨境电商从业人员应具备积极端正的工作态度，对工作内容、产品、团队和用户都认真负责。同时，跨境电商从业人员也要有主人翁意识，善于处理上下级关系，具备团队协作能力。

（四）懂语言，会软件

跨境电商从业人员应至少具备一门能够熟练地进行听、说、读、写、译的外语，熟悉各国文化，理解专业术语、俚语及缩略语，能够熟练运用外语进行业务处理。同时，跨境电商从业人员能熟练运用 Office 办公软件，具有 PS 或 CorelDRAW 软件的操作能力，能够简单绘图，也能运用 Xmind 软件进行信息处理。

（五）能分析，会处理

跨境电商从业人员应具有独立自主解决问题的能力和高效的执行力；能分析各种条件，并善于换位思考；具备突发状况的应急处理能力。

知识要点

一、跨境电商的含义

跨境电商含义与特征

跨境电商（全称跨境电子商务）有不同版本的定义。在商业领域的主流认知中，跨境电商是"通过互联网等信息网络从事商品或者服务进出口的经营活动"。跨境电商是指分属不同关境的交易主体，通过电子商务平台达成交易、进行电子支付结算，并通过跨境电商物流及异地仓储送达商品，从而完成交易的一种国际商业活动。跨境电商的生态圈涵盖物流、信息流、资金流、单证流；配套企业包括软件公司、代运营公司、支付公司、物流公司、报关公司；服务内容包括质检、保险、网站运营、物流、退换货、图片翻译描述、金融服务、营销、网店装修等，监管部门包括海关、外汇、商委、市场监督、央行等政府机关。

跨境电商的概念有狭义和广义之分。狭义的跨境电商是指跨境网络零售的商业活动，即分属不同关境的交易主体借助互联网，通过各种电商平台完成交易，采用快件、邮政小包等方式通过跨境物流运送交易商品，并进行跨境支付结算，最终将商品送达用户手中，从而完成交易的一种国际商业活动。广义的跨境电商泛指对外贸易电子商务的活动，即分属不同关境的交易主体通过电子商务手段，将传统进出口贸易中的展示、洽谈和成交环节进行电子化、数字化和网络化，并通过跨境物流运输商品，最终达成交易的跨境进出口贸易活动。

二、跨境电商的特征

（一）全球化

全球化是指跨境电商依托网络，打破了传统交易在地理空间上的局限性。互联网用户只要具备一定的技术条件，在任何时候、任何地方都可以将信息接入网络，进而实现相互联系并达成交易。跨境电商活动基于虚拟的网络空间展开，跨境电商中的互联网卖家不需要考虑国界的限制，也不需要显示其实际地理位置，就可以直接将产品信息尤其是高附加值的产品和服务信息上传到跨境电商平台。例如，规模较小的泰国电商公司通过一个可供世界各地的互联网用户点击观看的网页，就可以在互联网上销售其商品和服务，用户只需接入互联网就可以进行交易。

（二）无形化

无形化有两层含义：一是指跨境电商在交易的过程中，下单、销售、沟通、支付等环节均通过互联网进行，是一种特殊的数字化传输活动，这就使得原本为实物的卖家、商品、物流等都以无形的信息呈现在电商平台上；二是指无形化商品（游戏、影视、软件、数字信息）在跨境电商领域快速发展。跨境电商平台不仅销售有形商品，也销售无形商品。例如，关于跨境旅游的定制，用户可以直接通过平台购买海外的旅游、住宿、乘车等服务商品，摆脱了只能依赖境内旅行社的局限，同时获得了更好的服务体验。

（三）多边化

多边化是指跨境电商整个过程的信息流、物流、资金流已经由传统的双边逐步向多边的方向演进，呈网状结构。跨境电商可以通过 A 国的交易平台、B 国的支付结算平台、C 国的物流平台，实现不同国家（地区）间的直接贸易。跨境电商从传统的链条式发展进入网状时代，中小微型企业不再简单依附于单向的交易模式，或是依赖跨国大企业的协调，而是形成了一种互相动态链接的生态系统。

（四）可追踪

可追踪是指跨境电商在整个交易过程中，磋商、签单、物流、支付等信息都会有记录，互联网用户可以实时追踪自己的商品发货状态和运输状态。例如，中国对跨境进口商品建立了源头可追溯、过程可控制、流向可追踪的闭环检验、检疫监管的体系，这样既提高了通关效率，又保障了进口商品的质量。

（五）透明化

透明化是指跨境电商的交易信息公开透明。在跨境电商模式下，供求双方的贸易活动可以采取标准化、电子化的合同、提单、发票和凭证，使得各种相关单证在网络上即可实现瞬间传递，提升贸易信息的透明度，降低信息不对称造成的贸易风险。

三、跨境电商与传统电子商务、传统国际贸易的关系

（一）跨境电商与传统电子商务的关系

1. 跨境电商与传统电子商务的联系：一方面，跨境电商本质上是电子商务的一种特殊表现形式，是交易主体分属不同国家或关境的一种国际经济贸易形式。无论是国内企业通过出口跨境电商把商品销售到国外，还是国内用户通过进口跨境电商购买国外的商品，它们的本质都是以互联网作为媒介，将买卖双方的交易信息进行整合、匹配、交换，然后线上支付、运输，进而完成从线上到线下的交易过程。这一过程没有超出电子商务的范畴，都是在开放的网络环境下，通过浏览器或者服务器等工具，且买卖双方不需要通过见面而进行的各种贸易活动。另一方面，跨境电商起源于传统电子商务。第一，从时间上看，跨境电商的出现要晚于传统电子商务。中国设立首批跨境电商服务试点是在 2012 年年底，而 1990 年开始我国就将电子商务的发展列入"八五"国家科技攻关项目。国内的电子商务企业如阿里巴巴等也在 20 世纪 90 年代后期开始发展起来。第二，从交易主体看，跨境电商主要的交易主体来自传统电商。跨境电商的买方，往往先是传统电商的使用者，这些人掌握了网上购物技巧，有着丰富的网上购物经历，对跨境电商更易接受与操作；跨境电商的卖方，往往先是传统电商的

竞争者，如国内的天猫国际，国外的eBay、亚马逊等，都是起步于本国市场并占领本国市场之后再将业务延伸到跨境电商领域。

2. 跨境电商与传统电子商务的区别：首先，交易双方不同。跨境电商的买卖双方分别属于不同国家、关境，有地域和国籍的限制。而在传统电子商务中，买卖双方往往都处在同一国家和关境，不涉及关税问题。其次，跨境电商与传统电子商务的监管方式不同。传统电子商务的监管主要依赖于政府行政监管、行业自律、第三方平台自治和消费者维权监督等方式，而跨境电商商品要经由海外正规渠道采购，并进行预申报备案，全程在海关、检验检疫部门的监管下，提前存储在海关特殊监管区域，待用户完成订单支付和纳税，货物清关后直接从海关特殊监管区域配送到国内用户手中。最后，两者的运作流程不同。传统电子商务的业务流程可以总结为用户下单支付，电商处理信息并联系物流发货，商品经物流到达用户手中。而跨境电商的业务流程相对复杂，相较于传统电子商务，其额外增加了国际物流、出入境、报关清关和国际结算业务等流程。

（二）跨境电商与传统国际贸易的关系

1. 跨境电商与传统国际贸易的联系：一方面，跨境电商是国际贸易的一种新形式。跨境电商实际上是买卖双方借助互联网实现资金流和商品流的反方向流动，它开启了国际贸易电子化的新模式。另一方面，跨境电商的发展与传统国际贸易的整体发展相互促进。作为国际贸易的一部分，跨境电商的规模受限于国际贸易的整体规模，跨境电商的发展依赖国际贸易的整体发展，只有国际贸易的商品种类日益丰富，跨境电商的商品内容才能不断被扩充。与此同时，跨境电商的飞速发展也是国际贸易发展的巨大引擎，其能为国际贸易提供充满活力的新动力。二者是相互促进、共同发展的关系。

2. 跨境电商与传统国际贸易的区别：首先，交易过程简单，跨境电商可以借助社交工具将买卖双方放到同一平台进行直接交流，同时减少了进出口的环节，缩短了交易时间和物流时间，使得交易更加简便。其次，批量小，相较传统国际贸易，跨境电商的订单金额较低、单次货物较少。再次，高频度，由于批量小，操作简单，成本较低，跨境电商的交易频率非常高，也不局限在企业和企业之间，单个的用户也可以成为一个独立的交易主体。最后，数字化，随着网络信息技术的深化，数字化产品在交易中所占的比重明显增加。

跨境电商相较于传统国际贸易成本低、速度快、简单易学，具体对比如表1-2所示。

表1-2　跨境电商与传统国际贸易对比表

项目	跨境电商	传统国际贸易
交易方式	跨境电商平台磋商	以面对面、线下展销会为主
交易内容	单笔货值低、频次高	单笔货值高、频次低
商品种类	种类多样且富有个性化	大宗商品为主，种类较少
市场规模	市场规模小，增长迅速	市场规模大，增长缓慢
支付结汇	信用证、电汇、互联网金融等	信用证、电汇、托收等
物流方式	空运、海运、铁路运输、邮递小包、海外仓、保税区等多种方式	以海运、铁路运输为主

四、发展跨境电商的战略意义

总体来说,跨境电商对于企业、行业、政府、市场和社会来说有积极的意义和作用,可以总结为"五减五增"。

> 站在企业的角度,减少了经营成本,增加了企业利润。
> 站在行业的角度,减少了中间环节,增加了营销渠道。
> 站在政府的角度,减少了行政干预,增加了监管创新。
> 站在市场的角度,减少了准入限制,增加了市场供给。
> 站在社会的角度,减少了传统障碍,增加了就业机会。

从本质上讲,跨境电商最重要的功能之一是对传统商业模式的改造,供给方逐渐由外贸生产商向外贸供应商转变,由产品交易商向生产组织者转变,由价值实现者向价值提升者转变,而需求方逐渐由被动接受者向主动用户转变。发展跨境电商的战略意义具体有以下四点。

一是拓宽企业利润渠道。除了传统的线下渠道外,企业还可以通过跨境电商渠道开拓国际市场以提高运营效率。通过电商渠道,中国企业可以获得快速发展。在全球供应链中,中国发达的制造业已经占据重要地位,跨境电商可以帮助中国企业突破地理限制与全球的商业伙伴开展对接工作和有效的沟通合作,进而推动中国企业不断进步。

二是拉动地方经济增长。跨境电商降低贸易门槛,提高流通效率,拓宽贸易渠道,提高资金流动、物流、通关等效率,给地方经济带来明显的推动作用。截至2023年年底,中国共有165个国家级跨境电商综合试验区,这些试验区的设立和运营有助于促进跨境电商拉动地方经济增长。

三是提升企业经营效率。跨境电商对于提高企业的科学决策水平具有显著的促进作用。研究发现,中国跨境电商企业采用信息和通信技术产品等技术资源,会让运营模式更顺畅、更科学。跨境电商平台提供丰富的数据分析工具,帮助企业更好地了解市场需求和消费者偏好,从而作出更科学的决策。此外,跨境电商还带动传统行业开展跨境业务,提升其品牌知名度和市场竞争力。

四是推动普惠贸易时代到来。研究发现,跨境电商方式为中小型企业提供了通关、退税、结汇、金融等一揽子服务,简化了贸易流程,从而帮助中小型企业极大地提升了国际竞争力,推动了普惠贸易时代的到来。这种新趋势有效地降低了国际贸易的门槛,让国际产业链分工更加高效、精准。

任务二　分析典型城市跨境电商的发展

> 如今"跨境电商"一词已广为人知，其实多年前它已初具雏形。请思考以下两个问题。
> 第一，我国是什么时候开始在各个城市试点跨境电商的，首批开展跨境贸易电子商务试点的城市有哪些？
> 第二，第一批试点跨境电商的城市都经历了什么？

2012年5月8日，国家发展改革委办公厅发布了《关于组织开展国家电子商务示范城市电子商务试点专项的通知》（发改办高技〔2012〕1137号），由海关总署牵头推动中央部门政策性试点之一的跨境贸易电子商务服务试点，先后遴选了上海、重庆、杭州、宁波、郑州、天津等城市开展跨境贸易电子商务试点工作。其中提到，针对以快件或邮件方式通关的跨境贸易电子商务存在难以快速通关、规范结汇及退税等问题，由海关总署组织有关示范城市开展跨境贸易电子商务服务试点工作。重点支持电子口岸建设机构完善跨境贸易电子商务综合服务系统，外贸电子商务企业建立在线通关、结汇、退税申报等应用系统。研究跨境电子商务相关基础信息标准规范、管理制度，提高通关管理和服务水平。

2012年年底，国家发展改革委办公厅发布了《关于开展国家电子商务试点工作的通知》（发改办高技〔2012〕2218号），批准同意上海、杭州、郑州、宁波、重庆五个城市作为国内首批开展跨境贸易电子商务试点城市。2013年8月21日，国务院办公厅以国办发〔2013〕89号文件转发了商务部等部门制定的《关于实施支持跨境电子商务零售出口有关政策的意见》，自2013年10月1日起，在已经开展电子商务通关服务试点的上海、重庆、杭州、宁波、郑州等五个城市开展新政策试点。作为第一批试点跨境电商的五个城市，上海、重庆、杭州、宁波、郑州跨境电商发展的情况如下。

一、上海

2012年，上海成为全国跨境贸易电子商务服务首批试点城市之一。2013年12月，上海海关启动跨境电商网购保税进口模式试点。2015年8月，上海虹桥机场海关跨境电商直邮业务试点启动。2020年9月，上海海关正式启动"跨境电商B2B出口"试点工作，标志着上海口岸开启了规模化"卖全球"的跨境电商贸易新征程。

2023年3月，上海市人民政府办公厅印发了《上海市促进外贸稳规模提质量的若干政策措施》（沪府办规〔2023〕9号），其中多条内容涉及推动跨境电商创新发展，具体包括：深化跨境电商综合试验区建设，围绕跨境电商平台、物流、支付等环节培育一批标杆企业；支持上海自贸试验区内的企业开展跨境电商零售进口部分非处方药品及家庭常用医疗器械业务；推动跨境电商B2B出口海运清单模式落地；便利跨境电商退货，允许跨境电商进口退货商品与出口商品合并同一总单申报出口；落实跨境电商出口退运商品税收政策，对符合条件的跨境电商退运商品免征进口关税和进口环节增值税、消费税；支持本市跨境电商出口平台运用人民币跨境结算。2023年7月，上海市商务委等印发了《上海市推进跨境电商高质量发展行动方案（2023—2025年）》（沪商贸发〔2023〕183号），从"强化主体培育，打造自

主品牌;支持模式创新,培育增长新动能;强化科技赋能,推动海外仓建设;优化监管服务,打造更优营商环境;加强交流合作,营造良好行业生态"这五个方面提出了18项重点工作任务。

二、重庆

重庆作为首批跨境电商试点城市具有其特殊性,重庆的跨境电子商务试点特色在于其是全国唯一具有跨境电商服务四种模式全业务的试点城市,即一般进口、保税进口、一般出口和保税出口。在试点初期,重庆主要目标是借助跨境电商,发挥"渝新欧"国际大通道功能和重庆水、陆、空综合物流优势,畅通面向欧美、东亚等地区的跨境电商新兴市场物流通道,将重庆建成西部最大的跨境电商物流基地和进出口商品集散中心。2014年年初,重庆正式推出了跨境综合服务平台,当年跨境交易额达到7000万元人民币。2020年6月,重庆成为中西部率先试点"前店后仓+快速配送"业务的城市。2020年11月,重庆首个跨境电商退货中心仓正式投用,在退货中心仓全新模式的加持下,"放心买、放心退"成为重庆跨境电商网购保税的常态。2021年3月,重庆完成首单跨境电商B2B模式出口退税,标志着重庆市跨境电商非零售出口业务从出口、申报到完成退税全流程环节完全通畅。2021年,重庆市跨境电商规模达到322.1亿元人民币,同比增长63.3%。2022年3月7日,重庆果园港首单启运港退税成功办理,启运港退税政策进一步提升了重庆在中西部地区的吸引力和辐射力,能带动周边城市货源向重庆港口集聚。2022年4月,重庆市人民政府办公厅印发《重庆市加快发展外贸新业态新模式实施方案》,明确到2025年全市外贸新业态新模式发展的体制机制和政策体系更为完善,全市外贸新业态新模式进出口规模突破1000亿元人民币,会支持在海关特殊监管区域内开展"跨境电商零售进口退货中心仓模式",并有序推进海外仓健康发展。2023年12月,重庆市人民政府办公厅印发了《重庆市推进跨境电商高质量发展若干措施》(渝府办发〔2023〕92号),从引育壮大跨境电商主体、强化跨境电商品牌建设、支持跨境电商产业园区建设、推动跨境电商产业带建设、推动跨境电商创新发展、提升跨境电商通关便利化水平、优化跨境电商税收政策、优化跨境电商外汇管理服务、加大跨境电商金融服务支持力度、打造专业高效跨境电商物流服务网络、支持跨境电商海外仓发展、加强国际交流合作、健全跨境电商综合服务体系、打造多层次跨境电商人才队伍、优化跨境电商发展环境这十五个方面推进重庆市跨境电商高质量发展。

三、杭州

2012年,杭州成为全国首批跨境贸易电子商务试点城市之一,跨境电子商务的"星星之火"在杭州点燃。2015年3月,杭州获批成为全国首个跨境电商综合试验区,开启了全国跨境电商第一区的先行先试。杭州是全国最早开展跨境电子商务"小包出口""直邮进口""网购保税进口"、跨境B2B出口、保税出口等业务试点的城市,并率先探索跨境电商退换货中心、"全球中心仓"、定点配送、"保税进口+零售加工"等新模式。截至2022年,杭州累计出台落实跨境电商相关便利化政策218条,促进跨境电商发展政策措施492条,出台落实国家重大战略且与跨境电商相关的政策措施144条,组织、参与编写跨境电商相关国家、行业标准20项。杭州跨境电商交易额屡创新高,2023年跨境电商进出口总额达到1400.4亿元人民币,同比增长16.4%。杭州跨境电商卖家数由2012年的不足百家增长到2023年的63 436家。截至2023年,交易额达2000万元人民币以上的跨境电商企业达1045家,跨境电商企业注册商标数4371个,跨境电商独角兽、准独角兽企业46家。

由于多年的先行先试，杭州成为名副其实的"全国跨境电商第一城"，同时也肩负着为全国跨境电商发展探路的使命。第一，激发创新链。杭州要进一步完善跨境电商进出口退换货机制，扩大"9710""9810"出口，着力在跨境电子商务交易、支付、物流、通关、退税、结汇等"六个环节"的技术标准、国际规则和信息化建设等方面先行先试。第二，提升产业链。力争到2025年年末，杭州跨境电子商务进出口总额达250亿美元以上，培育和集聚年交易额超过100亿美元的数字贸易龙头平台30家以上，培育年交易额超过1000万美元的跨境品牌企业500家以上。第三，优化服务链。实施"e揽全球杭品出海"专项行动。建设全球跨境电商品牌研究中心等四大中心。建成全国首个"多层结构+智能化"机场国际货站，支持自建、租赁跨境电商保税仓、集货仓，支持市场主体开辟货运航线和物流班列。第四，畅通金融链。支持在杭跨境支付机构申领全球牌照，打造全国跨境电商支付高地。引导社会资本成立跨境电商产业基金，联合金融机构成立跨境电商融资产品"杭跨贷"，着力解决中小型跨境电商企业"融资难"问题。第五，升级政策链。制定新版跨境电商政策，培育市场主体，激发内生活力，鼓励跨境电商做大做强；支持企业开拓市场，鼓励专业服务商、独立站、海外仓发展，打造跨境电商全球品牌；持续招大引强、招新引优，提升园区能级，增强持续发展后劲。

四、宁波

2012年，宁波获批成为全国首批跨境贸易电子商务试点城市之一。2016年，宁波跨境电子商务综合试验区获批，用新模式为外贸发展提供新支撑。对应海关设立的跨境电商业务监管方式，宁波在全国率先实现跨境电商企业对个人（B2C）进出口（"1210"/"9610"）、企业对企业（B2B）出口（"9710"/"9810"）业务模式全覆盖，创新跨境电商进口"网购保税+线下自提"零售新模式，开展全国首批"跨境电商出口海外仓"业务。2020年5月，宁波率先在全国组织成立跨境电商企业出海联盟，建立市场主体知识产权信用记录、海外仓知识产权维权联盟和维权援助机制。2021年，全市跨境电商进出口额达1786.1亿元人民币，同比增长20.1%，其中网购保税（"1210"）进口交易单量和交易金额均占全国近1/4，连续4年居全国首位；2021年"双11"期间跨境电商零售进口累计交易金额突破1000亿元人民币，成为全国首个跨境电商零售进口累计交易金额破千亿元的城市。2021年，宁波海关监管出口海外仓货物（"9810"）货值同比增长近三倍，业务量占全国1/4。截至2023年7月，宁波企业建设经营海外仓已达212个，总面积334万平方米，跨境电商进出口额约占全国1/6。截至2023年11月，宁波海关已累计备案海外仓企业206家，占全国总量的1/10，出口海外仓业务量保持全国领先地位。

这几年来，宁波建立"市区联动+部门协同"机制，印发《宁波市支持跨境电子商务高质量发展的若干政策意见》，统筹设立5000万元人民币市级跨境电子商务专项促进资金，累计出台落实跨境电商相关便利化政策146条，促进跨境电商发展政策措施234条，出台落实综合试验区（以下简称综试区）建设成熟经验做法和海外仓好经验好做法有关政策措施393条。接下来这几年，宁波会奋力打造成全国跨境电商高质量发展标杆城市，基本建成我国重要的跨境电商口岸物流中心、跨境电商供应链中心、跨境电商创业创新中心、跨境电商大数据应用服务中心（"一标杆四中心"），争取到2025年，宁波跨境电商进出口额占全省总额的20%以上，其中出口额占18%以上，进口额占30%以上，进口额居全国第一方阵。

五、郑州

郑州是我国首批跨境电商试点城市中处于内陆地区的两个试点之一。2012年，郑州被列为国家首批跨境贸易电子商务服务试点城市之一。2014年8月，河南首创的"1210"监管模式获得海关总署批准，并先后在全国、全球推广，为跨境电商行业发展贡献了河南智慧。2016年1月，中国（郑州）跨境电子商务综合试验区获批建设。2017年7月，首届全球跨境电子商务大会在郑州举办，达成了《郑州共识》，全球跨境电商大会永久落户郑州。2018年5月，第二届全球跨境电商大会在郑州举办，会上成立了跨境电子商务标准与规则创新促进联盟。2020年6月，海关总署同意在郑州海关开展跨境电商B2B出口监管试点。2020年9月，第四届全球跨境电商大会在郑州举办，正式启动跨境电商进口药品和医疗器械试点。2022年3月，河南郑州建设全国重要国际邮件枢纽口岸获海关总署和国家邮政局批复，郑州成为继北京、上海、广州之后第四个建设全国重要国际邮件枢纽口岸的城市。2022年4月，河南跨境电子商务零售进口药品试点业务正式启动。2023年，郑州成功举办第七届全球跨境电子商务大会，郑州跨境电商年交易额超过1250亿元人民币，同比增长10%，总量居中部第一，进入全国第一方阵。河南自贸试验区郑州片区形成制度创新成果316项，其中全国首创50项、全省首创79项，12项制度创新在全国复制推广，郑州机场航空电子货运、跨境电商零售进口药品试点制度创新等多项成果为全国首家或全国唯一。

以上五个城市作为第一批跨境电商试点城市，抢占了先机，各自推出了相应的跨境电商业务，吸引了各大品牌电商企业、物流企业及各大零售商品企业入驻，呈现出不同的规模趋势。请检索并思考一下，到目前为止，全国获批的跨境电商进口试点城市有哪些呢？全国范围内设立的跨境电子商务综合试验区又有哪些呢？

知识要点

一、跨境电商的发展历程

跨境电商的发展历程

（一）跨境电商的萌芽阶段——互联网+传统进出口业务（2000年前后）

中国的跨境电商平台最早可追溯到1999年上线的阿里巴巴网站，也是现今阿里巴巴集团早期唯一的电子商务平台。阿里巴巴倡导的"让天下没有难做的生意"及阿里巴巴创始人马云在创办阿里巴巴之前所构想的"要将全世界的商人都联合起来"，正是基于这个网络平台。这种平台仅仅只是为传统国际贸易提供了一个交易磋商的渠道，交易的达成及实施还必须依赖传统方式与方法，同一时期的B2B外贸平台还有环球资源网、中国制造网、慧聪网等。这一类跨境电商的原始形态，服务的主要方向都是为传统外贸企业寻求用户资源，因此2000年前后的这段时期可称为中国跨境电商的萌芽阶段。

（二）跨境电商的形成阶段——代购+"海淘"+各大平台（2001—2012年）

随着时代的发展，越来越多的国人获得了出国的机会，他们有些是在国外留学的学生，有些是在国外工作的国人。在学习工作之余，他们会为国内亲人朋友带些礼品。随着次数的增加，他们也会从中收取劳务费用，慢慢地，他们开始选择国内没有销售或者价格差较大的商品，于是出现了代购的雏形。2003年淘宝网的上线，让代购变得更加大众化。2002年eBay以并购方式进入中国市场，打破地区与国家界限，以零售方式实现商品的无障碍流通。2004年敦煌网上线，2007年兰亭集势上线，2010年全球速卖通上线，中国的卖家开始尝试将中国商品以零售方式卖到境外。2006—2007年年间，还出现了依托境外电商平台进行进口商品消费的活动，"海淘"、代购模式形成。随后中国本土也应运而生了专门提供境外商品选购的平台，如2009年的"洋码头"等，国内用户也可通过这些媒介实现足不出户逛遍全球商超的愿望。这些平台的出现，从形态上完善了跨境电商，这一过程可以称为跨境电商的形成阶段。

（三）跨境电商的快速发展阶段——供应链优化（2013—2017年）

2013年8月，国办发〔2013〕89号《关于实施支持跨境电子商务零售出口有关政策的意见》发布，同时伴随海关12号文和57号文的推出，政府层面首次认可了跨境电商贸易方式。从2013—2017年，中国陆续出台了17个与跨境电商有关的政策，涉及税收政策、外汇政策、检验检疫政策、海关监管政策、综试区先试政策等，不断优化政策环境，创造空间，为中国跨境电商的快速发展创造了良好的政策环境。2015—2017年中国海关跨境电商零售进出口额年均增长率都在50%以上。2017年中国跨境电商零售进口来源地排名前五的分别是日本、美国、韩国、澳大利亚、德国；同年中国跨境电商零售出口目的地排名前五的分别是美国、俄罗斯、法国、英国、巴西。浙江省一直是跨境电商零售进出口发展活跃度排名前三的省份。近年来，中国跨境电商市场日趋成熟，进出口领域主要平台经过模式探索，逐渐培育出各自的竞争优势。跨境电商物流服务迅猛发展，国内国际快递公司积极拓展跨境物流快递业务。跨境电商支付方式不断创新，中国各大银行都推出针对跨境电商的金融服务方案、第三方支付方案，国际国内的合作也在加深，国内支付宝、财付通和银联电子支付等已经获得跨境电商外汇业务试点资格、跨境人民币支付业务试点资格及跨境汇款业务试点资格，能提供更加高效、便捷、安全的跨境网络支付服务。总体来说，2013—2017年中国跨境电商处于快速发展阶段。

（四）跨境电商的高质量发展阶段——"丝路电商"+海外仓（2018年至今）

自2018年开始，中国跨境电商进入高质量发展阶段。跨境电商进出口规模继续保持增长态势，增长动力、市场结构、发展模式发生积极变化。2018年国际上首部电商领域综合性法律《电子商务法》正式出台，中国跨境电商进入权责明晰、有法可依的新阶段。2019年，国务院印发《关于强化知识产权保护的意见》等政策文件，部署完善跨境电商等新业态促进政策。2020年，国家相关部门出台零售进口试点城市扩容、鼓励新业态新模式发展、创新优化监管措施、拓展市场开放等跨境电商相关政策文件。2021年，国办发〔2021〕24号《国务院办公厅关于加快发展外贸新业态新模式的意见》发布，提出进一步完善跨境电商发展支持政策。在全国适用跨境电商企业对企业（B2B）直接出口、跨境电商出口海外仓监管模式，完善配套政策；便利跨境电商进出口退换货管理；优化跨境电商零售进口商品清单；研究、制订跨境电商知识产权保护指南，引导跨境电商平台防范知识产权风险。2022年，国办发〔2022〕18号《国务院办公厅关于推动外贸保稳提质的意见》发布，提出推动跨境电商加快发展提质增效。针对跨境电商出口海外仓监管模式，加大政策宣传力度，促进货物销售，指导企业用足用好现行出口退税政策，及时申报办理退税；尽快出台便利跨境电商出口退换货的政策，适时开展试点；针对跨境电商行业特点，加强政策指导，支持符合条件的跨境电商相关企业申报高新技术企业。

2024年，商务部、国家发展改革委、财政部、交通运输部、中国人民银行、海关总署、税务总局、金融监管总局、国家网信办等九部门联合印发《关于拓展跨境电商出口推进海外仓建设的意见》（商贸发〔2024〕125号），从积极培育跨境电商经营主体、加大金融支持力度、加强相关基础设施和物流体系建设、优化监管与服务、积极开展标准规则建设与国际合作这5方面提出了15条举措。总体来说，自2018年以来，中国的跨境电商政策体系不断完善，发展环境日益优化，发展水平持续提升，跨境电商多业态融合的新模式蓬勃发展，"丝路电商"出现新的增长点，跨境电商与海外仓等新型外贸基础设施协同联动，并呈现出品牌"出海"、直播营销、社交获客等特征，中国跨境电商进入高质量发展阶段。

二、跨境电商发展面临的挑战与趋势

（一）跨境电商发展面临的挑战

1. 税收规则调整增加全球布局成本。近年来，各国跨境电子商务税收规则不断调整，增加了我国跨境电子商务的遵从成本。例如，欧盟（EU）成员国对适用于企业对企业（B2C）电子商务交易（尤其是在线商品销售）的增值税规则进行了重大修改：从2021年7月1日起，每个欧盟成员国现行的远距离销售注册门槛均被废除。因此，在欧盟范围内进行企业对企业（B2C）在线商品销售的零售商和其他企业将有义务向其商品到货的成员国缴纳当地增值税。取消从欧盟境外进口价值不超过22欧元的低价值商品免征进口增值税的规定。因此，以后将对此类进口产品征收适当税率的增值税。英国"脱欧"后，相关法律明确规定所有在线销售商品都需要缴纳增值税，税率与实体经营一致，一般标准税率达17.5%，优惠税率5%。自2018年6月美国法院允许各州和地方政府对互联网零售商征收销售税以来，2019—2020年美国各州陆续对互联网零售商征收互联网销售税。据悉，2022年美国众议院通过的《2022年美国竞争法案》中，提出将对包括中国在内的33个国家和地区的"低价值包裹"取消免征关税的优惠，这将增加中国企业通过电商平台对美出口的成本。全球跨境电子商务相关税收规则不断收紧，对我国跨境电子商务全球布局带来新挑战。

2. 全球通胀导致成本上涨压缩企业盈利。近年来，世界秩序中的动荡因素进一步加剧了全球通胀。据国际货币基金组织（International Monetary Fund，IMF）估算，2022年世界平均消费物价指数增长8.8%，与2021年的4.7%相比，2022年的全球通胀率大幅度提升，达到21世纪以来的最高水平。截至2022年年底，多数主要经济体的通胀水平仍处于高位。据IMF测算，2022年美国全年平均消费物价指数增长率约为8.1%，达到40年来最高水平；欧元区全年平均消费物价指数增长率约为8.3%，是自1992年《欧洲联盟条约》签署以来的最高水平，其中2022年欧洲新兴经济体全年平均消费物价指数增长率高达27.8%。未来，全球通胀将持续推高人工、材料、能源价格，进一步压缩跨境电商企业的利润空间。

3. 全球用户消费信心恢复缓慢。在益普索2022年《全球用户信心指数》调研的23个市场中，有17个市场在2022年9月的用户信心指数明显低于2020年1月水平，其中美国、加拿大、德国、英国、意大利和日本的用户信心低迷更为明显。2022年，主要经济体的用户信心在波动中缓慢恢复。据Trading Economics全球经济数据平台估算，2022年4月美国用户信心指数达到全年最高（65.2），6月则回落至全年最低点（50），7月开始逐渐回升，12月仅达到59.7；2022年6月欧洲联盟用户信心指数开始持续下降，9月达到全年最低点（-29.8），10月开始逐渐回升，12月也只上升到-23.6。全球用户信心指数恢复缓慢，可能导致全球消费需求动力不足。

4. 各国跨境电商政策调整影响企业"出海"。2022年，各国跨境电商相关政策在绿色低碳、市场秩序等方面发力，跨境电商政策环境持续收紧。在绿色低碳方面，欧盟、美国、英国、东盟等针对包装和包装废弃物出台了相关法律法规。例如，2022年6月，美国加利福尼亚州启动了该州创建的生产者责任延伸计划和严格的塑料减排目标的进程。2022年4月，英国对在英国制造或进口到英国且符合相关条件的塑料包装征税。2022年2月，印度环境部发布《实施关于扩大国内塑料包装生产者责任计划的指南》。在市场秩序方面，欧盟、英国、日本、澳大利亚等针对大型平台、贸易管理程序等出台了法律法规。例如，2022年7月，欧洲理事会批准的《数字市场法案》明确了大型线上平台的权利和规则，该法案旨在确保大型在线平台不会凭借自身优势地位进行不正当竞争行为，从而维护一个公平竞争的数字服务市场秩序。2022年9月，英国海关停止使用现行的清关系统的进口申报服务，2022年10月，全面启用新的海关申报系统。各国相关产业政策调整对中国跨境电商企业的规范发展提出了新要求。

（二）跨境电商发展的趋势

1. 跨境电商将向精细化数字化方向发展。在大数据时代，多渠道精细化经营将是未来跨境电商发展的主旋律。随着全球线上消费规模的不断扩大，中国跨境电商将通过用户行为数据寻找目标客群、分析用户旅程、定位业务痛点，深度挖掘用户数据价值。营销方式将从传统的规模化逐步转变为精细化，完成从追求规模到追求质量的转变。在内容方面，通过用户行为数据分析，卖家可以对目标客群进行细分，执行不同的营销策略，利用个性化的内容投放触达用户。在渠道方面，将从单一的广告投放转变为社交购物、直播购物、虚拟现实技术购物等多渠道数字化投放。未来，打通多渠道并实现全流程数字化将成为中国跨境电商发展的立足点。

2. 跨境电商将进入品牌新时代。中国跨境电商历经产品"出海"、精品"出海"之后，开始全面进入品牌"出海"阶段。随着外贸数字化转型步伐的加快，跨境电商品牌培育正向全阵营、全渠道、全市场发展。一是全阵营品牌培育。跨境电商品牌培育由传统上仅依靠贸易型卖家负责，转为平台卖家、工贸企业、传统品牌商、新消费品牌商等多类主体共同参与，形成新的品牌"出海"阵营。二是全渠道品牌培育。以往跨境电商品牌培育主要以第三方平台和独立站为渠道，现在正转为通过第三方平台、独立站、社交网络及海外实体等全渠道发力，从而提升品牌影响力。三是全市场品牌培育。随着各大跨境电商平台正积极拓展全球布局，中国跨境电商企业在欧美主流市场的基础上，正加快在中东、东南亚、拉美等地区布局的速度，以实现全球化发展。中国跨境电商已进入全面品牌培育的新时代，并加速实现精细化、数字化、国际化运营。

3. 跨境电商将加快移动端布局。随着全球移动互联网的普及，移动端购物需求快速增长，移动端购物将成为中国跨境电商未来布局的重点。一是全球移动电商快速发展。据eMarketer估算，2022年全球移动电商交易额为3.64万亿美元，同比增长13.7%，占全球零售电商交易额的65.7%，预计到2025年全球移动电商交易额将达到4.99万亿美元，占全球零售电商交易额的67.6%。二是新兴市场移动电商发展较快。目前，北美洲及欧洲的网民正逐渐向移动设备消费过渡，据eMarketer估算，2022年，北美移动购物渗透率为40.1%，西欧为46.8%。同时，由于互联网和智能手机的普及，新兴市场的移动购物占比更高。据eMarketer估算，2022年，亚太地区移动购物渗透率达到79.9%，中东非洲为66.4%，东南亚为64.6%，拉丁美洲为59.4%。未来，中国跨境电商"走出去"将加快App等移动端入口建设。

4.跨境电商模式将加速迭代。当前,中国跨境电商已经进入了高质量发展阶段,行业竞争日趋激烈,模式迭代创新将成为增长的重要动力。一方面,新技术应用将加快跨境电商模式迭代创新。随着5G、VR、AR、人工智能、区块链等新技术在跨境电商各环节的深度融合应用,已经出现了线上试穿(用)、多语种客服、个性化定制、虚拟人直播等新模式,线上消费体验持续提升。未来,"新技术+场景应用"将成为中国跨境电商模式迭代创新的常态。另一方面,内容互动将形成新的跨境消费模式。当前,针对不同地域、行业和品类,第三方平台、独立站及跨境电商卖家采取本地化、垂直化、精细化深耕,同时用户需求的多样化促使跨境直播电商模式的出现。内容互动型销售方式,更有助于激发用户消费需求。未来,用户和供应商之间的互动模式将持续创新。

5.电子商务国际合作将加速推进。当前,中国"丝路电商"的朋友圈持续扩大,金砖国家、上合组织、中国—中东欧、中国—中亚五国等多边及区域电子商务合作机制建设持续推进。同时,中国积极推动世贸组织电子商务谈判,2022年8月,根据《数字经济伙伴关系协定》(Digital Economy Partnership Agreement,DEPA)联合委员会的决定,中国加入DEPA工作组正式成立,全面推进中国加入DEPA的谈判,积极探索和推动同欧洲、非洲、拉美各国的贸易投资自由化和便利化合作,进一步拓展中国电子商务国际合作的广度和深度。随着数字领域多双边合作机制建设的持续推进,中国电子商务国际合作将迎来新发展,其合作布局呈现出持续拓展的态势,合作层次日益多元且丰富,合作水平也在稳步迈向更高的台阶。

任务三　跨境电商的分类

任务导入

按照商品的进出口方向分类,跨境电商可以分为跨境电商出口与跨境电商进口。2020年全球经济受到了前所未有的冲击,但是中国跨境电商的表现仍旧可喜。请分析思考以下三个问题。

第一,2020—2023年我国跨境电商进出口规模有何变化?

第二,2020—2022年我国跨境电商进出口商品品类有何变化?

第三,2020—2022年我国跨境电商零售的进口来源地和出口目的地及区域发展格局有何变化?

一、跨境电商进出口规模变化

《中国电子商务报告2020年》(以下简称《报告2020》)中提到2020年中国跨境电商进出口规模保持高速增长。海关数据显示,2020年全国跨境电商进出口总额达到1.69万亿元人民币,其中出口额达到1.12万亿元人民币,进口额达到0.57万亿元人民币,2020年通过海关跨境电子商务管理平台验放进出口清单24.5亿票。《中国电子商务报告2021年》(以下简称《报告2021》)中提到2021年中国跨境电商进出口规模持续扩大。海关数据显示,2021年全国跨境电商进出口总额达到1.92万亿元人民币,其中出口额达到1.39万亿元人民币,进口额达到0.53万亿元人民币。《中国电子商务报告2022年》(以下简称《报告2022》)中提到2022年中国跨境电商进出口规模保持较快增长,2022年中国跨境电商进出口总额达到2.11万亿元人民币,同比增长9.8%。其中,出口额达到1.55万亿元人民币,进口额达到0.56万亿元人民币。另外,据中国海关测算,2023年,中国跨境电商进出口总额达到2.38万亿元人民币,同比增长15.6%。其中,出口额达到1.83万亿元人民币,进口额达到5483亿元人民币。

二、跨境电商进出口商品品类变化

《报告2020》表明2020年跨境电商进出口商品品类集中度较高。2020年中国跨境电商零售出口额排名前十的品类合计占比97%,中国跨境电商零售进口额排名前十的品类合计占比99%。具体如表1-3、表1-4所示。

表1-3　2020年中国跨境电商零售出口额排名前十的品类占比情况及增速

商品品类	占比(%)	同比增速(%)
特殊交易品及未分类商品	51	161.3
纺织原料及纺织制品	18	106.0
机电、音像设备及其零件、附件	9	10.6
杂项制品	5	29.4

续表1-3

商品品类	占比（%）	同比增速（%）
塑料及其制品；橡胶及其制品	4	20.1
革、毛皮及制品；箱包；肠线制品	2	31.4
贱金属及其制品	2	-39.2
光学、医疗等仪器；钟表；乐器	2	40.9
鞋帽伞等；羽毛品；人造花；人发品	2	30.0
珠宝、贵金属及制品；仿首饰；硬币	2	34.2

资料来源：商务数据中心。

表1-4　2020年中国跨境电商零售进口额排名前十的品类占比情况及增速

商品品类	占比（%）	同比增速（%）
化学工业及其相关工业的产品	44	24.6
食品；饮料、酒及醋；烟草及制品	35	21.6
机电、音像设备及其零件、附件	4	23.0
杂项制品	4	-21.9
纺织原料及纺织制品	2	8.9
光学、医疗等仪器；钟表；乐器	2	28.4
活动物；动物产品	2	37.4
鞋帽伞等；羽毛品；人造花；人发品	2	-18.6
革、毛皮及制品；箱包；肠线制品	2	-11.9
动、植物油、脂、蜡；精制食用油脂	2	20.6

资料来源：商务数据中心。

《报告2021》显示，2021年中国跨境电商出口额排名前十的品类合计占跨境电商出口总额的57.03%，并且这些品类都实现了成倍增长，2021年跨境电商进口额排名前十的品类合计占跨境电商进口总额的20.21%。从数据可以看出，中国跨境电商进出口商品从2020年的品类高度集中慢慢向2021年的多品类方向发展。具体如表1-5、表1-6所示。

表1-5　2021年中国跨境电商零售出口额排名前十的品类占比情况及增速

商品品类	占比（%）	同比增速（%）
特殊交易品及未分类商品	11.61	86.27
杂项制品	11.17	458.05
纺织原料及纺织制品	8.77	216.01
机电、音像设备及其零件、附件	8.36	399.68
贱金属及其制品	5.10	454.11
塑料及其制品；橡胶及其制品	4.04	334.26

续表1-5

商品品类	占比（%）	同比增速（%）
矿物材料制品；陶瓷品；玻璃及制品	2.83	264.48
鞋帽伞等；羽毛品；人造花；人发品	2.22	348.36
革、毛皮及制品；箱包；肠线制品	1.85	325.93
光学、医疗等仪器；钟表；乐器	1.07	246.58

资料来源：商务大数据。

表1-6　2021年中国跨境电商零售进口额排名前十的品类占比情况及增速

商品品类	占比（%）	同比增速（%）
化学工业及其相关工业的产品	9.99	13.09
食品；饮料、酒及醋；烟草及制品	6.37	-9.14
机电、音像设备及其零件、附件	0.78	-8.05
杂项制品	0.67	-11.48
光学、医疗等仪器；钟表；乐器	0.45	8.63
活动物；动物产品	0.43	6.59
纺织原料及纺织制品	0.42	-7.13
革、毛皮及制品；箱包；肠线制品	0.40	20.72
鞋帽伞等；羽毛品；人造花；人发品	0.38	14.76
动、植物油、脂、蜡；精制食用油脂	0.32	5

资料来源：商务大数据。

《报告2022》显示，从跨境电商零售进口商品品类看，主要涵盖化妆品，粮油、食品，服装鞋帽、针纺织品，日用品，金银珠宝，体育、娱乐用品，中西药品等。2022年跨境电商零售进口额位居前三的商品品类是化妆品、粮油食品和服装鞋帽针纺织品，占整体跨境网络零售进口额的72.9%。具体如表1-7所示。

表1-7　2022年中国跨境网络零售进口商品交易额占比

商品品类	占比（%）
化妆品	38.50
粮油、食品	21.90
服装鞋帽、针纺织品	12.50
日用品	8.70
金银珠宝	2.40
体育、娱乐用品	2.20
中西药品	2.00
其他	11.80

资料来源：商务大数据。

三、跨境电商贸易伙伴与区域格局变化

（一）跨境电商贸易伙伴的变化

2020年中国跨境电商进口额排名前十的国家（地区）为中国香港地区、日本、韩国、美国、澳大利亚、荷兰、新西兰、德国、西班牙、英国；2021年中国跨境电商进口额排名前十的国家（地区）分别为中国香港地区、韩国、日本、美国、澳大利亚、荷兰、德国、新西兰、法国、英国；2022年中国跨境电商进口额排名前十的国家（地区）分别为中国香港地区、韩国、日本、美国、澳大利亚、荷兰、新西兰、德国、法国、英国。

2020年中国跨境电商出口额排名前十的国家（地区）分别为马来西亚、美国、新加坡、英国、菲律宾、荷兰、法国、韩国、中国香港地区、沙特阿拉伯；2021年中国跨境电商出口额排名前十的国家（地区）分别为美国、马来西亚、英国、韩国、日本、加拿大、新加坡、荷兰、菲律宾、澳大利亚；2022年中国跨境电商出口额排名前十的国家（地区）分别为美国、马来西亚、新加坡、澳大利亚、越南、韩国、泰国、菲律宾、印度、日本。

（二）跨境电商发展的区域格局变化（2020—2022年）

中国跨境电商发展的区域格局呈现东强西弱，东部沿海地区仍是跨境电商发展的集聚区。2020年中国跨境电商零售进出口总额排名前五的省份为广东、浙江、河南、福建、湖南。2021年中国跨境电商零售进出口总额排名前五的省份为广东、山东、福建、浙江、河南，其中广东省在2020—2021年的跨境电商零售进出口总额远远超过其他省份，强弱差距明显。2022年中国跨境电商零售进出口总额排名前五的省份为广东、山东、浙江、福建、江西，这些省份的进出口总额占跨境电商进出口总额的69.7%。中西部地区的跨境电商增速较快。其中，2022年中国跨境电商进出口增速排名前五的省份为云南、青海、河北、内蒙古、四川。

> **全国跨境综试区第一！2023年"双11"期间宁波跨境电商零售进口货值超32亿元**
>
> 据宁波跨境综合服务平台数据显示，2023年10月31日20点至11月11日24点，宁波海关累计接收跨境电商零售进口商品申报清单货值32.1亿元人民币，同比增长6.92%，再次摘得全国跨境综试区城市桂冠。宁波地区的跨境电商零售进口商品以保健品、美妆用品、母婴用品、无酒精饮料为主，约占销售额的70%。跨境电商零售商品来自102个国家和地区，其中原产于美国、日本、澳大利亚、德国、韩国的商品最受欢迎，销售额合计占比达58%。除美国、日本、澳大利亚等传统市场外，来自共建"一带一路"国家的商品不断通过跨境电商渠道进入中国市场，如保加利亚的玫瑰精油化妆品、波兰的牛奶、罗马尼亚的葡萄酒等，逐渐被越来越多的中国消费者接受和认可。

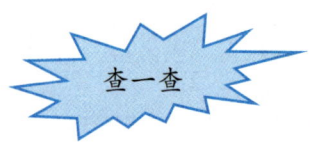

请各位同学相互合作查询自2018年至今的《中国电子商务报告》，并画出2018年至今中国跨境电商出口额和进口额的变化曲线，同时了解国内不同城市在跨境电商海关监管方式上有何不同。

知识要点

跨境电商的分类

一、按商品进出口方向分类

按照商品进出口方向，可以将跨境电商分为进口跨境电商和出口跨境电商。

（一）进口跨境电商

进口跨境电商是通过跨境电商平台将境外商品卖给境内用户的国际商业活动。随着改革开放和市场经济改革的步伐加快，人们生活水平大幅提升，对生活品质的追求逐渐多样化，中国用户对境外商品产生了大量的购买需求，这为中国进口跨境电商的发展带来了机遇。海关总署数据显示，2023年中国跨境电商进口总额为5483亿元人民币，同比增长3.9%，2024年一季度中国跨境电商进口总额为1296亿元人民币。

（二）出口跨境电商

出口跨境电商是通过跨境电商平台将境内商品卖给境外用户的国际商业活动。2020年全球经济受到巨大冲击，国际贸易萎缩、消费增长受抑等，但出口跨境电商凭借其线上化、多边化、本地化、非接触式交货、交易链条短等优势，呈现高速增长态势，成为稳定外贸和推动"双循环"新发展格局的关键纽带。海关总署数据显示，2023年中国跨境电商出口总额为1.83万亿元人民币，同比增长19.6%，2024年一季度中国跨境电商出口总额为4480亿元人民币。

二、按交易模式分类

按照交易模式，跨境电商可以分为B2B跨境电商、B2C跨境电商、C2C跨境电商、M2C跨境电商、M2B跨境电商等类型。

（一）B2B跨境电商

B2B是Business-to-Business的缩写，是企业与企业之间的商业模式。B2B跨境电商是指一个国家的企业与其他国家的企业通过互联网和电子信息技术开展产品、服务或信息的交换活动。它将不同国家之间的企业产品、服务和信息，通过B2B网站或移动用户端与用户紧密结合起来，通过网络的快速反应，为用户提供更好的服务，从而促进企业的业务发展。

（二）B2C跨境电商

B2C是Business-to-Customer的缩写，是企业与个人之间的商业模式。B2C跨境电商是指一个国家或地区的企业通过互联网和电子信息技术直接面向其他国家的用户销售产品和服务的商业活动。在B2C跨境电商模式下，一国企业直接面向国外用户，以销售个人消费品为主。物流方面主要采用航空小包、国际航空邮件、普通邮政邮件和国际快递等方式。

（三）C2C跨境电商

C2C是Customer to Customer的缩写，是个人与个人之间的商业模式。C2C跨境电商是不同国家或地区的个人卖家与用户基于跨境电商平台进行的产品、服务与信息的交换。例如，一个个人卖家有一个玩具，通过网络进行交易，把它出售给其他国家的用户，此种交易活动就称为C2C跨境电商。

（四）M2C 跨境电商

M2C 是 Manufacturers to Customer 的缩写，是厂家与个人之间的商业模式。M2C 跨境电商是一个国家或地区的生产厂家基于跨境电商平台直接向其他国家的个人用户提供自己生产的产品或服务的一种商业模式，其特点是流通环节减少，销售成本降低，从而保障了产品品质和售后服务质量。

（五）M2B 跨境电商

M2B 是 Manufacturers to Business 的缩写，是厂家与企业之间的商业模式。M2B 跨境电商是一个国家或地区的生产厂家基于跨境电商平台直接向其他国家的大型采购企业提供自己生产的产品或服务的一种商业模式，其特点是厂商销售成本降低，流通环节减少，企业以联盟采购的形式向生产厂商进行大宗购买。

五种跨境电商类型对比如表 1-8 所示。

表1-8　按交易模式分类的五种跨境电商类型对比

类型	主要特点	交易双方对流程的熟悉程度
B2B 跨境电商	量大，次数少，订单相对集中	交易双方对流程与操作较为熟悉
B2C 跨境电商	量少，次数多，订单分散	卖方熟悉流程及操作，买方对进出口流程涉及的退税、关税等内容不熟悉
C2C 跨境电商	交易不确定性大，总体额度偏小	交易双方对操作流程与进出口税费等内容不熟悉
M2C 跨境电商	流通环节减少，定制式订单，次数多，订单分散	厂方熟悉流程及操作，买方对进出口流程涉及的退税、关税等内容不熟悉
M2B 跨境电商	流通环节减少，量大，次数少，订单集中	交易双方对流程与操作较为熟悉

跨境电商的监管方式

跨境电商的监管方式目前有"9610""1210""1239""9710""9810"五种。

一、"9610"

中华人民共和国海关总署公告（2014年第12号）《关于增列海关监管方式代码的公告》，增列海关监管方式代码"9610"，全称"跨境贸易电子商务"，简称"电子商务"，适用于境内个人或电子商务企业通过电子商务交易平台实现交易，并采用"清单核放、汇总申报"模式办理通关手续的电子商务零售进出口商品（通过海关特殊监管区域或保税监管场所一线的电子商务零售进出口商品除外）。

二、"1210"

中华人民共和国海关总署公告（2014年第57号）《关于增列海关监管方式代码的公告》，增列海关监管方式代码"1210"，全称"保税跨境贸易电子商务"，简称"保税电商"。适用于境内个人或电子商务企业在经海关认可的电子商务平台实现跨境交易，并通过海关特殊监管区域或保税监管场所进出的电子商务零售进出境商品，需要注意的是，海关特殊监管区域、保税监管场所与境内区外（场所外）之间通过电子商务平台交易的零售进出口商品不适用该监管方式。"1210"监管方式用于进口时仅限经批准开展跨境贸易电子商务进口试点的海关特殊监管区域和保税物流中心（B型）。

三、"1239"

中华人民共和国海关总署公告（2016年第75号）《关于增列海关监管方式代码的公告》，增列海关监管方式代码"1239"，全称"保税跨境贸易电子商务A"，简称"保税电商A"。适用于境内电子商务企业通过海关特殊监管区域或保税物流中心（B型）一线进境的跨境电子商务零售进口商品。天津、上海、杭州、宁波、福州、平潭、郑州、广州、深圳、重庆10个城市开展跨境电子商务零售进口业务暂不适用"1239"监管方式。

四、"9710"

中华人民共和国海关总署公告（2020年第75号）《关于开展跨境电子商务企业对企业出口监管试点的公告》，增列海关监管方式代码"9710"，全称"跨境电子商务企业对企业直接出口"，简称"跨境电商B2B直接出口"，适用于跨境电商B2B直接出口的货物，是境内企业通过跨境电商平台与境外企业达成交易后，通过跨境物流将货物直接出口送达境外企业的模式。自2020年7月1日起，北京海关、天津海关、南京海关、杭州海关、宁波海关、厦门海关、郑州海关、广州海关、深圳海关、黄埔海关开展跨境电商B2B出口监管试点。

五、"9810"

中华人民共和国海关总署公告（2020年第75号）《关于开展跨境电子商务企业对企业出口监管试点的公告》，增列海关监管方式代码"9810"，全称"跨境电子商务出口海外仓"，简称"跨境电商出口海外仓"，适用于跨境电商出口海外仓的货物，是境内企业将出口货物通过跨境物流送达海外仓，经跨境电商平台实现交易后从海外仓送达购买者的模式。

课后拓展

RCEP 给跨境电商带来了什么？

RCEP 全称区域全面经济伙伴关系协定，其不仅是目前全球最大的自贸协定，而且是一个全面、现代、高质量和互惠的自贸协定。

RCEP 由东盟于 2012 年发起，成员涵盖中国、日本、韩国、新西兰、澳大利亚及东盟十国，历经八年谈判，最终在 2020 年 11 月 15 日正式签署。RCEP 的签署标志着当前世界上人口最多、经贸规模最大、最具发展潜力的自由贸易区正式启航。

RCEP的重要意义体现在三个方面

- RCEP是各项指标领先全球的超大自贸区。
- RCEP是中国对外开放的里程碑。
- RCEP是构建新发展格局的有力支撑。

相较竞争激烈的欧美市场，东南亚还是一片待开发的"蓝海"市场，而 RCEP 协定以后，区域内各国的资源、商品流动、技术合作等都会更加便利，可以最大程度地释放区域内市场潜力，这对于目前的中国跨境电商行业来说是巨大的机会。

RCEP 协定在贸易便利化领域、知识产权领域、电子商务等领域提出了多项利好措施。

贸易便利化领域

在海关程序和贸易便利化方面

RCEP简化了海关通关手续，采取预裁定、抵达前处理、信息技术运用等促进海关程序的高效管理手段；尽可能在货物抵达后48小时内放行；对快运货物、易腐货物等，争取在货物抵达后6小时内放行。

在卫生和植物卫生措施方面

为保护人类、动物或植物的生命或健康制定了一系列措施，并确保这些措施尽可能不对贸易造成限制。在世贸组织《卫生与植物卫生措施协定》基础上，RCEP还加强了风险分析、审核、认证、进口检查及紧急措施等规则的执行。

在标准、技术法规和合格评定程序方面

RCEP推动各方在标准认可、技术法规和合格评定程序中减少不必要的技术性贸易壁垒，并鼓励各方的标准化机构加强在标准、技术法规及合格评定程序方面的交流与合作。这些举措将提高域内货物贸易便利化水平，降低贸易成本，促进形成区域一体化市场。

知识产权领域

RCEP的知识产权章节共包含83个条款和2个附件，是RCEP协定内容最多、篇幅最长的章节，也是我国迄今已签署的自贸协定中对于知识产权保护最全面的章节。这章涵盖了著作权、商标、地理标志、专利、外观设计、遗传资源、传统知识和民间文艺、反不正当竞争、知识产权执法、合作、透明度技术援助等广泛领域。

贸易便利化领域

各方达成了亚太区域首份范围全面、水平较高的诸边电子商务规则成果，涵盖了丰富的促进电子商务使用和合作等相关内容，主要包括了促进无纸化贸易、推广电子认证和电子签名、保护电子商务用户个人信息、保护在线消费者权益等规则。

各方就跨境信息传输、信息存储等问题达成重要共识。这是我国互联网监管理念的进步。标志着我们认可"允许跨境数据自由流动、不强制要求信息本地存储"等国际高标准电商规则的价值。

RCEP 首次在亚太区域内达成高水平贸易便利化规则、高水平知识产权领域规则及高水平电子商务领域规则，这些规则显著提升了跨境贸易在海关和物流方面的效率，并为各成员国加强跨境电商领域合作提供了制度保障，同时为跨境电商发展创造了良好环境。

课后训练

一、单项选择题

（　　）1. 2012年年底，国家发展改革委办公厅发布了《关于开展国家电子商务试点工作的通知》（发改办高技〔2012〕2218号），批准同意五个城市作为国内首批开展跨境贸易电子商务试点城市。以下不属于这五个城市的是_____。

A. 上海　　　　B. 杭州　　　　C. 郑州　　　　D. 天津

（　　）2. "代购＋海淘＋各大平台"属于跨境电商发展的_____。

A. 萌芽阶段

B. 形成阶段

C. 快速发展阶段

D. 高质量发展阶段

（　　）3. "丝路电商＋品牌出海"属于跨境电商发展的_____。

A. 萌芽阶段

B. 形成阶段

C. 快速发展阶段

D. 高质量发展阶段

（　　）4. 在《中国电子商务报告2022年》中，2022年中国跨境电商进口额排名第二的国家（地区）是_____。

A. 日本　　　　B. 中国香港地区　　C. 韩国　　　　D. 美国

（　　）5. 在《中国电子商务报告2022年》中，2022年中国跨境电商出口额排名第一的国家（地区）是_____。

A. 美国　　　　B. 马来西亚　　C. 新加坡　　　　D. 英国

（　　）6. 在《中国电子商务报告2020年》中，2020年中国跨境电商零售进出口总额排名第二的省份为_____。

A. 广东　　　　B. 福建　　　　C. 浙江　　　　D. 河南

（　　）7. "跨境电商B2B直接出口"的海关监管方式代码为_____。

A. 9610　　　　B. 1210　　　　C. 9710　　　　D. 9810

（　　）8. "跨境电商出口海外仓"的海关监管方式代码为_____。

A. 9610　　　　B. 1210　　　　C. 9710　　　　D. 9810

（　　）9. "保税电商"的海关监管方式代码为_____。

A. 9610　　　　B. 1210　　　　C. 9710　　　　D. 9810

（　　）10. "跨境贸易电子商务"的海关监管方式代码为_____。

A. 9610　　　　B. 1210　　　　C. 9710　　　　D. 9810

二、判断题

（　　）1. 广义的跨境电商是指跨境网络零售的商业活动，即分属不同关境的交易主体借助互联网，通过各种电商平台完成交易，采用快件、邮政小包等方式通过跨境物流运送交易商品，进行跨境支付结算，最终将商品送达用户手中，从而完成交易的一种国际商业活动。

（　　）2. 跨境电商实际上是买卖双方借助互联网实现资金流和商品流的反方向流动，它开启了国际贸易电子化的新模式。

（　　）3. 2013年2月，国办发〔2013〕89号《关于实施支持跨境电子商务零售出口有关政策的意见》发布，同时伴随海关12号和57号文的推出，政府层面首次认可了跨境电商贸易方式。

（　　）4. 2021年，《国务院办公厅关于加快发展外贸新业态新模式的意见》国办发〔2021〕24号发布，提出进一步完善跨境电商发展支持政策。

（　　）5. 2021年，宁波成为全国首个跨境电商零售进口累计交易金额破千亿元的城市。

（　　）6. 在B2C跨境电商模式下，一国企业直接面向国外用户，以销售个人消费品为主，物流方面主要采用航空小包、邮寄、快递等方式。

（　　）7. 一个个人卖家有一个玩具，通过网络进行交易，把它出售给其他国家的用户，此种交易活动就称为B2C跨境电商。

三、多项选择题

（　　）1. 跨境电商从业人员需要具备的职业能力有____。
A. 平台实操能力　　　　　　　　B. 产品开发能力
C. 市场拓展能力　　　　　　　　D. 用户服务能力

（　　）2. 跨境电商的特征有____。
A. 全球化　B. 无形化　C. 多边化　D. 可追踪　E. 透明化

（　　）3. 跨境电商对于企业、行业、政府、市场和社会都有积极的意义和作用，包含____。
A. 站在企业的角度，减少了经营成本，增加了企业利润
B. 站在行业的角度，减少了中间环节，增加了营销渠道
C. 站在政府的角度，减少了行政干预，增加了监管创新
D. 站在市场的角度，减少了准入限制，增加了市场供给
E. 站在社会的角度，减少了传统障碍，增加了就业机会

（　　）4. 在《中国电子商务报告2022年》中，2022年中国跨境电商出口额排名前三的国家（地区）为____。
A. 英国　　　　B. 马来西亚　　　　C. 新加坡　　　　D. 美国

（　　）5. 在《中国电子商务报告2022年》中，2022年中国跨境电商进出口总额排名前三的省份为____。
A. 广东　　　　B. 福建　　　　C. 浙江　　　　D. 山东

（　　）6. 2021年"双11"期间宁波地区的跨境电商零售进口商品种类主要有____。
A. 美妆用品　　B. 保健品　　　C. 母婴用品　　　D. 食品

（　　）7. 按海关监管方式分类，目前跨境电商的监管方式可以分为____。
A. 9610　　　B. 1210　　　C. 1239　　　D. 9710　　　E. 9810

（　　）8. 按照商品进出口方向分类，跨境电商可以分为____。
A. 进口跨境电商　　B. 出口跨境电商　　C. B2B跨境电商
D. B2C跨境电商　　E. C2C跨境电商

（   ）9. 按照交易模式分类，跨境电商可以分为_____。
A. 进口跨境电商   B. 出口跨境电商   C. B2B 跨境电商
D. B2C 跨境电商   E. C2C 跨境电商

四、简答题

1. 请简述跨境电商的含义与特征。

2. 请简单总结跨境电商与传统电子商务、传统国际贸易的关系。

3. 选择一个跨境电商进口试点城市或者一个跨境电商综合试验区，请检索并总结该城市（或该试验区）试点从开始到现在的发展情况。

4. 查询自 2018 年至今的《中国电子商务报告》，并画出 2018 年至今中国跨境电商出口额和进口额的变化曲线，同时了解国内不同城市在跨境电商海关监管方式上有何不同。

5. 请简述跨境电商的分类。

项目二　跨境电商平台

培养目标

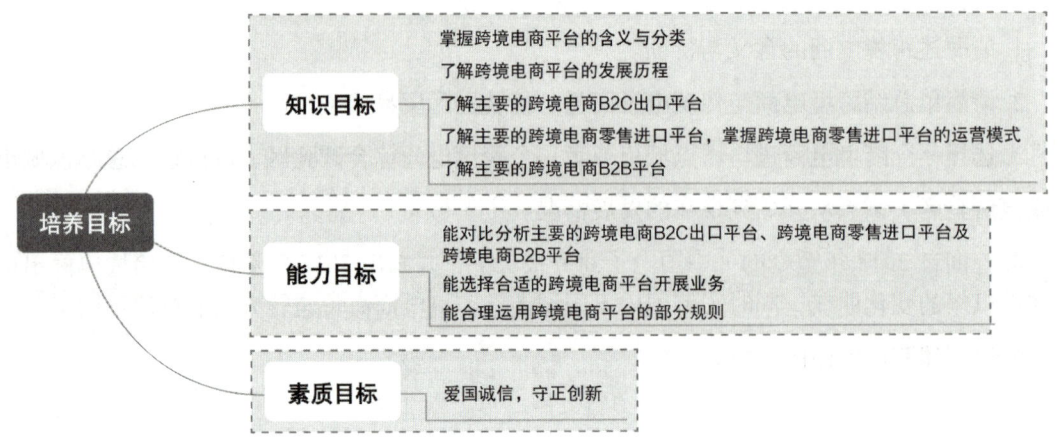

课前导学

不以规矩，不能成方圆

《孟子·离娄章句上》提到"不以规矩，不能成方圆"，意思是：如果不用圆规和曲尺，就无法准确画出圆形和方形，意在告诫人们做人做事要遵循一定的标准、规则，而外贸新业态更需要在发展中规范，在规范中发展。

2024年7月24日，杭州互联网法院发布了《跨境电子商务多元主体行为指引》。《跨境电子商务多元主体行为指引》分为跨境电子商务平台行为指引、跨境电子商务企业行为指引、跨境电子商务消费者行为指引三部分内容，从平台、企业、消费者三方面入手，包含30条具体要求，为中外当事人维护合法权益提供了司法指引，也为跨境数字贸易市场行为明确了规则。例如，《跨境电子商务多元主体行为指引》要求跨境电商平台严格履行自营业务标记义务、建立健全数据跨境流动合规机制、完善跨境电商经营活动可回溯信息系统；要求电商企业完善跨境商品质量溯源及管控体系、强化跨境消费者权益保护机制、建立健全海外知识产权合规机制等；指引消费者充分阅读理解跨境电商交易风险告知书、加强甄别跨境电商平台及其跨境零售业务、防范因二次销售跨境零售商品导致的走私风险等。

同学们需要了解这些平台的相关规则及国际市场的规则，从中创新实践，并探索适应和引领外贸新业态新模式发展的国际规则。

任务一　认识跨境电商平台

> 宁波诚通贸易有限公司决定拓展跨境电商业务，公司业务员小橙开始接触跨境电商平台，并初步调研如下问题。
> 第一，周边的跨境电商从业者是在哪些跨境电商平台上开展业务的？
> 第二，常见的跨境电商平台有哪些？适合哪些市场？

一、周边跨境电商从业者对跨境电商平台的选择

小橙调研了身边三位从事跨境电商行业的朋友。

第一个朋友是小 X。2017 年，小 X 从浙江一所大学毕业后加入外贸企业做跨境电商进口，2017—2018 年主要销售进口的纸尿裤、奶粉、保健品、耳温枪等母婴类产品，2019 年开始涉足贝亲、强生、御泥坊等品牌产品，其运营的平台非常多，主要包括孩子王、天猫国际、京东、云集、蜜芽、贝贝网、蘑菇街、乐友等。

第二个朋友是小 H。2018 年，小 H 从大学毕业后就加入一家初创企业做跨境电商出口，该企业成立于 2016 年，主要运营全球速卖通、亚马逊、Wish、VOVA、eBay、JOOM、Shopee、SHEIN 等跨境电商平台，产品包含百货、服饰、鞋包、母婴、运动等品类。

第三个朋友是小 S。2017 年，小 S 从国际贸易专业毕业后进入外贸企业做业务员，主要负责在阿里巴巴国际站、中国制造网、环球资源网等平台发布产品、获取询价等工作。

二、常见的跨境电商平台

对于跨境出口的企业而言，主流的 B2C 跨境电商平台有全球速卖通、亚马逊、eBay 等，这些 B2C 平台各有特点，如何选择适合自己的跨境电商平台是出口企业必须认真思考的一件事情。同样，对于跨境零售进口的企业而言，可以选择的跨境电商零售进口平台有天猫国际、考拉海购、京东国际、唯品国际等，这些平台也有各自的特点，根据产品特点选择适合自己的跨境电商平台也是进口企业必须认真抉择的一件事情。除此之外，还有常见的 B2B 跨境电商平台，如阿里巴巴国际站、敦煌网、中国制造网、环球资源网等，企业要比较各个平台的盈利模式、优劣势等来确定最终的交易服务平台。

不同的平台适合不同的国际市场，像亚马逊平台在拓展美国、英国、德国、意大利、法国、日本、西班牙等国家的市场业务方面具有显著优势。以下列举了常见的 B2C 跨境电商平台，如表 2-1 所示。

表2-1 B2C跨境电商平台

市场	平台
欧洲市场	亚马逊欧洲站点、eBay、Cdiscount、Fnac、Darty、ePRICE、Factory Market、SHEIN 等
美国市场	亚马逊、eBay、Newegg（主营3C电子产品、智能家居、游戏周边、汽配等）、OpenSky、SHEIN 等
俄罗斯市场	全球速卖通、Yandex、Ozon 等
东南亚市场	Shopee、Lazada、Zilingo、京东印尼站、Qoo10新加坡站、SHEIN 等

跨境电商平台的含义与分类

知识要点

一、跨境电商平台的概述

跨境电商平台是为不同国家或地区之间的企业或个人提供网上交易的场所，通过平台双方可以进行信息注册、信息发布、信息查询与对比，也可以进行交易磋商、订单处理、货款流动及售后服务等全部的市场行为。

二、跨境电商平台的分类

自从"跨境电商"这个名词出现后，全球范围内便涌现出了大量的跨境电商平台。根据2024年6月商务部公开的数据显示，我国跨境电商企业数量已超12万家，跨境电商企业累计在海外注册商标超3万个。过去5年，我国跨境电商贸易规模增长超过10倍。现在，越来越多的电商平台涉足跨境领域，越来越多的传统企业开始通过跨境电商实现商品和服务的"走出去"，跨境电商平台呈现多样化的特点。

（一）按照业务流向分类

按照业务流向分类，跨境电商平台可以分为跨境电商出口平台和跨境电商进口平台。

跨境电商出口平台主要从事各类商品的出口业务，有B2B形式与B2C形式，主要帮助国内生产企业出口商品、塑造品牌并满足国外用户对中国制造产品的需求。常见的跨境电商B2B出口平台有阿里巴巴国际站、敦煌网、中国制造网、环球资源网等；常见的跨境电商B2C出口平台有全球速卖通、亚马逊、eBay、Lazada、Shopee、兰亭集势、SHEIN、大龙网、易宝（Deal Extreme）、米兰网等。

跨境电商进口平台主要从事各类商品的进口业务，目前以零售形式为主。常见的跨境电商零售进口平台有洋码头、天猫国际、考拉海购、京东国际、唯品国际、小红书、孩子王等。

（二）按照服务类型分类

按照服务类型分类，跨境电商平台可以分为信息服务平台、在线交易平台和外贸综合服务平台。

信息服务平台，国内代表性企业有阿里巴巴国际站、环球资源网、中国制造网。信息服务平台能帮助企业和海外市场建立沟通渠道，解决交易市场的信息流问题，有效捕获国际市场的商机，从而将商品销售到海外市场。

在线交易平台，国内代表性企业有敦煌网、全球速卖通。在线交易平台帮助企业在网上达成交易、处理订单和支付款项。跨境在线交易减少了中间环节，提高了交易效率，为企业树立了品牌形象。同时，在线交易平台能够积累数据，通过对交易数据分析、整合，更好地为全球用户服务。

外贸综合服务平台，国内代表性企业有锐意企创（Enterprising & Creative）。外贸综合服务平台更加注重为企业提供交易后的配套服务，将清关、退税、物流、收款、支付、保险、融资等外贸流程服务进行整合。它能帮助中小型企业更好地实现与政府监管部门、物流公司、银行保险等贸易相关机构的对接，提升贸易的便利化。

（三）按照运营模式分类

按照运营模式分类，跨境电商平台可以分为开放型、自营型、混合型三类。

开放型平台的平台方通过搭建商城，吸引卖家入驻，以收取佣金和增值服务费用作为盈利来源，平台自身不经营采购、销售等业务，只是单纯连线上游卖家及下游购买用户，是一个开放的第三方平台。比较典型的有阿里巴巴国际站、环球资源网、敦煌网、全球速卖通、eBay、天猫国际等。这类平台通过整合物流、支付、运营等服务资源，吸引更多卖家入驻。优势是资金压力较小，平台管理配备充足。由于采用卖家入驻模式，整体流程依赖于对卖家资质的把控，所以存在对卖家依赖程度高、在商品质量与价格管控方面难度大等缺点。

自营型平台的平台方自行组织货源并销售，以商品差价作为盈利来源，平台方需要在线上搭建自己的独立站点，开发网站并参与选品、运营、物流、售后等一系列业务。自营型平台相当于企业建立了一个平台以供自身使用，区别于第三方平台的他用性质。比较典型的有兰亭集势、米兰网、大龙网、聚美优品等。这类平台的优势是商品可溯源，质量较好，一体化交易服务较精准，用户体验较好。但也存在着资金投入大，经营链条长，商品种类单一，不能满足用户的多样化需求等缺点。

混合型平台的运营模式是开放型和自营型的混合，也可以说是企业自营到一定阶段之后向第三方平台的转型。比较典型的是京东全球购、亚马逊，其前身是自营型平台。这类平台的优势是可以丰富平台的商品类型，也可以为其商品销售提供更多渠道。但也存在着资源倾斜和在商品推广上自营店与入驻店不平衡的缺点。

三、跨境电商平台的发展历程

（一）第一阶段：萌芽阶段（2009年以前）

2001年，中国正式加入WTO，对外贸易迅速发展，奠定了中国作为世界制造业中心的关键地位。在这一阶段中国的跨境电商平台主要以出口平台为主，进口平台还处于雏形状态。萌芽阶段，既有出口的B2B平台，如中国制造网、阿里巴巴国际站、敦煌网等，也有初期的出口B2C平台，如亚马逊及eBay。每个平台都有各自的特点：亚马逊对卖家入驻申请和商品品质有着严格的要求，最开始经营书籍线上销售；eBay拥有独特的一口价和拍卖形式的交易方式，并开发了二手交易板块；阿里巴巴国际站具有强大的搜索和筛选功能、优质的供应商资源、安全的交易环境等。跨境电商进口平台则初具雏形，用户需求多样化促使对国外优质商品的需求扩大，个人代购到职业代购及海外买手开始逐渐发展壮大，但其有着物流慢、价格高、商品质量难以保证的弊端，这也推动了跨境电商进口平台的形成。

(二)第二阶段:飞速发展阶段(2010—2015年)

2010年初期,中国企业的跨境电商B2B业务发展进入低谷期,企业的目光开始转向B2C业务。2010年4月,全球速卖通成立,亚马逊也开始真正对中国用户开放。随着Wish平台的推广,跨境电商出口平台进入了快速发展时期。2012年,中国政府开始重视跨境电商贸易对进出口贸易的影响,出台了一系列利好政策(从试点城市到试验区)以支持该行业的发展,帮助扩大平台的受众面。在此背景下,中国跨境电商平台开始了井喷式发展,融资金额不断扩大,2014—2015年中国跨境电商平台数量就超过了5000家,一些主流的平台也在这个阶段创立。例如,2014年出现的天猫国际、唯品国际、苏宁海外购等,2015年出现的京东全球购、网易考拉及SHEIN等。这一阶段可以称之为中国国内跨境电商平台的起步追赶及飞速发展阶段。

(三)第三阶段:成熟创新阶段(2016年之后)

跨境电商平台经过2014年和2015年的平台竞争,基本的行业梯队已经形成,这一阶段中国跨境电商平台开始成熟稳定。2016年财政部、海关总署、国家税务总局出台的《关于跨境电子商务零售进口税收政策的通知》(也称为"四八"政策),对跨境贸易加强了税收监管,进一步完善和规范了跨境电商行业。"四八"政策出台后,政策导向从鼓励发展转变成规范发展。2020年跨境电商行业面临着前所未有的挑战与机遇,全球在线零售的爆发式增长为中国跨境出口电商提供了新的窗口。在这一背景下,跨境电商平台通过多种方式,不断创新商业模式。到2023年,以TikTok Shop、SHEIN、Temu及全球速卖通为代表的跨境电商出口平台开始进入人们的视野,它们以各自不同的模式、布局在全球各市场不断地进行拓展;跨境电商进口行业也形成天猫国际、京东国际、抖音全球购、拼多多全球购、唯品国际、快手全球购等几家平台瓜分市场份额的局面,其中天猫国际占比较多。

任务二　对比分析B2C跨境电商主流出口平台

任务导入

作为一个传统的外贸公司，宁波诚通贸易有限公司在开展跨境电商B2C业务过程中需要注意以下问题。

第一，从传统贸易转型到跨境电商B2C的过程中，会出现哪些问题？

第二，主流的B2C跨境电商出口平台各自的开店要求、产品类型、销售市场及优劣势分别是什么？

一、转型中常见的问题

跨境电商B2C主体属于零售行业范畴，若继续沿用传统外贸思维去经营运作，显然是不合适的。从传统贸易转型到跨境电商B2C的过程中，主要会出现以下问题。

第一，缺少对平台规则的深度剖析。传统外贸可以凭借外贸业务员一己之力撑起整个流程，但是跨境电商是一个团队作战项目，需要各方人员一起努力，从产品开发、产品采购、平台运营、独立站运营、营销推广、设计美工等入手，要把每一个环节分工交代清楚，考核明白，才能使流程实现正常运转。可以说，B2B是外贸业务员掌控整个流程，而B2C更加重视上层建筑，需要负责人把规则和各个环节研究明白，结合起来实施才行。

第二，不注重品牌建设、库存管理。目前各大主流平台对侵权问题基本是"零容忍"，轻则下架产品，重则冻结账户、没收货款。要做跨境电商，品牌意识和知识产权必须注意。一旦确定转型，就要直面用户和零售环境，所以必须学会处理这种原则性问题。从传统贸易到跨境电商的转型过程中，公司体系如何与零售部分对接完善，达到一个零售要求的稳定供应状态非常关键。另外，传统订单都是按单生产的，但零售要求是提前预备的，快速生产，稳定而又迅速地把产品送入库存上架销售，这也需要时间和磨合。

第三，不了解各国的消费习惯。每个国家的用户都有各自的偏好，也有自身的文化需求，同时各国的法律法规也会调整用户的消费习惯。做跨境电商，要了解各国用户的消费习惯，遵守各国的法律法规，从用户利益出发，对退货、换货、退款等进行妥善处理，对投诉等慎重处理。

二、对比分析B2C跨境电商主流出口平台

这里讨论的B2C跨境电商主流出口平台包含全球速卖通、亚马逊、eBay、兰亭集势、SHEIN、Lazada与Shopee等。对比分析B2C跨境电商主流出口平台如表2-2所示。

表2-2 对比分析B2C跨境电商主流出口平台

平台 相关内容	全球速卖通 AliExpress	亚马逊 amazon	eBay	兰亭集势 LightInTheBox	SHEIN	Lazada	SHOPEE Shopee
开店条件	企业/个体工商户	企业/个体工商户	企业/个人	自建独立站	企业/个人	企业	企业/个体工商户
盈利模式	会员服务+交易佣金+推广服务	以交易佣金为主	以交易佣金为主	以网站直接销售收入为主	以交易佣金为主	以交易佣金为主	以交易佣金为主
物流方式	第三方物流	FBA+第三方物流	第三方物流	第三方物流	第三方物流	Lazada LGS+海外仓+FBL	第三方物流+Shopee SLS
支付渠道	国际支付宝 PayPal 国际信用卡 网银	Payoneer WorldFirst PingPong	PayPal	PayPal 国际信用卡	国际支付宝 PayPal 国际信用卡	Payoneer WorldFirst	Payoneer PingPong 连连支付 国际信用卡
产品类别	以服装及配饰、手机通信、美容护理、珠宝手表、电脑等为主	全新、翻新及二手商品，全品类综合型	不违反法律或在eBay禁售清单之外的商品	以服装、电子通信及其零配件、园艺产品、家居装饰、美容、遥控模型等为主	以服装及配饰、鞋类箱包、家居用品、美妆个护等为主	以3C电子产品、家居用品、玩具、时尚服饰、运动器材等为主	以电子消费品、家居、美容保健、母婴、服饰及健身器材等为主
销售市场	南美洲 欧洲	北美洲、欧洲、南美洲、大洋洲、亚洲（中国、印度、日本）	北美洲、欧洲、大洋洲、亚洲、南美洲	北美洲、欧洲、中东、南美洲、非洲、东南亚	北美洲、欧洲、南美洲、中东、印度、东南亚	东南亚	东南亚
优势	产品类目较多，用户流量大，价格相对较低	对入驻卖家要求高，品牌认同度和产品质量高	用户资源丰富，品牌认同度高，支付系统强大	品类丰富，供应链管理效率高，网站推广力度大	时尚产品多样化，产品价格具有竞争力，物流配送速度快	重视产品质量，物流配送速度快，运营维护成本低	入驻门槛低，产品价格较低，发展市场较大
劣势	产品质量难以保证，物流服务体验一般	产品质量难以保证，物流服务体验一般	产品掌控能力弱，售后服务一般	产品质量难以保证，物流体验一般	产品质量难以保证，售后服务一般	覆盖面小，物流烦琐，平台操作服务体验一般	精细化运营和选品难，覆盖面小，平台规则不完善

34

一、全球速卖通

（一）平台介绍

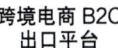

跨境电商 B2C 出口平台

全球速卖通（AliExpress）成立于 2010 年，是阿里巴巴旗下的面向国际市场打造的跨境电商平台，被广大卖家称为"国际版淘宝"。全球速卖通面向海外用户，通过支付宝国际账户进行担保交易，并使用国际物流渠道运输发货，目前是全球第三大英文在线购物网站。

全球速卖通是中国最大的跨境出口 B2C 平台之一，用户遍及 220 多个国家和地区，覆盖 3C 电子产品、服装、家居、饰品等 30 个一级行业类目。适宜在全球速卖通销售的商品主要包括服装服饰、美容健康、珠宝手表首饰、灯具、电脑、手机、家居、汽车摩托车配件、工艺品、体育与户外用品等。

（二）主要规则盘点

1. 全球速卖通知识产权规则：全球速卖通平台严禁用户未经授权发布、销售涉嫌侵犯第三方知识产权的商品或发布涉嫌侵犯第三方知识产权的信息。若卖家销售涉嫌侵犯第三方知识产权的商品，或发布涉嫌侵犯第三方知识产权的信息，则有可能被知识产权所有人或者用户投诉。平台也会随机对店铺信息、商品（包含下架商品）信息、商品组名进行抽查，涉嫌侵权的商品、信息会被退回或删除，并根据侵权类型执行处罚。全球速卖通平台侵权类型执行处罚如表 2-3 所示。

表2-3 全球速卖通平台侵权类型执行处罚

侵权类型	定义	处罚规则
商标侵权	严重违规：未经注册商标权人许可，在同一种商品上使用与其注册商标相同或相似的商标	三次违规者将被关闭账号
	一般违规：其他未经权利人许可使用他人商标的情况	①首次违规扣 0 分； ②其后每次重复违规扣 6 分； ③累计达 48 分者将被关闭账号
著作权侵权	未经权利人授权，擅自使用受版权保护的作品材料，如文本、照片、视频、音乐和软件等，构成著作权侵权。 实物层面侵权：①盗版实体产品或其包装；②实体产品或其包装非盗版，但包括未经授权的受版权保护的作品。 信息层面侵权：产品及其包装不侵权，但未经授权在店铺信息中使用图片、文字等受著作权保护的作品	①首次违规扣 0 分； ②其后每次重复违规扣 6 分； ③累计达 48 分者将被关闭账号
专利侵权	侵犯他人外观专利、实用新型专利、发明专利、外观设计（一般违规或严重违规的判定视个案而定）	①首次违规扣 0 分； ②其后每次重复违规扣 6 分； ③累计达 48 分者将被关闭账号； （严重违规情况，三次违规者关闭账号）

2. **全球速卖通搜索排名规则**：影响卖家搜索排名的因素很多，简单来说概括为五个类别。

> 类别一：商品的信息描述质量。
> 类别二：商品与用户搜索需求的相关性。
> 类别三：商品的交易转化能力。
> 类别四：卖家的服务能力。
> 类别五：搜索作弊的情况。

对于搜索作弊的行为，平台会进行日常的监控和处理，及时清理作弊的商品，处理手段包含使商品的排名靠后、商品不参与排名或者隐藏该商品等，对作弊行为严重或者屡犯的卖家会进行店铺一段时间内整体排名靠后或者不参与排名的处罚，特别严重者，甚至会关闭账号，进行清退。常见的搜索作弊行为如表2-4所示。

表2-4 常见的搜索作弊行为

"黑五"类商品的乱放	订单链接、运费补差价链接、赠品、定金、新品预告等商品作为特殊商品存在于网站上面，但没有按规定放置到指定的特殊发布类目中
重复铺货骗曝光	卖家将同一件商品恶意发布为多个商品进行销售
重复开小账号抢曝光	卖家恶意注册多个账号发布相同商品进行销售
商品标题、关键词滥用	在商品的标题、关键词、简要描述、详细描述等处设置与商品本身不相关的品牌名称和描述用语，吸引更多用户注意或误导用户浏览自己的商品
商品发布类目乱发	将商品发布在不合适的类目中或设置错误的属性以骗取曝光
商品超低价骗曝光	卖家发布偏离正常价值较大的商品，在默认价格排序时，吸引用户注意，骗取曝光
商品价格与运费倒挂	卖家以超低价格发布商品，同时调高运费价格，吸引用户注意，骗取曝光
发布广告商品	以宣传店铺或者其他商品为目的，发布带有广告性质的商品，吸引用户访问，但不进行真实的销售
商品销量炒作	以提升商品的累计销量为目的，利用先卖低货值商品，后转卖高货值商品及虚假交易的方式提升商品的累计销量，误导用户
卖家信用炒作	信用评价并非基于真实的交易体验，而是为了提高会员的信誉

3. **全球速卖通禁限售规则**：卖家不得在全球速卖通平台发布违反任何国家、地区及司法管辖区的法律规定或监管要求的商品。

4. 全球速卖通评价规则：全球速卖通平台的评价分为信用评价及店铺评分。信用评价包括好评率和评论内容，其中评论内容又包括文字评论和图片评论。店铺评分是指用户在订单交易结束后以匿名的方式对卖家在交易中提供的商品描述的准确性、沟通质量和回应速度、商品运送时间合理性三方面服务作出的评价，是用户对卖家的单向评分。信用评价买卖双方均可以进行互评，但店铺评分只能由用户对卖家作出。

所有卖家全部发货的订单，在交易结束30天内买卖双方均可评价。用户未收到货且申请退款，退款结束30天内买卖双方均可评价，但不计入好评率。对于信用评价，用户评价即刻生效；双方都未给出评价，则该订单不会有任何记录。

二、亚马逊

（一）平台介绍

亚马逊公司（简称亚马逊，Amazon），是美国最大的一家网络电子商务公司，位于美国华盛顿州的西雅图。亚马逊是网络上最早开始经营电子商务的公司之一，成立于1995年，目前已成为全球商品品种最多的网上零售商和全球互联网企业。亚马逊的零售商品线涵盖了图书、音像制品、软件、消费电子产品、家用电器、厨具、食品、玩具、母婴用品、化妆品、日化用品、运动用具、服装鞋帽、首饰等类目。

亚马逊在世界上多个国家和地区建立了本地化的网站，但在商品、定价等方面存在差异。截至2024年6月，其主要站点有美国站、加拿大站、墨西哥站、巴西站、英国站、法国站、德国站、意大利站、西班牙站、瑞典站、荷兰站、波兰站、比利时站、日本站、澳大利亚站、印度站、阿联酋站、沙特站、新加坡站。

（二）主要规则盘点

1. 卖家知识产权规则（以美国站为例）：亚马逊严格禁止销售假冒伪劣商品；不得销售任何违法商品，如非法复制或非法制造的商品；如果亚马逊要求卖家提供商品真伪记录，则卖家必须提供此类记录。

如果卖家销售或供应假货，平台可能会立即暂停或终止卖家的亚马逊销售账户（及其任何相关账户），并销毁亚马逊运营中心储存的所有假货，费用由卖家承担。亚马逊采取行动保护用户和权利所有者。平台会与制造商、权利所有者、内容所有者、供应商和卖家共同合作，以便更有效地检测并阻止假货流入用户手中。

亚马逊会基于自身鉴定的结果，移除可疑商品，并对故意违反本政策并损害用户利益的各方采取法律措施。除了刑事罚款和监禁，销售假冒伪劣商品的卖家和供应商还可能面临民事处罚，包括没收通过销售假冒伪劣商品获得的所有钱款，就权利所有者遭受的损失或损害做出赔偿，承担法定及其他损害赔偿并承担律师费。

2. 卖家行为准则。

（1）始终向亚马逊和用户提供准确的信息；

（2）公平行事，且不得滥用亚马逊的功能或服务；

（3）不得试图损害其他卖家或其商品评分；

（4）不得试图影响用户评分、反馈和评论；

（5）不得发送未经请求或不恰当的沟通信息；

（6）只通过用户与卖家消息服务联系用户；

（7）不得试图规避亚马逊销售流程；

（8）在没有合法业务需求的情况下，不得在亚马逊上经营多个卖家账户。

3.亚马逊绩效指标：亚马逊平台对第三方卖家来说最重要的指标包含订单缺陷率、订单取消率、发货延迟率、有效追踪率、按时交付率、退货不满意率。这些指标要尽量达到如下要求。

> 订单缺陷率 < 1%　　订单取消率 < 2.5%　　发货延迟率 < 4%
> 有效追踪率 > 95%　　按时交付率 > 97%　　退货不满意率 < 10%

4.促销规则：促销规则主要包含优惠券资格条件、秒杀和七天促销的条件，具体内容在亚马逊官方网站上有所展示。

5.亚马逊商城交易保障索赔：亚马逊商城交易保障可确保用户在亚马逊上获得一致的体验，无论订单是由亚马逊配送还是直接由卖家配送。用户可以通过亚马逊商城交易保障针对用户未收到商品及商品不符合用户期望这两个基本问题提出索赔。

三、eBay

（一）平台介绍

eBay是一个可让全球用户在网上买卖物品的线上拍卖及购物网站，成立于1995年9月4日。如今eBay已有1亿多名注册用户，每天都有涉及几千个分类的几百万件商品被销售，是世界上最大的电子集市。eBay平台热销商品类别包括数码商品品类、时尚品类、家居及园艺品类、汽配及工业品类等。只要商品不违反法律或是在eBay的禁止贩售清单之外，即可以在eBay刊登贩售，其中服务及虚拟物品也在可贩售商品的范围之内。

eBay的营利收入主要是刊登费和成交费，平台会向每笔拍卖收取刊登费（费用范围从0.25美元至800美元不等），同时也向每笔已成交的拍卖再收取一笔成交费（费用为成交价的7%~13%不等）。目前，eBay全球站点有中国、阿根廷、丹麦、爱尔兰、菲律宾、澳大利亚、芬兰、意大利、波兰、泰国、奥地利、法国、韩国、葡萄牙、土耳其、比利时、德国、马来西亚、俄罗斯、英国、巴西、希腊、墨西哥、新加坡、越南、加拿大、荷兰、西班牙、匈牙利、新西兰、瑞典、捷克、印度、挪威、瑞士。

（二）主要规则盘点

1.eBay产品侵权规则：eBay平台不允许刊登侵犯他人知识产权的物品或产品。eBay平台创建了保护知识产权方案，以便知识产权持有人可以举报侵权行为。涉及eBay产品侵权的主要有以下两点。

（1）复制品、赝品和未经授权的复制品政策。eBay平台上刊登的含有公司名称、商标、品牌的物品必须是由本公司自行生产制造的官方正品。eBay绝不允许任何伪造物品、赝品、复制品，或未经授权的复制版本出售。未经授权的版本复制包括备份、私售、复制、盗版等均是违法的，会侵犯其他人的知识产权或商标。

特别注意，eBay 限制或禁止以下物品的刊登。
——复制品、仿造品和未经授权的模仿品；
——学术软件、测试版软件、OEM（Original Equipment Manufacturer，原始设备制造商）软件等相关物品；
——名人产权物品，包括肖像、照片、姓名、签名及亲笔签名；
——特定品牌的配饰、包装、保证书等其他未与该品牌产品一起出售的物品；
——媒体类物品，包括数字化产品、电影拷贝胶片、盗版唱片、宣传品及可录制媒体等；
——私制盗版录像或录音；
——可制作非法复制品的设备，包括可让会员复制版权产品的软件或硬件、芯片、游戏改装设置和启动盘。

（2）刊登物品时描述物品的规则。卖家对所售物品进行描述时，以下行为涉及侵犯第三方知识产权。

①未经授权而使用来自其他 eBay 用户的物品描述或图片；
②未经授权而使用来自其他厂商或互联网的图片；
③不当使用 eBay 的知识产权，包括使用 eBay 名称、图标或可链接到 eBay 网站的链接；
④在刊登信息中包含"真品免责声明"，或者拒绝对刊登的物品负责；
⑤怂恿或促使他人侵犯第三方版权、商标或其他知识产权。

eBay 用户不能使用他人创建的文字或图片内容，包括照片等，除非得到文字及图片所有者、代理人或相关法律的授权。

用户可在物品描述中使用 eBay 产品目录中提供的图片和文字描述，如果用户选择不使用 eBay 产品目录中的图片或产品描述，那么遵守政策的最好办法是自己拍摄照片并自己撰写物品描述。

2.搜索排序规则：在 eBay 平台上，产品有 Best Match（最佳匹配）、Time: ending soonest（最快下架）、Time: newly listed（最新上架）、Price+Shipping: lowest first（价格＋运费，最低）、Price+Shipping: highest first（价格＋运费，最高）、Price: highest（价格最高）6 种排序方式，其中 eBay 的默认搜索结果顺序为"Best Match"。

影响 Best Match 搜索排名的因素主要有四部分：相关性、卖家表现、物流服务和用户记录。

四、兰亭集势

兰亭集势（LightInTheBox，简称兰亭）是以技术驱动、大数据为贯穿点，整合供应链生态圈服务的在线 B2C 跨境电商公司。兰亭成立于 2007 年，总部设在上海，在中国的北京、深圳、苏州、成都、香港地区及美国等地均设有分公司。兰亭的用户来自 200 多个国家，注册用户数达千万人，累计发货目的地国家多达 200 个，遍布北美洲、亚洲、欧洲、南美洲。

兰亭销售的商品主要包括服装（其中以婚纱产品较为著名）、电子通信及其零配件、园艺产品、家居装饰、美容、遥控模型等。销售的商品数量超过 50 万种，商品销售至全球 200 多个国家和地区。

供应商与兰亭签订供销合同，并根据兰亭的需求供货。在这种合作模式中，兰亭负责确定销售价格和促销规则，并提供客户服务，而供应商则只需要保证供货品质和及时到货。兰亭与供应商会定期结算采购款项。供应商只需将货物运至兰亭在国内设置的仓库，剩下的工作如销售和物流等都由兰亭负责。此外，兰亭平台卖家自主上新，自定售价。兰亭可按平台卖家聚合商品形成卖家店铺。平台卖家可对店铺进行装修、商品排序和商品促销。兰亭代收货款，通过扣点与平台卖家结算。

五、SHEIN

SHEIN 成立于 2008 年，是一家国际 B2C 快时尚电子商务平台，向全球用户提供丰富且具有性价比的时尚产品，目前直接服务超过 150 个国家和地区的用户，并致力于让"人人尽享时尚之美"。SHEIN 主要经营女装，同时还提供男装、童装、饰品、鞋、包等时尚用品。SHEIN 已经进入北美、欧洲、中东、印度、东南亚和南美等多个市场。

SHEIN 早期经营跨境婚纱业务，2012 年转型跨境女装，主要面向欧美、中东市场。2015 年，正式更名为 SHEIN，将总部迁至广州番禺南村镇，打造供应链体系，整合供应链上下游资源。2020 年，在大量时尚品牌关闭线下门店时，SHEIN 的销售收入同比增长了 398%。2021 年，SHEIN 取代亚马逊成为美国 iOS 和 Android 平台下载量最多的购物应用。2023 年 4 月，SHEIN 在巴西、美国推出平台模式；同年 5 月，SHEIN 正式宣布推出平台模式，并进一步推广至全球市场。

2023 年 12 月，由美国知名权威咨询公司 Morning Consult 发布的"全美十大增长最快品牌"调查报告显示，SHEIN 为"2023 年十大增长最快品牌总榜"第四名，与众多国际知名品牌齐名，成为唯一入选上述榜单的中国品牌。作为新一代的中国全球化典范企业，SHEIN 的崛起是中国品牌迈向世界舞台的重要标志，也是国内企业产业升级、不断向全球产业规则制订者转变的缩影。2024 年 6 月，SHEIN 宣布将在欧洲上线 SHEIN Exchange 二手交易平台，用于买卖用户的 SHEIN 二手产品。该平台已在法国上线，后续将扩展至英国、德国市场。

六、Lazada 平台与 Shopee 平台

（一）Lazada 平台

Lazada 平台成立于 2012 年，是东南亚领先的电子商务平台。总部设在新加坡，2017 年被阿里巴巴收购。Lazada 平台的主要目标市场是东南亚六国，即马来西亚、印度尼西亚、新加坡、泰国、越南、菲律宾。目前 Lazada 平台主要经营 3C 电子产品、家居用品、玩具、时尚服饰、运动器材等，被称为东南亚版亚马逊平台。Lazada 平台的具体介绍如表 2-5 所示。

表2-5 Lazada平台

相关内容	具体介绍
入驻条件	1. 企业营业执照。 2. 需要有 Payoneer 卡（以下简称 P 卡），同时必须以企业形式注册 P 卡，在入驻 Lazada 平台时收到的第二封邮件会有 P 卡注册的通道。 3. 卖家必须有一定的电商销售经验，如在亚马逊、全球速卖通、eBay 等平台有开店经验。 4. Lazada 平台对于产品有一定的要求，像 3C 电子产品——手机、平板、相机、智能穿戴设备等属于禁售产品，同时禁售产品包括液体产品、电子烟、情趣用品、食品、药品等

续表 2-5

相关内容	具体介绍
费用	1. 订单佣金：Lazada 平台全站点收取 1%~4% 的佣金，平台是没有年费的。 2. 增值税：Lazada 平台面向东南亚国家，每个国家的增值税有所不同。马来西亚为 6%，新加坡为 7%，泰国为 7%，印度尼西亚为 10%，菲律宾为 12%，越南为 10%。 3. 账务处理费：Lazada 平台开店费用中账务处理费是固定的每笔订单金额总额的 2%。 4. 运费及其他费用：Lazada 平台有 LGS 全球配送方案，也可以由卖家自行运输。在运费成本计算时根据卖家所选发货方式而定。除了运费外，其他费用还包括各国关税、Payoneer 手续费等
收款方式	Payoneer、Worldfirst（卖家必须在 Seller Center 绑定 P 卡，否则无法上传产品）
物流	1. 官方 LGS 全球物流解决方案 +LGS 海运物流解决方案 +LGF 海外仓解决方案 + 逆向物流解决方案。 2. 自发货

（二）Shopee 平台

Shopee 平台是领航跨境电商平台，总部设在新加坡，该公司于 2009 年创立。Shopee 平台购物于 2015 年首次在新加坡推出，目前已覆盖新加坡、马来西亚、菲律宾、泰国、越南、巴西、墨西哥、哥伦比亚、智利等十余个市场，同时在中国香港地区、上海和深圳设立跨境业务办公室。2023 年 Shopee 平台的总订单量达 28 亿元，同比增长 132.8%。

Shopee 平台的中国跨境业务非常亮眼，历年大促表现都十分优秀。2020 年 "9·9" 大促，Shopee 海外仓总单量涨至年初的 36 倍；"双 11" 大促，海运渠道发货商品数是平日的 60 倍；"双 12" 大促当日，中国跨境新卖家单量攀至平日的 15 倍。Shopee 平台致力于构建一站式跨境出海方案，其核心策略包括打造 SLS 物流服务、小语种服务和支付保障的技术硬实力，整合流量、孵化、三方资源的运营软实力，从而成就每一种 "出海" 可能。

Shopee 平台的具体介绍如表 2-6 所示。

表2-6　Shopee平台

Shopee 平台包含的站点	马来西亚站点、新加坡站点、泰国站点、印尼站点、菲律宾站点、越南站点、巴西站点
平台费用	平台费用包含交易费、跨境费用、税额、佣金等，根据站点的不同，费用也有所不同。 　　例如，Shopee 平台的马来西亚站点，对在网站上完成的所有成功交易收取费用（"交易费"）。交易费由卖方承担，按买方购款项的 2% 计算，四舍五入到最接近的美分。位于马来西亚境外的卖家，Shopee 平台对在网站上完成的所有成功交易收取费用（"跨境费用"）。跨境费用由卖家承担，并根据网站上不时通知该卖家的费率计算。

续表 2-6

平台费用	再如，Shopee 平台的菲律宾站点，对通过银行转账、信用卡或网站上的 Shopee 平台钱包完成的所有成功交易收取费用（"交易费"）。交易费由卖方承担，按买方购买款项的 2% 计算，四舍五入到最接近的比索。交易费不包括增值税。Shopee 平台应根据要求开具交易费用的收据或税务发票。佣金费由卖方承担，按总结算价的 1% 计算。佣金费包含增值税。Shopee 平台应在卖方提交在国内税务局登记的证明后，开具佣金收据或税务发票。对位于菲律宾境外的卖家，Shopee 平台对通过银行转账、信用卡或网站上的 Shopee 平台钱包完成的所有成功交易收取费用（"跨境费用"）。跨境费用由卖家承担，并根据网站上的费率变动不时通知该卖家计算
禁止和限制类商品清单	仿真枪、军警用品、危险武器类；易燃易爆，有毒化学品及毒品类；危害国家安全、政治与社会稳定等破坏性信息类；色情低俗、催情用品类；涉及人身安全与隐私类的产品或服务；药品、医疗器械类；非法服务、票证类；动植物、动植物器官及动物捕杀工具类；涉及盗取等非法所得及非法用途的软件、工具或设备类；未经允许违反国家行政法规或不适合交易的商品；虚拟商品类；其他类

任务三　对比分析跨境电商零售进口平台

任务导入

随着居民收入的增长和消费的升级，越来越多的海外商品受到了国内用户的青睐，各类跨境电商零售进口平台纷纷上线，宁波诚通贸易有限公司也开通了跨境电商零售进口业务，业务员小橙在工作的过程中，产生了一些新的思考。

第一，跨境电商零售进口平台的运营模式越来越多样化，这些模式的代表平台有哪些？这些平台的工作流程如何？各自的优缺点如何？

第二，中国目前跨境电商零售进口平台的市场格局如何？不同类型的商品分别适合哪些平台？

一、跨境电商零售进口平台的运营模式

跨境电商零售进口平台的运营模式从交易类型角度可简单分为B2C、M2C、C2C三种。

（一）B2C运营模式

B2C全称Business to Customer，代表平台有考拉海购、京东国际、小红书、蜜芽等。该模式一般由进口跨境电商平台进行商品挑选、集中采购及库存销售，通过境内保税仓清关发货，或是海外仓直接发货以减少物流时间。B2C运营模式如图2-1所示。这种模式通常依靠新媒体、社区等渠道培养用户，基于用户的需求精准提供商品。

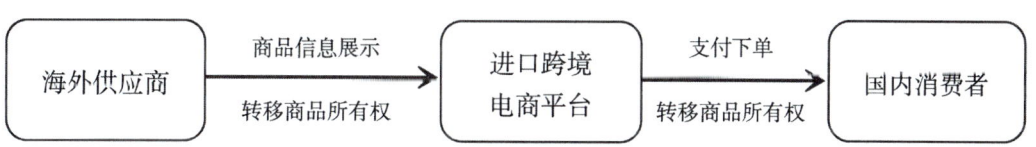

图2-1　B2C运营模式

（二）M2C运营模式

M2C全称Manufacturers to Customer，代表平台有天猫国际、京东国际。在此模式下，进口跨境电商平台邀请海外经销商入驻平台，以卖家的入驻年费、代理费、保证金作为盈利来源，为入驻卖家提供展示、支付、物流、客服等一体化运营支持服务，解决了许多国际品牌由于各种原因无法进入中国市场的问题。M2C运营模式如图2-2所示。在物流方面，入驻卖家可以选择三种物流仓储模式，如进口保税、海外直邮、进口现货，通过规模效应降低清关备货难度。在这种模式中跨境电商平台不参与商品采购及销售环节，没有获得商品的所有权。

图2-2　M2C运营模式

(三) C2C 运营模式

C2C 全称 Customer to Customer，即海外买手模式，代表平台以洋码头为主。海外买手入驻平台发布代购信息，国内用户选择下单后，由海外个人买手或卖家进行当地采购，并利用直播扫货提升用户的信任感，最终通过国际物流送到国内用户手中。C2C 运营模式如图 2-3 所示。该模式下进口跨境电商平台作为信息传递的载体，通过提供交易信息和物流服务获益。

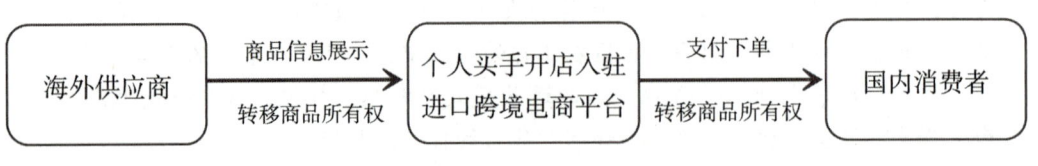

图2-3　C2C运营模式

以上三种模式各有优劣，下面利用表格简要总结，跨境电商零售进口平台运营模式的比较如表 2-7 所示。

表2-7　跨境电商零售进口平台运营模式的比较

平台运营模式	优势	劣势	代表平台
B2C	正品保障，从源头采购商品； 一站式购物； 用户信任度高	毛利水平低； 重资产，品类受限； 库存压力大	考拉海购 京东国际 小红书
M2C	轻资产模式； 减少中间环节，在本地即可进行退换货服务； 一站式购物，品类丰富	佣金为主要收入来源； 难以保障第三方商品质量	天猫国际 京东国际
C2C	商品库存积压少； 通过买手扩充 SKU，满足多样化需求	管理成本高； 商品源不可控； 买手专业性难以保障，门槛低	洋码头

二、我国跨境电商零售进口平台的市场格局

2024 年年初，易观分析发布了《2023 年度跨境进口电商用户消费特征简析》报告，其中的数据显示了 2023 年中国跨境电商零售进口平台的市场格局情况，如图 2-4 所示。从易观分析给出的图中可以看到，跨境电商零售进口平台的前三名占据了半壁以上的市场份额。天猫国际排名第一，份额为 37.6%；京东国际排名第二，份额为 18.7%；抖音全球购排名第三，份额为 12.3%。对比分析排名前三的天猫国际、京东国际与抖音全球购，以此为切入点深入了解跨境电商零售进口平台的差异。主要跨境电商零售进口平台的对比如表 2-8 所示。

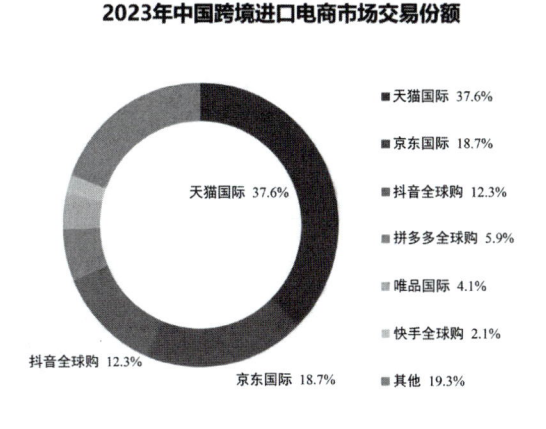

图2-4　2023年中国跨境电商零售进口平台市场格局

表2-8　主要跨境电商零售进口平台的对比

平台	成立时间	平台性质	产品类别	物流	业务侧重点	趋势
天猫国际	2014年上线	采用卖家入驻模式的开放性第三方交易平台	覆盖美妆个护、数码家电、食品保健、母婴用品、服饰鞋包等领域，引进92个国家超过5100个品类，约25 000个海外品牌	保税进口+海外直邮	主打招商模式，专注品牌产品多样化	升级直营业务+海外仓直购+内容化营销
京东国际	2015年成立	直邮海外生产或销售商品的电商平台	覆盖数码家电、护肤美妆、母婴玩具、食品饮料、时尚轻奢、汽油产品、清洁个护、生活居家、滋补保健、进口生鲜等领域的约2万个品牌	海外TC仓（海外转运中心）+自营保税仓+国内物流	主打海外代购直采，专注便捷高效的物流体验	新业务模式+新营销方式
抖音全球购	2021年上线	自营跨境零售电商平台	包含酒饮零食、美妆个护、母婴服饰等品类	第三方物流	自营+非自营双线并行的业务模式	内容创新+用户体验+多元化发展

各位同学，请相互合作查询相关平台，分析我国主要跨境电商零售进口平台美妆产品的产品大类、相应的国际品牌及注意要点，并将表2-9填写完整。

表2-9　我国主要跨境电商零售进口平台美妆产品

跨境电商零售进口平台	产品大类	国际品牌	注意要点
天猫国际			
京东国际			
抖音全球购			
唯品国际			

知识要点

一、洋码头

（一）平台介绍

洋码头成立于2009年，是中国独立海外购物平台的"领军者"。作为一站式海外购物平台，洋码头专注于连接全球零售市场与中国本土消费，致力于将世界各地优质丰富的商品及潮流的生活方式和文化理念同步给中国用户。洋码头通过海外买手或卖家实时直播的海外购物场景及跨境直邮快速、安全的运输，同时为用户提供正品保障、假一赔十的服务，为用户解除后顾之忧，让每一个中国用户足不出户，即可安心享受海外原汁原味的正品和服务，洋码头如图2-5所示。2016年年初，在跨境"4·8"税改政策落地之际，洋码头凭借多年积累的国际物流经验，率先与海关系统快速对接实现了"三单对碰"，为不断提升物流效率奠定了坚实基础。

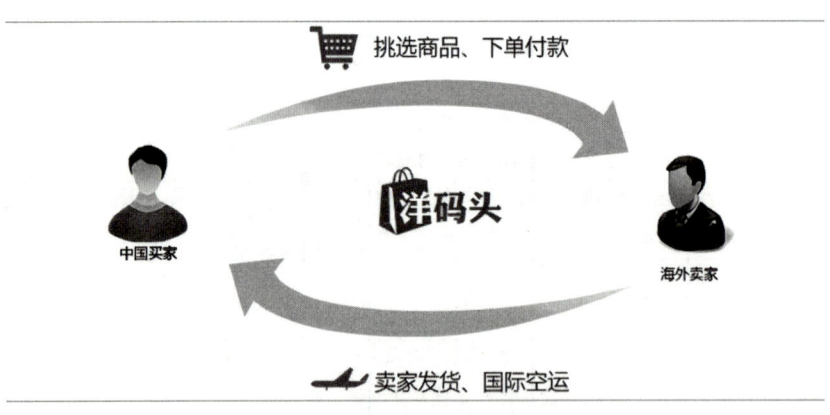

图2-5　洋码头

（二）主要特点

1.创立买手商家模式。洋码头是业内创新性创立买手商家模式的电商平台，通过买手商家模式建立碎片化的弹性全球供应链，用扫货直播的方式，为国内用户提供全球值得买的好商品。一直以来，洋码头不断夯实买手商家模式，突显平台差异化特征，同时注重赋能买手商家，定期提供各项培训，并不断完善服务制度，进一步服务好用户。

目前，洋码头认证的买手商家超过6万名，覆盖全球六大洲，分布于美国、英国、日本、韩国、澳大利亚、新西兰等83个国家，每日可供购买的商品数量超过80万件。

2. 大数据监管，海外正品保障。洋码头一直对商品假货"零容忍"。源头上，通过线上线下多部门联合监督，不断提升买手商家入驻门槛和完善审核机制，还引入供应链、运营、客服、市场四大部门共同审核，并且身处海外的买手也将接受当地国家的法律监管，同时定期组织海外团队实地回访，核查相关资质，保证用户购买到的商品均为海外正品；物流上，洋码头持续投入重金自建官方物流贝海国际，布局全球服务网络，同时合法合规清关，保持全程状态实时查询，杜绝"第三只手"拆包；技术上，利用大数据监管体系，综合千万交易数据与海量用户反馈，严格甄选出海外正品好货，并上线"码头优选"，帮助用户购物轻决策。

3. 包邮包税，省心省力。洋码头让利用户，所购商品全部包邮包税，让用户不为烦琐流程困扰，解决用户购买顾虑。

4. 官方直邮，保障体验。洋码头是跨境行业中率先自建国际物流的跨境电商平台之一，借助旗下官方物流贝海国际，与海关全面对接入境包裹信息，有效提高了清关效率，并通过在线查询运输状态实现"海外正品"溯源，保证运送过程完全封闭，避免拆包调包，形成了业内难以效仿的核心竞争力。这也使得洋码头在2016年"税改新政"落地后，在国内的跨境电商平台竞争中保持了先决优势。

5. 本土中文服务，客服"零时差"。洋码头为用户提供专属"洋管家"服务，随时待命应对世界各地语言与时差差异，及时用中文解答用户购物、退换货等各类咨询，实现"客服零时差"。在业内自创"本土退货"，建立国内退货仓，保障用户的完整服务体验，同时针对用户与买手商家产生的交易纠纷，实行先行赔付，进一步保障用户的权益。

二、天猫国际

（一）平台介绍

2014年2月19日，阿里巴巴集团宣布平台型进口跨境电商天猫国际正式上线，如图2-6所示。天猫国际旨在为有境外商品购买需求的国内用户直供海外原装进口商品。作为纯平台型的跨境进口电商，天猫国际并不参与跨境商品从采购、仓储到最终售出的各个环节，其只是为邀请入驻的跨境进口零售卖家提供一个交易平台，并同时提供商品引流及推广、店铺数据分析、物流配送等系列服务，并从中收取一部分的佣金和年费。

图2-6 天猫国际

（二）业务模式与商品品类

天猫国际依托天猫商城，其业务模式主要倾向于 M2C 模式，即招商入驻模式，这种模式通过吸引全球知名品牌和公司入驻天猫国际开设官方旗舰店的方式进行运营，跨境交易属于保税进口海外直邮模式。天猫国际商品品类覆盖美妆个护、数码家电、食品保健、母婴用品、服饰鞋包等领域，几乎包含所有品类。海外品牌商入驻天猫国际主要有三种方式：一是外国品牌直接入驻天猫国际平台；二是 TP 模式，即电子商务代运营或电子商务外包模式；三是国家地区馆，与各入驻卖家开展深入合作，确保独家资源。

（三）仓储物流

天猫国际采取"保税进口＋海外直邮"模式，通过与自贸区的合作，在保税物流中心建立了自己的跨境物流仓库，目前已与宁波、上海、重庆、杭州、郑州、广州等试点跨境电子商务贸易保税区和工业园区签署跨境合作协议，全面铺设跨境通道。天猫国际联合 DHL、EMS、UPS、FedEx 等知名物流公司进行集装箱批量运输，"三单合一"有效整合订购到支付再到发货全过程，其不但能提高物流效率，还能控制物流成本，同时方便用户查询和维权。

三、考拉海购

（一）平台介绍

2015 年 1 月 9 日，网易自营跨境电子商务平台——考拉海购上线公测，如图 2-7 所示。2015 年 1 月考拉海购开卖智利车厘子，实现跨境电商生鲜第一单。2015 年 5 月 20 日考拉海购上线"爱购狂欢节"，海外商品从母婴用品扩展到美妆个护、美食保健、家居日用等全品类。2019 年 9 月 6 日，阿里巴巴宣布与网易达成战略合作。阿里巴巴集团以 20 亿美元全资收购网易旗下的跨境电商平台考拉海购。2020 年 8 月 21 日，考拉海购正式宣布战略升级，全面聚焦"会员电商"。

图2-7　考拉海购

（二）业务模式

考拉海购自成立以来主要以 B2C 自营和保税区模式为主，自己掌控从商品采购、定价、仓储、物流到售后等各个环节，对于优质海外厂商，考拉海购能够提供跨国物流仓储、跨境支付、供应链金融、线上运营、品牌推广等一整套完整的保姆式服务。而自营直采＋入仓全检＋物流全程可溯模式确保了良好的品控，并且自营模式意味着平台拥有自主定价权，根据市场环境和竞争节点调整定价策略，一方面能尊重品牌方的价格策略，另一方面也能照顾国内用户对价格的敏感和喜好，因此收获了大量的平台粉丝。

（三）商品品类与来源

商品覆盖美容美妆、个护、食品酒饮、母婴、家居生活、营养保健、服饰鞋靴、运动户外、数码、手表配饰、轻奢等 5000 多个品牌，国际一线品牌 1000 多个。考拉海购在全球不同国家和地区成立分公司和办事处，并通过成立专业采购团队深入商品原产地精选全球优质尖货，商品来自日本、韩国、欧洲、美国、澳洲、东南亚等多个国家和地区。

（四）仓储物流

考拉海购在全球范围内建立了 18 个海外仓，并拥有先进的物流云系统，建立了涵盖海外直邮—海外集货—国内保税进口在内的三级跨境物流仓储布局。国内方面，考拉海购拥有行业最大的国内保税仓，有 15 个国内自营保税仓，并采用"全检"，包括商品的包装完整性、有效期等维度，确保入库商品符合要求，并且在有效期内。除国内保税仓和海外仓布局外，考拉海购还与物流巨头亚马逊、顺丰、菜鸟等合作，并自行开发了智能化管理系统"祥云"和 TMS 系统"瑞麟"，并对上下游合作商进行全面开放，从而提高供应链效率。

四、京东国际

（一）平台介绍

京东国际是京东集团旗下品牌，主营跨境进口商品业务，如图 2-8 所示。京东国际最早名为"京东全球购"，成立于 2015 年。2018 年 11 月 19 日，京东正式将旗下京东全球购品牌全面升级为"海囤全球"。2019 年 11 月 22 日，京东大进口业务进行战略升级，整合旗下跨境商品和一般贸易进口商品，将"海囤全球"升级为京东国际。

图 2-8　京东国际

作为国内首个全面专注于大进口业务的消费平台，京东国际通过对消费场景、营销生态、品质和服务、招商四大维度的全面升级，为用户带来更加优质和丰富的进口商品购物体验，从而打造可信赖的进口商品一站式消费平台。

在一般贸易进口用品方面，京东国际已吸引近 2 万个品牌入驻，SKU 近千万，覆盖时尚、母婴、营养保健、个护美妆、3C 电子产品、家居、进口食品、汽车用品等商品品类，业务范围覆盖美国、加拿大、韩国、日本、澳大利亚、新西兰、法国、德国等 70 多个国家和地区。

（二）业务模式

京东国际以海外代购直采模式起家，而后逐渐发展自营业务，形成"自营+平台"业务模式，提供一站式跨境服务，打造"自营+卖家入驻"模式，专注原产地直购模式，加强自营直采，突出原产直购优势；通过京东物流高效的配送体系和完善的专业服务，让更多合作卖家及用户获益。

（三）商品品类与来源

京东国际自营覆盖数码家电、护肤美妆、母婴玩具、食品饮料、时尚轻奢、清洁个护、生活居家、滋补保健、进口生鲜等约 2 万个品牌。

京东国际已与日韩、欧美澳、东南亚等约 70 个国家和地区的知名品牌企业、大型超市等达成合作，根据不同国家和地区的特色，为用户推荐当地特色商品。

（四）仓储物流

京东国际将京东多年积累的自建物流、供应链模式和标准运用在跨境物流的建设当中，以海外 TC 仓（海外转运中心）、自营保税仓、国内物流网络和配送系统为基础，整合运输、仓储、清关和配送服务，形成跨境物流领域的全链条服务。

五、唯品国际

唯品国际是唯品会与海外品牌及卖家直接合作，免除中间所有加价机构，为用户提供物超所值的优质直购商品平台，如图 2-9 所示。

图2-9　唯品国际

唯品国际的商品需从海外供应商处购入，采购时间较长，且货品到达海关部门后需办理入境清关手续，故发货时间较长。在唯品国际订购的商品由海外供应商直发或保税仓发货，海外供应商直发，预计下单后 5 天左右发出，保税仓下单后 2 天内发出。若受海关部门特殊原因的影响，发货时效可能会有所延迟。

唯品国际商品的不同专场购物每单有一件至多件不等的数量限制，且根据海关规定，跨境个人网购单笔订单金额不可大于 5000 元（单个货品高于此金额则不作限制）。例如，在身份证名下，每个用户可以单次购买一件单价为人民币 2 万元的货品，但如果同一张订单有 2 件或以上货品，且总价高于 5000 元，提交订单金额大于规定金额，系统将自动进行拆单。在唯品会海外直购时，装箱单的商品清单就是海外形式的"发票"。

部分唯品国际商品不支持七天无理由退货，如果用户签收货物后发现商品存在质量问题，可及时联系唯品会客服处理。由于海外直购的特殊性，退换货相当于在办理货品入境后需要重新从中国出口，再在原出口国进口才能退回卖家，过程中会产生高额费用，所以不支持换货，商品如有质量问题可联系唯品会客服办理退货，唯品会承诺承担此项费用。

六、小红书

小红书是一个跨境电商平台，是一个网络社区，也是一个用户口碑库，如图 2-10 所示。2013 年 6 月，小红书在上海成立。2014 年 12 月，小红书正式上线电商平台"福利社"，从社区升级电商，完成商业闭环。2015 年 1 月，小红书郑州自营保税仓正式投入运营；同年 6

月，小红书深圳自营保税仓投入运营。2016年小红书拓展了第三方平台和品牌卖家，全品类SKU快速成长。2020年年底，小红书在29个国家建立了专业的海外仓库，在郑州和深圳的保税仓设立了产品检测实验室。2021年4月，小红书《社区公约》上线，从分享、互动两个方面对用户的社区行为规范作出规定，要求博主在创作和分享过程中，如接受卖家提供的赞助或便利，应主动申明利益相关。

图2-10　小红书

作为一个跨境电商平台，小红书的运营主要有两个板块。第一个板块是UGC海外购物分享社区，它随着Web 2.0个性化网络而出现，意指用户自主创造内容，从原来的被动接受网络信息变成主动创造网络信息，从原来以下载为主变成现在上传与下载并重。小红书的UGC社区用户可以发布自己的购物体会、产品使用心得、美妆产品推荐等信息，为平台其他用户购物提供思路。第二个板块是跨境电商福利社，小红书福利社通过和海外品牌商合作的方式实行自营。

和其他电商平台不同，小红书是从社区起家的。一开始，用户注重在社区里分享海外购物经验，到后来，除了美妆、个护，小红书平台上还出现了关于运动、旅游、家居、旅行、酒店、餐馆的信息分享，触及了消费经验和生活方式的方方面面。

小红书作为一个网络社区，其最大的独特性就在于，大部分互联网社区更多的是依靠线上的虚拟身份，而小红书用户发布的内容都来自真实生活，一个分享用户必须具备丰富的生活和消费经验，才能有内容在小红书平台分享，继而吸引粉丝关注。

在小红书平台，一个用户通过"线上分享"消费体验，引发"社区互动"，进而推动其他用户"线下消费"，这些用户反过来又会进行更多的"线上分享"，最终形成一个正循环。随着人们生活越来越趋向数字化，小红书社区在"消费升级"的大潮中将会发挥更大的社会价值。

任务四　对比分析跨境电商B2B主流平台

任务导入

自2020年海关增列了海关监管方式代码"9710"与"9810",宁波诚通贸易有限公司的跨境电商B2B出口业务也有了新的变化,这里思考两个问题。

第一,跨境电商B2B平台经历了哪些发展阶段呢?

第二,我国企业开展跨境电商B2B的主流平台有哪些呢?这些平台各自的盈利模式、销售市场及优劣势如何呢?

一、跨境电商B2B平台的发展历程

20世纪90年代末,随着互联网的到来,电子商务平台阿里巴巴应运而生,它的创立开启了我国中小型企业借助互联网开展跨国贸易的时代。在这一阶段,跨境电商B2B平台的主要经营模式是信息服务,即传统展会的线上化,以提供信息展示、撮合买卖双方的意向等基础性服务为主要内容,不会对交易有任何控制或影响,平台以收取会员费为主。这个阶段出现的是最早的一批外贸B2B电商平台,如阿里巴巴、环球资源、中国制造网、中国化工网等,这些平台覆盖了当时十几万个国内中小型企业,由于交易与平台完全无关,所以平台难以核查覆盖企业的出口规模。虽然这一阶段的跨境电商平台还只是信息服务平台,以信息服务为主,但已开始慢慢改变传统的国际贸易营销方式。

2004—2014年,随着信息技术的飞速发展及跨境支付、跨境物流等手段的成熟,跨境电商B2B平台开始扩展线上交易服务,敦煌网、大龙网等跨境交易平台应运而生。用户可以在平台上进行支付、物流查询,卖家也可以进行简单的用户关系管理。平台的盈利模式发展为佣金抽成,即平台在促成交易后,向卖家收取一定的佣金。但这一时期的订单交易规模比较小,交易用户也以小微型企业为主,订单虽然实现了线上化,但尚未形成闭环。

从2015年开始,跨境电商B2B平台的业务开始向交易中、交易后延伸,中大单开始线上化,已有的跨境电商B2B平台不断转型,开始整合资源。阿里巴巴全资收购了深圳一达通,将一达通在进出口环节提供的通关、外汇、物流、退税、支付、金融及生产环节的验货、跟单等服务与平台整合,为平台的交易用户提供一站式的交易解决方案。与此同时,品牌制造商、大型服务商、垂直行业电商平台,开始进入跨境B2B电商领域,移动化跨境B2B电商在不断地发展,如大龙网。整个跨境电商B2B平台开始转型,这一转型使得B2B平台完成出口流程全链路的数字化,能够通过各种线上渠道和手段帮助外贸企业完成出口。跨境电商B2B平台不同发展阶段及代表平台如表2-10所示。

表2-10　跨境电商B2B平台不同发展阶段及代表平台

B2B平台发展时间段	代表平台
1999—2003年 信息服务平台	环球资源 中国制造网 阿里巴巴 中国化工网

续表2-10

B2B平台发展时间段	代表平台
2004—2014年 交易服务平台	敦煌网 大龙网
2015年至今 综合服务平台	阿里巴巴国际站

二、跨境电商B2B主流平台的对比

到目前为止，主流的跨境电商B2B平台主要还是以阿里巴巴国际站、环球资源、中国制造网、敦煌网及大龙网等为主。对比这五个平台的基本情况有助于企业选择合适的平台开展跨境电商B2B业务，具体情况如表2-11所示。

表2-11 主流跨境电商B2B平台基本情况对比

B2B平台 相关内容	阿里巴巴国际站	环球资源	中国制造网	敦煌网	大龙网
成立时间	1999年成立	1970年成立	1998年成立	2004年成立	2010年成立
平台模式	信息服务平台向综合服务平台转型	信息服务平台	信息服务平台及B2B2C一站式服务	交易服务平台，小额批发	交易服务平台
盈利来源	会员费 服务费 交易佣金	会员费 推广费 展会费	会员费 增值服务费 佣金	会员费 服务费	进销差价 服务费
主营业务	提供跨境电商一站式服务（装修、产品展示、营销推广、生意洽谈及业务管理等线上服务与工具）	提供网站、专业杂志、展会等出口市场推广平台，也提供广告创意、教育项目和网上内容管理等服务	提供信息发布与搜索等服务，帮助中小型企业应用互联网开展国际营销	提供小额B2B跨境服务（整合信息推广、交易支持、物流、关检、支付、售后、金融等资源）	国内产业资源整合与出口服务，产业园服务、金融服务等
主要市场	亚洲 欧洲 南美洲 北美洲 中东	亚洲 北美洲 南美洲 欧洲	欧洲 北美洲 南美洲	北美洲 欧洲	亚洲 欧洲 大洋洲 中东
优势	访问量最大的B2B网站，推广力度较强，功能较完善	在电子产品领域有优势，在韩国、欧美市场有优势	收费较合理，知名度大部分靠口碑积累	快速稳定的供应链和搜货能力，注重品质，售后服务好	产品价格低，跨境物流、网上支付服务好
劣势	价格较高，实际效用和宣传有一定差距，采购商良莠不齐	功能较少，价格过高，采购商信息采集和分类功能弱	规模较小，在国外影响力不大，国内推广能力不足	收费较多，平台偏向老卖家	规模较小，国外影响力小，运营成本较高

知识要点

一、阿里巴巴国际站

（一）平台介绍

跨境电商 B2B 平台

阿里巴巴国际站成立于 1999 年，是国内处于领跑地位的跨境电商 B2B 平台。阿里巴巴国际站平台创建的主要目的是帮助中国中小型企业将产品卖向全球，实现海内外买卖双方的寻源对接。当前阿里巴巴国际站的注册会员数已超过千万，注册用户已经覆盖了全球 200 多个国家和地区。阿里巴巴国际站主要服务中小型企业，提供一站式工具及服务，包括设计店铺、推广、洽谈、交易等方面。在"全球买，全球卖"的愿景及"一带一路"的政策鼓励下，阿里巴巴国际站不仅是我国中小型企业开展国际贸易的主要 B2B 平台，也是全球范围内，中小型企业开展跨境交易的首选 B2B 平台。

（二）平台运营和营利模式

阿里巴巴国际站是我国最先发展的跨境电子商务 B2B 平台，买卖双方通过阿里巴巴国际站进行沟通、建立信任关系并通过信用保障体系实现交易。在两者实现交易之后通过阿里巴巴支付系统，或者使用国际支付方式进行支付，然后通过一达通平台提供交易物流一站式服务。支付系统如图 2-11 所示。阿里巴巴国际站平台运营解决了两点问题：一是解决了信任问题，包括用户的身份认证、提供第三方质检员检验供应商资质、通过信用数据判断双方的信用和履约能力；二是解决了交易问题，包括第三方交易担保服务、用户融资服务和支付担保服务等。

多元支付方式

支持6种最常见支付方式
TT，信用证，信用卡，
Echecking，Boleto，
Pay Later。

双收汇通道

公司和个人双收汇渠道，灵活结算，无忧收汇。

时效快

本地TT最快48小时到账，信用卡半小时到账。

成本低

本地TT买家支付手续费低至1本币，无中间行收费。

图2-11 支付系统

阿里巴巴国际站的盈利模式包括会员费、广告费、服务费和交易佣金。会员费是阿里巴巴国际站的固定收入，广告费用、竞价服务费用、出口服务费用及佣金属于附加的服务费用。阿里巴巴国际站收取注册会员的年费，会员在交完年费之后能够在网站中制作短视频，从而充分宣传商品和企业。阿里巴巴国际站还提供广告服务，帮助卖家推广其商品或服务，但卖家需要缴纳广告费用。另外，阿里巴巴国际站还完成了竞价排名机制的创建，简单来说就是用户在网站中输入关键词时，搜索结果可以根据竞价排名进行排序，卖家通过购买特定关键词的搜索结果展示位置，从而提高自身网站或商品的曝光率。在阿里巴巴国际站平台进行在线交易或支付，需要缴纳一定的交易佣金。中小型企业通过一达通提供的出口服务进行进出口贸易时，也需要缴纳基础服务费。

（三）主要规则

阿里巴巴国际站的规则内容非常多，具体可以看官网的规则介绍。这里简单介绍一下阿里巴巴国际站关于侵权的三种类型及处罚规则，如表2-12所示。

表2-12 阿里巴巴国际站侵权类型及处罚规则

侵权类型	定义	处罚规则
商标侵权	严重违规：未经权利人许可，在所发布、销售的同一种产品上使用与其注册商标相同或相似的商标及其他商标性使用的情况	累计被记录次数，三次违规者将被关闭账号
商标侵权	一般违规：其他未经权利人许可，不当使用他人注册商标的行为	1. 首次违规扣0分； 2. 其后每次重复违规扣6分； 3. 累计达48分者将被关闭账号
著作权侵权	未经著作权人许可，擅自发布、复制、销售受著作权保护的产品（如书籍、文字、图片、电子出版物、音像制品、软件、工艺品等）及其他未经著作权人许可，不当使用他人产品的行为	1. 首次违规扣0分； 2. 其后每次重复违规扣6分； 3. 累计达48分者将被关闭账号
专利侵权	严重违规：判定视个案情节而定	累计被记录次数，三次违规者将被关闭账号
专利侵权	一般违规：未经权利人许可，擅自发布、销售包含他人专利（包含外观设计专利、实用新型专利或发明专利等）的产品及其他未经专利权人许可，不当使用他人专利的行为	1. 首次违规扣0分； 2. 其后每次重复违规扣6分； 3. 累计达48分者将被关闭账号

二、环球资源

（一）平台介绍

环球资源1970年成立于中国香港，成立至今，始终致力于促成国际贸易，并通过展会、数字化贸易平台及贸易杂志等多种渠道，连接全球诚信用户及已核实供应商，为其提供定制化的采购方案及值得信赖的市场资讯，是深受国际认可的B2B采购平台。

环球资源于1995年率先推出全球首个B2B电子商务跨境贸易平台。公司目前拥有超过1000万来自全球各地的注册用户。环球资源与时俱进，于2019年在印度尼西亚举办环球资源电子展，在中国与东南亚市场间搭建起贸易桥梁。此外，环球资源是华南地区极具规模的制造业盛会——"深圳国际机械制造工业展览会"及其旗下相关项目的主要股东。

（二）主要规则

1.搜索规则：环球资源网可以搜索商品、供应商和新闻三类，其中搜索商品或供应商可以按名称、商品类别或国家搜索，搜索新闻只能按商品或供应商搜索。

当搜索一个关键词，如"电阻器"时，搜索引擎会显示包含"电阻器"或与"电阻器"相关的商品和类别。搜索引擎还会检查关键词的复数形式和单数形式及同一项目的不同名称（同义词）。搜索可以分为高级搜索和简单搜索：高级搜索提供了额外的搜索功能，如可以在搜索结果中进行进一步的搜索，可以匹配所有或任何关键词，也可以在类别和国家中选择要搜索的行业或国家；简单搜索一般通过关键词进行。要注意的一点是，关键词搜索不区分大小写。

2. 环球资源知识产权保护政策：环球资源网站的知识产权包括所有版权、专利、商标、地理标志、域名、设计权、数据库权、贸易或商业名称、保护商业秘密的权利、保护商誉和声誉的权利及所有其他类似或相应的专有权利。这些权利不仅涵盖了目前存在的知识产权，还包括未来可能创建的知识产权，无论这些权利是否已注册，也不论其存在于世界上的任何地方。此外，环球资源还拥有就任何过去、当前或未来的侵权、盗用或侵犯上述任何权利的行为提起诉讼、追讨损害赔偿并获得救济或其他补救措施的权利。

三、中国制造网

（一）平台介绍

中国制造网创立于1998年，由焦点科技股份有限公司开发及运营。作为全链路外贸服务综合平台，中国制造网致力为中国供应商和海外采购商挖掘全球商机，为双方国际贸易的达成提供一站式外贸服务，现已成为中国外贸企业走向国际市场的重要桥梁和海外采购商采购中国商品的重要网络渠道。

在信息展示服务基础之上，中国制造网为会员企业提供精准营销推广、TM洽谈在线翻译、在线交易支付、物流报关、融资退税、专业培训等全链路外贸服务，还赋能国内外贸企业，为其拓展国际市场、获取贸易机会提供全程保障。一直以来，中国制造网以"弘扬中国制造，服务中小型企业，促进全球贸易"为宗旨，持续深耕于国际贸易领域，连续多年荣获"中国B2B行业网站影响力奖"等殊荣，获得了市场的高度认可。

（二）主要规则

中国制造网的用户服务网站里面详细阐述了各种主要规则。这里简单介绍一下中国制造网知识产权侵权行为处理规则。

中国制造网用户不得利用本站提供的互联网服务从事侵犯他人知识产权的行为，具体如下所示。

1. 商标侵权行为是指卖家在出售商品或服务过程中涉嫌侵犯他人商标权利，但不属于假冒的情形。具体包括但不限于以下情形。

（1）未经权利人许可，在店铺页面、商品主图等位置突出展示权利人商标；

（2）被投诉商品和权利人商品属同类商品，卖家所使用的商标标识和权利人注册商标近似，且未取得有效的商标权；

（3）被投诉商品被司法机关裁定或被工商行政机关认定构成商标侵权；

（4）除上述情形外的其他商标侵权行为。

2. 著作权侵权行为是指卖家所售商品或在页面中涉嫌侵犯他人著作权（包括图片侵权以

及版权侵权），但不属于盗版的情形。具体包括但不限于以下情形。

（1）未经权利人许可，在店铺、商品页面或商品包装上使用权利人拥有著作权的图片、文字描述、作品形象等信息；

（2）商家所售的为正规出版社出版的图书，但权利人证明对该出版社的版权授权已终止或超期；

（3）被投诉商品被司法机关裁定或被著作权管理机关认定为著作权侵权；

（4）除上述情形外的其他著作权侵权行为。

3. 专利侵权行为是指用户出售的商品或所使用的其他信息不当侵犯他人权利，包含外观设计专利、实用新型专利或发明专利。具体包括但不限于以下情形。

（1）未经权利人许可，被投诉商品使用了权利人专利的技术方案、内部结构或外观设计；

（2）被投诉商品被司法机关裁定或被专利管理机关认定为专利侵权；

（3）除上述情形外的其他专利侵权行为。

如果出现上述知识产权侵权行为，中国制造网将视侵权情节严重程度采取限制网站登录、限制发布商品、限制发布特定属性商品、限制商品发布数量、展示厅屏蔽、全店或单个商品屏蔽、全店或单个商品搜索降权等处理措施。如果用户侵权情节特别严重，中国制造网保留直接关闭用户账号等处罚的权利。如经排查认定，账户实际控制人在中国制造网上的其他账户存在严重侵权行为，中国制造网有权视情节严重程度对该账户处以以上相关处罚。中国制造网侵权处理流程如图2-12所示。

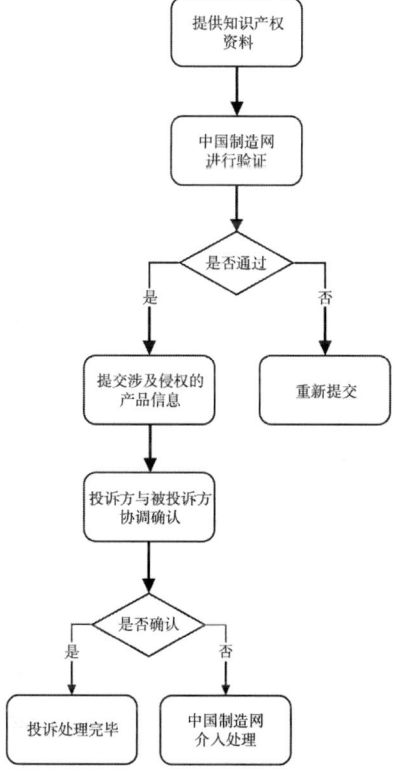

图2-12 中国制造网侵权处理流程

四、敦煌网

（一）平台介绍

敦煌网成立于 2004 年，是国内首个为中小型企业提供 B2B 网上交易的网站，目前是全球领先的中小零售商一站式贸易和服务平台。

敦煌网肩负"促进全球通商，成就创业梦想"的使命，以"全球领先的跨境电商中小型企业数字化产业中台"为愿景，专注小额 B2B 赛道，为跨境电商产业链上的中小微企业提供店铺运营、流量营销、仓储物流、支付金融、客服风控、关检汇税、业务培训等环节的全链路赋能，帮助中国制造对接全球采购，实现"买全球，卖全球"。截至 2024 年 5 月，敦煌网已拥有 254 万累计注册供应商，年均在线产品数量超过 3400 万，累计注册用户超过 5960 万，覆盖全球 225 个国家及地区，拥有 100 多条物流线路和 10 多个海外仓，具有 71 个币种支付能力，在北美、拉美、欧洲等地设有全球业务办事机构。

（二）主要规则

敦煌网的经营规则包含注册规则，卖家账户管理规则，产品管理规则，禁止销售（限售）产品规则，知识产权管理规范，交易纠纷的处理原则，平台佣金规则，卖家账户放款规则，卖家评价规则，等等。

这里简单介绍产品管理规则，敦煌网平台将各行业划分为 14 个经营范围，每个经营范围分设不同经营品类，每个卖家账号只允许选取一个经营范围，并仅限经营绑定品类下的产品。经营范围一经确定，不得修改。申请跨品类经营的卖家须满足以下所有资质要求。

1. 企业资质商户；
2. 注册资金 50 万元人民币以上；
3. 需要提供税务登记证；
4. 近三个月商户评级连续评为优秀商户或顶级商户；
5. 拥有跨品类相应一级类目自有注册品牌或品牌授权经营许可。

敦煌网的卖家类型不同，店铺产品数量限制也不同，具体如表 2-13 所示。

表2-13　敦煌网的卖家类型和产品数量上限

卖家类型	产品数量上限
王牌卖家	10 000
普通卖家	3000
不及格卖家	50
增值服务——铜骆驼	5000
增值服务——银骆驼	7000
增值服务——金骆驼	10 000

注：产品数量限制会根据卖家类型的变化进行调整。

对比分析跨境电商平台入驻条件

表2-14　以B2C主流出口平台为例（截至2024年）

全球速卖通入驻条件	企业营业执照、法人身份证明（目前个体工商户也可以）；商标；保证金1~5万元人民币，佣金5%~8%（基本8%）
亚马逊入驻条件	带有VISA（威士）或MasterCard（万事达卡）标志的信用卡；企业营业执照、法人身份证明；信用卡纸质账单；用于收款的银行账户；品牌商标
SHEIN入驻条件	营业执照（个体营业执照也可以）；法人身份证照片正反面；公司照片（个体工商户也可以）；工厂照片（没有工厂也可以入驻）；流行款式照片和报价照片；其他网店数据流水截图
eBay入驻条件	可以是个人或企业，账号必须是中国地区账号；账户需要完成卖家认证，并连接完成认证的PayPal账户；企业营业执照、法人身份证明、公司地址证明、销售信息（如销售产品、国家、仓库等）
Lazada入驻条件	企业营业执照和企业法人的身份证复印件（个体工商户也可以）；企业Payoneer卡和企业支付宝账户；跨境平台的电子商务经验（50个以上的SKU，或提供店铺链接和流水订单截图）；保证金3000元人民币
Shopee入驻条件	中国内地或中国香港注册的合法企业营业执照；法人身份证正反面；店铺流水订单截图（近3个月，要求有一定跨境电商经验及产品数量达到100款以上）、退货地址、手机号码、QQ号码等

课后训练

一、单项选择题

（　　）1. 2023年在全球速卖通平台上涉及商标侵权的一般违规,累计____分就关闭账号。
A. 12　　　　　　B. 24　　　　　　C. 36　　　　　　D. 48

（　　）2. 2023年，亚马逊平台要求的订单缺陷率要尽量达到什么要求？
A. 订单缺陷率＜1%　　　　　　B. 订单缺陷率＜2%
C. 订单缺陷率＜3%　　　　　　D. 订单缺陷率＜4%

（　　）3. 2023年，亚马逊平台要求的发货延迟率要尽量达到什么要求？
A. 发货延迟率＜1%　　　　　　B. 发货延迟率＜2%
C. 发货延迟率＜3%　　　　　　D. 发货延迟率＜4%

（　　）4. 2023年，亚马逊平台要求的有效追踪率要尽量达到什么要求？
A. 有效追踪率＞94%　　　　　　B. 有效追踪率＞95%
C. 有效追踪率＞96%　　　　　　D. 有效追踪率＞97%

（　　）5. 2023年，亚马逊平台要求的退货不满意率要尽量达到什么要求？
A. 退货不满意率＜8%　　　　　　B. 退货不满意率＜9%
C. 退货不满意率＜10%　　　　　　D. 退货不满意率＜11%

（   ）6. 2023年，Shopee马来西亚站点，对在网站上完成的所有成功交易收取费用（"交易费"）。交易费由卖方承担，按买方购买款项的____计算，四舍五入到最接近的美分。
A. 1%   B. 1.5%   C. 2%   D. 2.5%

（   ）7. 以下跨境电商零售进口平台中运营模式属于C2C的是____。
A. 洋码头   B. 天猫国际   C. 考拉海购   D. 小红书

（   ）8. 敦煌网普通卖家的产品数量上限是____。
A. 2000   B. 2500   C. 3000   D. 3500

二、判断题

（   ）1. 全球速卖通成立于2010年，是阿里巴巴旗下的面向国际市场打造的跨境电商平台，被广大卖家称为"国际版淘宝"。

（   ）2. 全球速卖通平台信用评价买卖双方均可进行互评，但卖家分项评分只能由用户对卖家进行。

（   ）3. eBay是一个让全球用户在网上买卖物品的线上拍卖及购物网站，成立于1994年9月4日。

（   ）4. 在eBay平台上，影响Best Match搜索排名的因素主要有相关性、卖家表现、物流服务和用户记录。

（   ）5. 兰亭网站销售的商品主要包括服装（其中以婚纱产品最为著名）、电子通信及其零配件、园艺产品、家居装饰、美容、遥控模型等。

（   ）6. Shopee于2015年首次在新加坡推出，目前已覆盖新加坡、马来西亚、菲律宾、泰国、越南、巴西、墨西哥、哥伦比亚、智利等十余个市场。

（   ）7. 2019年9月6日，阿里巴巴宣布与网易达成战略合作。阿里巴巴集团以20亿美元全资收购网易旗下的跨境电商平台考拉海购。

（   ）8. 2020年4月，小红书《社区公约》上线，从分享、互动两个方面对用户的社区行为规范作出规定，要求博主在创作和分享过程中如接受卖家提供的赞助或便利，应主动申明利益相关。

（   ）9. 阿里巴巴国际站成立于1999年，盈利模式包括会员费、广告费、服务费和交易佣金。

（   ）10. 环球资源于1995年率先推出全球首个B2C电子商务跨境贸易平台。公司目前拥有超过1000万来自全球各地的注册用户。

（   ）11. 2021年，敦煌网平台将各行业划分为14个经营范围，每个经营范围分设不同经营品类，每个卖家账号可以允许选取两个经营范围，并仅限经营绑定品类下的产品。

三、多项选择题

（   ）1. 如果要拓展俄罗斯市场，可以选择的B2C跨境电商平台有____。
A. 全球速卖通   B. Yandex   C. Ozon.ru   D. Zilingo

（   ）2. 如果要拓展东南亚市场，可以选择的B2C跨境电商平台有____。
A. Shopee   B. Lazada   C. SHEIN   D. Ozon.ru

（　　）3. 全球速卖通影响卖家搜索排名的因素有____。
A. 商品的信息描述质量
B. 商品与用户搜索需求的相关性
C. 商品的交易转化能力
D. 卖家的服务能力
E. 搜索作弊的情况
（　　）4. 常见的跨境电商 B2B 出口平台有____。
A. 阿里巴巴国际站　　　B. 敦煌网　　　　C. 中国制造网　　　D. 环球资源
（　　）5. 常见的跨境电商 B2C 出口平台有____。
A. 全球速卖通　　B. 亚马逊　　　　C. SHEIN　　　　D. Lazada　　　　E. Shopee
（　　）6. 常见的跨境电商零售进口平台有____。
A. 洋码头　　　　B. 天猫国际　　　C. 考拉海购　　　D. 京东国际
（　　）7. Lazada 平台费用包含____。
A. 订单佣金　　　B. 增值税　　　　C. 账务处理费　　D. 运费及其他费用
（　　）8. 以下跨境电商零售进口平台中运营模式属于 B2C 的是____。
A. 洋码头　　　　B. 天猫国际　　　C. 考拉海购　　　D. 京东国际
（　　）9. 按服务类型分类，跨境电商平台可以分为____。
A. 信息服务平台　　　　　　　　　B. 在线交易平台
C. 外贸综合服务平台　　　　　　　D. 自营型平台

项目三　跨境电商店铺运营

培养目标

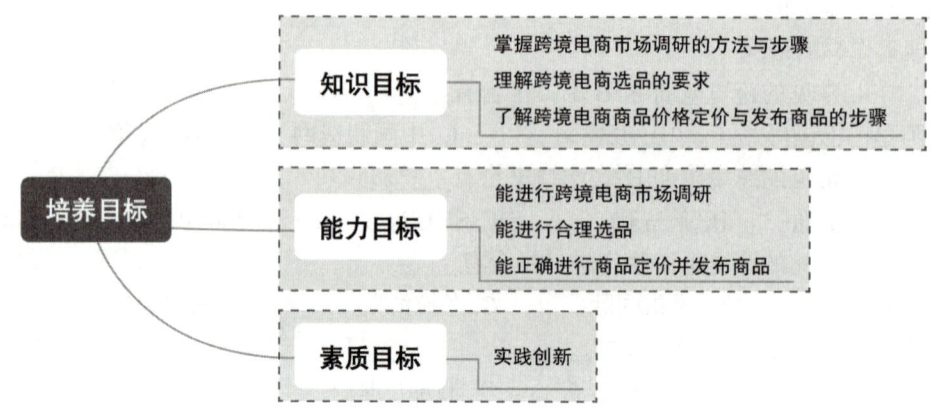

课前导学

天下事有难易乎？为之，则难者亦易矣；不为，则易者亦难矣

"天下事有难易乎？为之，则难者亦易矣；不为，则易者亦难矣。"出自清代彭端淑《为学一首示子侄》，意思是：天底下的事有困难和容易之分吗？只要肯付诸行动，困难的事也会变得容易；如果不躬行实践，容易的事也会变得困难。

2024年4月，商务部印发的《数字商务三年行动计划（2024—2026年）》明确到2026年年底，商务各领域数字化、网络化、智能化、融合化水平显著提升，数字商务规模效益稳步增长，产业生态更加完善，应用场景不断丰富，国际合作持续拓展，支撑体系日益健全。商务领域数字经济规模持续增长，网络零售规模保持全球第一，跨境电商增速快于货物贸易增速，贸易电子单据使用率达到国际平均水平，数字贸易整体规模持续扩大。其中的"数商兴贸"行动提出以下四点：一是提升贸易数字化水平。推动贸易全链条数字化发展，依托粤港澳大湾区全球贸易数字化领航区、自由贸易试验区、上海"丝路电商"合作先行区等，加快推进电子贸易单据应用和跨境互操作，培育外贸新动能。二是促进跨境电商出口。优化跨境电商出口监管方式。组织跨境电商综试区开展平台和卖家出海等专项行动。支持跨境电商赋能产业带，引导传统外贸企业发展跨境电商，建立线上线下融合、境内境外联动的营销服务体系。提升海外仓专业化、规模化、智能化水平。三是拓展服务贸易数字化内容。实施对外文化贸易"千帆出海"计划，培育一批以数字文化贸易为特色的品牌项目、出海平台，支持文化企业积极拓展国际市场，推动数字文化贸易发展。支持电商平台创新云计算、移动支付等数字化产品和服务，加强远程交付能力，开发海外服务市场。四是大力发展数字贸易。推动数字贸易改革创新发展，建立健全数字贸易治理体系，加快发展数字贸易新业态新模式。积极与有关国家和地区开展数字贸易国际合作。每年举办全球数字贸易博览会，强化创新引领作用，加快成果落地。提升重要展览展会数字化水平，举办"云展览"，开展"云展示""云对接""云洽谈""云签约"等。

跨境电商企业要躬行实践，更要立足中国，放眼世界，把握国际市场动向和需求特点，进一步开拓国际市场，让企业在对外开放中实现更高质量发展。

任务一　跨境电商市场调研

任务导入

> 小橙是宁波诚通贸易有限公司跨境电商部门的市场调研工作人员。公司想要将亚马逊平台美国站上销量稳定的女式衬衫放到欧洲站去销售,首先想投放的是英国市场。项目经理将英国市场调研的工作交给小橙来负责。
>
> 要对英国市场的女式衬衫进行调研,需要了解跨境电商的国际市场调研有哪些方面的数据,数据从哪里可以取得,通过什么方法去分析。
>
> 小橙将这一任务进行分解:首先,需要了解市场调研的步骤,包括确定调研目标、设计调研方案、组织调研、统计分析调研资料及书写调研报告;其次,确定调研的主要内容并进行数据分析;最后得出本次市场调研的报告。

跨境电商市场调研

一、市场调研的步骤

（一）确定调研目标

确定调研的目标市场。无论是国内还是国外的市场调研,首先要确定公司需要进入的目标市场。例如,案例中小橙公司需要对英国市场的女式衬衫进行调研,那么英国市场就是调研的目标市场。

确定调研的目标用户。小橙在针对产品进行市场调研时,首先得要确定目标用户。例如,是针对年轻人、中年人还是老年人,针对的是白领还是蓝领,等等。不同的目标用户在消费习惯、消费能力、喜好等方面都有很大区别。

（二）设计调研方案

根据调研需要的资料选择合适的调查方法,如实验、观察、调查等。这次女式衬衫的英国市场调研,小橙选用二手资料调研方法,即通过企业内部、国内外政府及相关官方网站、国际商会和行业协会等途径搜集资料,进行调研。

通过查阅的方式搜集与调研项目有关的资料,然后根据现有的资料及设定的调研目标,选择是否需要通过实地调研,获取一手的资料。调研中可以选择相关的企业进行实地考察,也可以通过问卷调查、抽样调查等方法获取调研数据。

（三）组织调研

确定调研人员、时间、节点安排、参与人员、调研活动规划和监控等问题。

（四）统计分析调研资料

对于获取的一手资料和二手资料进行统计分析,对调研指标进行比较和预测,进而掌握市场的现状和发展的趋势,并提出相应的对策。

（五）书写调研报告

将市场调研的资料形成调研报告,为后期的产品营销提供思路。

二、确定调研的主要内容

本次调研的是女式衬衫在英国市场销售趋势。调研的主要内容包括：英国市场宏观环境的分析；英国跨境电商女式衬衫销售情况；英国跨境电商女式衬衫销售的数据。

（一）英国市场宏观环境的分析

1. 英国市场环境。我们可以从相关报告、使馆资料等方面了解英国的电商市场政策、物价水平、文化环境及用户的收入结构、消费水平、购买能力等信息，对英国市场的宏观环境进行分析并做出判断。

2. 英国市场需求和用户分析。针对英国跨境电商市场，小橙需要了解英国跨境电商消费规模，用户的消费频率、消费习惯、线上信息获得的途径等方面的信息。

（二）英国跨境电商女式衬衫销售情况

英国跨境电商女式衬衫销售情况可以通过英国主要的电商平台获取，从英国女式衬衫销售的规模，女式衬衫畅销的品类、价位，用户结构，用户的消费频率、消费习惯等方面进行资料的搜集整理。

（三）英国跨境电商女式衬衫销售数据

在英国跨境电商女式衬衫销售调研中，重点进行衬衫品类的销售数据搜集。例如，衬衫的款式、颜色、尺码等参数的销量对比数据。

三、进行数据分析

利用分析工具对调研的数据和资料进行分析，得出有效的调研结果。小橙可以借助分析工具（如 Google Trends）分析衬衫品类的特点，把握产品开发先机；借助关键词工具可发现品类搜索词热度和品类的关键词；借助办公软件工具可全面分析跨境平台的数据。

四、形成调研报告

整理、总结调研结果，形成调研报告，对后期的选品、上品、营销等活动的开展进行指导。小橙对调研所得的数据进行分析和总结，形成英国市场跨境电商平台的女式衬衫调查报告，并为公司在衬衫材质和款式选择、用户群体定位等方面提供参考。

知识要点

一、国际市场调研的内容

国际市场调研是指从事国际经营业务的企业运用调研方法和手段，通过系统地搜集、记录、整理和分析相关市场的信息，制定有效的市场营销策略，实现企业经营目标。

跨境电商的国际市场调研可以从以下几点展开。

（一）市场环境调研

跨境电商市场调研中的市场环境，主要包括国际市场上各个潜在目标市场的政治与法律、经济、文化等环境的具体情况。

1. 政治与法律环境：主要是指目标市场当前的政局稳定性，执行的方针政策、法律法规对电子商务的支持程度等情况。当今世界各国的政治与法律法规差异明显，因此企业在正式进入目标市场之前，应详细调研关于此方面的市场信息。

2. 经济环境：主要指目标市场的人均消费水平、购买力大小、消费结构、消费意愿高低、社会经济状况、物价水平等因素。经济环境决定了很多产品的市场容量、社会普及率和产品的生命周期等。

3. 文化环境：文化在跨境电商中具有重要的地位。很多专家学者与外贸人员都认为，了解目标市场文化是跨境电商成功的一个基础。只有"入乡随俗"地进行跨境电商市场调研，才能为企业制订正确的经营决策提供有力依据。只有了解市场文化才能更好地了解用户的需求，为提供差异化、个性化、多元化的商品做好准备。

（二）市场商品需求调研

市场商品需求是指一定时期内，用户在一定购买力条件下的商品需求量，对国际市场商品需求的调研已成为跨境电子商务市场调研的重要内容之一。

只有通过跨境电商市场调研，才能深刻了解市场商品需求，迎合目标市场，培养用户基础，进而引导消费需求。

（三）市场要素调研

市场要素调研是指影响企业产品销售的直接因素，包括产品本身、产品价格、销售渠道及促销推广等。

（四）市场竞争对手调研

针对目标市场竞争对手的调研，主要包括对竞争对手的产品优劣势、生产水平高低、生产价格高低、占据的市场份额、营销推广策略及用户对其产品的满意度进行调查。只有深刻了解竞争对手的信息，才能知己知彼，找到市场突破口，促进本企业在跨国市场上的健康发展。

二、国际市场调研的主要途径

企业对国际市场调研获取的资料，一般分为两类，即一手资料和二手资料。一手资料是通过自己亲自观察、询问、登记获得的。二手资料是别人搜集到的，调查者根据自己研究的需要，将其取来为己所用。取得原始资料的方法主要是实地调研法，取得二手资料的方法为案头调研法。

（一）实地调研法

实地调研法是国际市场调研人员采用实际调研的方式直接到国际市场上搜集情报信息的方法。采用这种方法搜集到的资料就是原始资料，也称为一手资料。实地调研常用的调研方法有询问法、观察法、实验法和抽样调查法。例如，深入国外市场，以销售、问卷、谈话等形式进行调查；到线下门店直接观察被调查者的行为和表现；抽取部分用户进行调查。

（二）案头调研法

案头调研法就是二手资料调研或文献调研，是以室内查阅的方式搜集与研究项目有关资料的方法。二手资料的信息来源渠道有很多，如企业内部、本国或外国政府及研究机构、国际商会和行业协会等。

三、国际市场调研的基本步骤

（一）确定调研的目的和方向

国际市场调研根据调研的目的不同，调研的方向和内容也会有所区别，因此在展开调研之前需要先确定此次调研的目的和方向。

（二）制订国际市场调研的方案

确定了国际市场调研的目的和方向后，需要制订调研方案，方案中要明确调研的内容、调研的数据及调研时效等。

（三）确定资料来源和资料搜集

国际市场调研的资料是核心内容，数据作为资料中最关键的信息，将最终决定调研结果的正确性，所以必须保证市场调研中数据的准确性与数据来源的可靠性。由于国际市场调研牵涉的数据比较复杂，数据种类较多，资料搜集这一环节显得尤为重要。资料分为现场调研的一手数据和通过网站、平台搜集到的二手数据。

（四）分析资料并撰写调研报告

完成资料搜集之后，需要对资料进行整理、分析与研究，最后得出调研报告。对资料进行对比分析，通过不同的分析方法对现有的数据进行不同维度的对比分析，测试其对商品销售的影响，并撰写调研报告。

（五）测试调研报告并确定计划

对调研报告的内容进行试验性的实施，测试调研报告中的各因素对商品销售的影响与实际销售情况的符合程度，并根据实际销售情况调整销售策略，最终得出确定性销售计划。

任务二 跨境电商商品选择

任务导入

小橙在宁波诚通贸易有限公司市场调研部工作较为出色，申请调入跨境电商运营部。跨境电商运营部由于工作拓展的需要，要开拓全球速卖通站点。开通全球速卖通店铺需要准备的工作很多，除了上一个任务中的国际市场调研外，还需要选品、制订销售计划、促销计划等。

开拓全球速卖通站点的第一步——选品。在选品环节，小橙要完成以下几个任务。

第一，了解各平台禁限售的商品。
第二，了解各平台入驻条件。
第三，了解各平台商品分类佣金收取标准。
第四，根据不同因素选择合适的商品。

一、各平台禁限售的商品

（一）全球速卖通平台禁限售商品类目

用户不得在全球速卖通平台发布任何违反任何国家、地区及司法管辖区的法律规定或监管要求的商品。全球速卖通平台的禁限售规则同时适用于全球速卖通英文主站及其他多语言站点，如部分国家法律规定禁限售商品及因商品属性不适合跨境销售而不应售卖的商品，请以部分国家法律规定及平台最新公告为准。全球速卖通平台禁限售商品类目如表3-1所示。

表3-1 全球速卖通平台禁限售商品类目

1. 毒品、易制毒化学品及毒品工具
2. 危险化学品
3. 枪支弹药
4. 管制器具
5. 军警用品
6. 药品
7. 医疗器械
8. 色情、暴力、低俗及催情用品
9. 非法用途产品
10. 非法服务类
11. 收藏
12. 人体器官、动植物及捕杀工具
13. 危害国家安全及侮辱性信息
14. 烟草
15. 赌博
16. 制裁及其他管制商品
17. 违反目的国产品质量技术法规/法令/标准的、劣质的、存在风险的商品

资料来源：全球速卖通官网。

（二）亚马逊平台禁限售商品类目

亚马逊平台禁限售商品类目是亚马逊禁止或限制的产品类目。禁止或限制销售某些产品可能是因为其违反了亚马逊平台的政策、本身存在危险，或者因为该类目包含有争议的产品。不同站点禁限售商品类目会有差别，亚马逊平台禁限售商品类目如表3-2所示。

表3-2 亚马逊平台禁限售商品类目

动物和动物相关商品	爆炸物、武器及相关商品	冒犯性和有争议的商品
汽车用品	出口控制	其他受限商品
合成木制品	食品和饮料	杀虫剂和杀虫剂设备
化妆品和护肤/护发用品	危险品和有害商品	植物、植物制品和种子
CPAP清洁和消毒器械	珠宝首饰和贵重宝石	召回的商品
货币、硬币、现金等价物和礼品卡	激光商品	回收电视/音响类商品
膳食补充剂	照明灯具	监控设备
药物和药物用具	开锁和盗窃设备	烟草和烟草类商品
质保、服务方案、合约和担保	医疗器械和配件	电视/音响

资料来源：亚马逊官网。

二、各平台入驻条件

（一）全球速卖通平台入驻条件

1. 企业。

通过企业支付宝账号或企业法人支付宝账号在全球速卖通平台完成企业身份认证，需先注册一个企业支付宝或企业法人支付宝。需要注意的是，全球速卖通平台目前有基础销售计划和标准销售计划供卖家选择，卖家在入驻初期时仅可选择基础销售计划。

2. 品牌。

卖家若拥有或代理品牌，可根据品牌资质，选择经营品牌官方店、专卖店或专营店店铺类型。若不经营品牌，可跳过这个步骤。其中，仅部分类目必须拥有商标才可经营，具体以商品发布页面展示为准。

3. 技术服务年费。

卖家须缴纳技术服务年费，不同经营大类技术服务年费不同。经营到自然年年底，服务质量良好及经营规模不断壮大的优质店铺都将有机会获得技术服务年费返还奖励。全球速卖通平台品类技术服务年费如表3-3所示。

表3-3 全球速卖通平台品类技术服务年费

序号	2024年经营大类	技术服务年费（人民币）	2024年经营大类	技术服务年费（人民币）
1	珠宝手表（含精品珠宝）	1万元	3C数码	1万元
2	服装服饰	1万元	内置存储、移动硬盘、U盘、刻录盘	1万元

续表 3-3

序号	2024年经营大类	技术服务年费（人民币）	2024年经营大类	技术服务年费（人民币）
3	婚纱礼服	1万元	电子烟	3万元
4	美容个护（含护肤品）	1万元	手机	3万元
5	黑人真人发	3万元	电子元器件	1万元
	白人真人发	1万元		
6	化纤发	1万元	汽摩配	1万元
7	母婴玩具	1万元	家居、家具、灯具、家装工具	1万元
8	箱包鞋类	1万元	家用电器	1万元
9	健康保健	1万元	运动娱乐（含电动滑板车）	1万元
	成人用品	1万元	特殊类	—

资料来源：全球速卖通官网。

（二）亚马逊平台入驻条件

亚马逊全球开店服务覆盖北美洲、欧洲、亚洲等地区，2024年亚马逊支持一次开通19个站点。亚马逊各站点注册需要的资料主要包括以下5项。

1. 商业文件（如企业的营业执照）彩色扫描件或者彩色照片。商业文件距离过期日期应超过45天，且商业文件上登记的公司处于存续状态。

2. 法定代表人的身份证彩色扫描件或彩色照片。身份证上的姓名需要与营业执照法定代表人的姓名、注册亚马逊账户上的姓名一致，且身份证必须在有效期内。

3. 可进行国际付款的有效信用卡。一般情况下首选VISA信用卡，同时要确认开通销售国币种的支付功能。若同时开通多个商城，建议使用可以支持多币种支付的信用卡。确认信用卡尚未过期并有充足的信用额度，且对网购或邮购付款没有任何限制。

4. 联系人的电子邮箱、电话号码及公司的地址、电话。

5. 用于接收付款的银行账户。

在以上5项资料准备齐全的前提下，还要保证出售的商品符合亚马逊平台的相关规定，且不涉及侵权、违禁品等。值得注意的是，如果卖家入驻欧洲站，一般情况下还需要卖家提供卖家资质审核（Know Your Customer，KYC）及增值税税号。卖家资质审核是指如果卖家需要在亚马逊欧洲站销售或继续销售并领取交易收益，需要向亚马逊平台提供自己及其业务的信息。根据不同卖家实际情况，触发KYC审核的情况及产生的影响也不完全一致，一般分为三种：第一种是注册完成后立即触发该审核；第二种是店铺达到一定的销售额（一般是15 000欧元）；第三种是提交通过审核后修改账户信息的情况。

三、各平台商品分类佣金收取标准

（一）全球速卖通平台商品分类佣金标准

全球速卖通平台会在交易完成后，根据卖家订单成交总金额（包含产品金额和运费）收取交易手续费（即交易佣金）。其中产品的交易佣金按照该产品所属类目的佣金比例收取，目前运费的交易佣金按照5%比例收取。

（二）亚马逊平台商品分类佣金标准

对于所有商品，亚马逊平台将扣除基于总销售价格和适用百分比计算得出的销售佣金，

其中不包含通过亚马逊税务计算服务收取的任何税费。总销售价格是用户支付的总金额，包括商品价格及所有运费或礼品包装费。销售佣金因分类而异，以亚马逊美国站为例，平台部分商品分类佣金标准（详细佣金收取标准以亚马逊官网公布为准）如表3-4所示。

表3-4 亚马逊平台美国站部分商品分类佣金标准

商品分类	销售佣金百分比	销售佣金最低金额（美金）
亚马逊设备配件	45%	0.30
小型电器	对于总销售价格不超过300美金的部分，收取15%的销售佣金；对于总销售价格超过300美金的部分，收取8%的销售佣金	0.30
全尺寸电器	8%	0.30
厨房用品	15%	0.30
床垫	15%	0.30
母婴（婴儿服装除外）	对于总销售价格不超过10美金的商品，收取8%的销售佣金；对于总销售价格超过10美金的商品，收取15%的销售佣金	0.30
工业与科学用品（含餐饮服务和清洁与卫生）	12%	0.30
服装和配饰（包含运动装）	17%	0.30
电视/音响	8%	0.30
视频游戏机	8%	0.30
电子产品配件	对于总销售价格不超过100美金的部分，收取15%的销售佣金；对于总销售价格超过100美金的部分，收取8%的销售佣金	0.30
艺术品	对于总销售价格中不超过100美金的部分，收取20%的销售佣金（最低销售佣金为1美金）；对于总销售价格中100美金以上但不超过1000美金的部分，收取15%的销售佣金；对于总销售价格中1000美金以上但不超过5000美金的部分，收取10%的销售佣金；对于总销售价格中超过5000美金的部分，收取5%的销售佣金	—
鞋靴	15%	0.30
家具（包括户外家具）	对于总销售价格不超过200美金的部分，收取15%的销售佣金；对于总销售价格超过200美金的部分，收取10%的销售佣金	0.30

续表3-4

商品分类	销售佣金百分比	销售佣金最低金额（美金）
礼品卡	20%	—
食品	对于总销售价格不超过15美金的商品，收取8%的销售佣金；对于总销售价格超过15美金的商品，收取15%的销售佣金	—
家居与园艺	15%	0.30
珠宝首饰	对于总销售价格中不超过250美金的部分，收取20%的销售佣金；对于总销售价格中超过250美金的部分，收取5%的销售佣金	0.30
摄影摄像	8%	0.30
手机设备	8%	0.30
媒介类商品：图书、DVD、音乐、视频	15%	—
乐器	15%	0.30
办公用品	15%	0.30
宠物用品	15%	0.30
户外用品	15%	0.30
轮胎	10%	0.30
工具和家居装修	15%，但基础设备电动工具为12%	0.30
玩具和游戏	15%	0.30
软件和电脑/视频游戏	15%	—
视频游戏机	8%	0.30
钟表	对于总销售价格中不超过1500美金的部分，收取16%的销售佣金；对于总销售价格中超出1500美金的部分，收取3%的销售佣金	0.30
其他	15%	0.30

资料来源：亚马逊官网。

四、根据不同因素选择合适的商品

（一）根据卖家定位进行选品

对于大多数卖家来说，销量大的商品，竞争店铺也会多；价格高销量就无法保证；小众的商品又怕用户群太小，无法保证销量。所以卖家在选品时应对自己有清晰的定位。如果企业资金雄厚，可以大批量进行货品采购；如果是中小型企业，尽可能选择自己熟悉的品类或者有良好货源的品类。

（二）根据平台进行选品

不同的平台在规则和特点上的差异也会影响选品策略。例如，全球速卖通平台注重商品的观感，因此在选品时应特别关注商品的外观设计、视觉效果及用户体验；亚马逊平台注重用户体验，选择用户偏好的商品对销售有一定的帮助。

（三）根据用户需求进行选品

商品能满足用户的某种需求，如生活需求、心理层面的满足和愉悦感等。所以在选品时，应综合考虑用户的生活需求、心理需求。从商品角度来说，商品需要在外观、质量和价格等方面符合目标用户的差异性需求。由于用户的需求和商品的供应在不断地变化，所以选品需要随之变化。

（四）根据竞争对手进行选品

某些品类商品竞争对手多而强，而新手卖家的商品不具备独特优势，那么就没有必要选择该品类的商品。作为新手卖家，选品时尽量选择大卖家数量较少的品类。

知识要点

选品，是从供应市场选择适合目标市场需求的商品。因此选品不仅是选择商品，更是选择商品的目标消费人群、利益点、商品特性及商品的价格可比性。选品不应依据个人喜好，也不能仅看数据报告，而应该在了解商品和目标市场需求的基础上作出综合判断。

一、选品的主要原则

（一）符合平台规则

不同的平台对于销售的商品有不同的要求。一方面，要确定企业销售平台；另一方面，了解每个平台商品发布的规则。

（二）符合企业定位

企业定位是指企业通过其商品及其品牌，基于用户需求，将企业的文化及良好形象传递给用户，并在用户心中占据一定的位置。跨境电商企业的选品要符合企业的特点，给不同国家的用户群体留下较为深刻的印象，从而提高用户的黏性。

（三）满足目标市场要求

根据国际市场调研确定目标市场中的目标用户，对目标用户进行消费行为研究，总结出用户的消费习惯。根据用户的消费习惯进行选品，尽可能使商品和市场、用户匹配。

二、选品的注意事项

选品时要符合平台规则，符合目标市场的法律法规，符合跨境物流寄送要求。跨境运输费用高、时间长、不确定因素比较多，运输途中可能遇到恶劣天气、海关扣留、物流时间长等情况，所以在选品时，应尽量选择保质期长、耐积压、体积小、重量轻的商品。

——选择复购率高的商品。选品时，最好选择快消品，用户可反复购买，提高用户的忠诚度。如果因为商品特性导致复购率不高，那么必须有足够的利润空间，保证商品质量。

——选择稳定性强的商品。选品时，要考虑到商品补货的速度及商品质量的稳定性等方面的因素，要避免经常断货或频繁更换商品，稳定提升用户的黏性。

——选择市场容量大的商品。有些商品类目竞争不激烈，但是用户需求也少，即使商品占据绝大优势，也不能支撑店铺的运营成本。大类目的商品，竞争虽然激烈，但市场容量大，新手卖家也可以在竞争中占得一席之地。

——选择竞争者相对较少的商品类目。如果一个商品类目被多个成熟大卖家占据大部分的市场份额，那么新手卖家就很难参与竞争了。

三、选品的参考来源

（一）跨境平台用户端

1. 全球速卖通平台。

平台活动：参加平台活动的商品一般都是热销品类，如全球速卖通平台的 Flash Deals。

推荐词和关联词：全球速卖通平台的搜索框有推荐词和关联词功能。在使用速卖通搜索框时，用户首先输入需要搜索的关键词，然后可以在搜索框下方看到推荐词和关联词的选项。这些推荐词和关联词包括相关行业、品牌、颜色、材料、用途和特性等信息。

同行卖家的商品：在用户首页搜索想了解的商品，可以查看目前平台上销量好的商品。

选品专家：选品专家页面会显示大小和颜色不同的圆圈，每个圆圈里有一个商品的特性的关键词。圆圈大小代表子类目的销量，圈越大，商品销量越好；颜色代表子类目的竞争状况，颜色越红说明商品竞争越激烈，颜色越蓝说明商品竞争越不激烈。

2. 亚马逊平台。

Best Sellers：某品类最受欢迎商品，数据 1 小时更新 1 次。

Hot New Releases：热门新品榜单，数据 1 小时更新 1 次。

Movers & Shakers：一天内销量上升最快的商品，可以寻找潜力商品。

Most Wished For：愿望清单，是用户想买但是未买的商品，一旦商品降价，平台会通知用户。

Gift Ideas：最受欢迎礼品，如果商品具有礼品属性，可以关注这个数据。

（二）国外电商网站

跨境电商需要浏览国外网站，可以在 Google 输入关键词搜索国外的行业网站，了解海外市场的热销商品。也可以在社交媒体上发现潜力商品，这些商品往往能够迅速走红，周期比较短，中小卖家如果能在商品火爆之前销售，就可以赚到更多利润。

1. 美国电商网站。

Walmart：经营连锁折扣店和仓储式商店的跨国零售公司，业务范围覆盖了从杂货、食品到电子产品的几乎所有商品。

Best Buy：全球最大家用电器和电子产品零售集团，主营各类消费电子产品、家庭办公用品、大家电产品、家具、小型家用产品等及其相关服务。

Sears：美国连锁百货公司，主营商品为家居用品、服装和汽车产品。

Macy's：美国著名连锁百货公司，主要经营服装、鞋帽和家庭装饰品。

2. 俄罗斯电商网站。

Ulmart：俄罗斯最大的在线零售商，经营 10 多万种商品，包括家电、手机、电脑、汽配、服装、母婴用品、家装、图书等。

OZON：俄罗斯最大的电商公司，主营业务为在线销售图书、电子产品、音乐和电影等。

Wildberries：俄罗斯本土领先的鞋服及饰品在线销售平台，主营品类包括时尚女装、时尚男装、童装及时尚鞋类。

Citilink：俄罗斯知名电商平台，专注于销售电子和家用电器产品，包括计算机硬件、多媒体设备、通信设备等商品。

Lamoda：俄罗斯时尚服装电商平台，主打服装、鞋子、配饰、化妆品和香水等时尚产品。

3. 巴西电商网站。

MercadoLivre：巴西最受欢迎的电商平台之一，也是拉丁美洲最大的在线市场。用户可以在平台上购买和出售新旧商品，涵盖电子产品、服装、家居用品、汽车配件等多个品类。

Americanas：巴西最大的在线零售商之一，提供种类繁多的商品，从电子产品到日常生活用品应有尽有。

4. 西班牙电商网站。

El Corte Ingles：西班牙多样化电商平台，产品包括男女士高级成衣、珠宝腕表、香水香氛及各类化妆品等。

5. 法国电商网站。

Cdiscount：法国知名电子商务平台，主营文化产品、食品、IT 产品等诸多品类，商品销往南美洲、欧洲、非洲等地。

FANC：法国最有名气的零售商之一，法国人购买 3C 电子产品时的首选平台，主要经营图书和电子产品。

Priceminister：法国老牌的电商平台，主营 3C 家电、时装及家居用品。

（三）社交媒体信息

Instagram：明星和时尚达人最喜欢用的图片分享网站。在该网站上可以了解当下的流行趋势和爆品。网站拥有 8 亿多活跃用户，30% 以上是大学生。

Pinterest：以图片分享为主要功能的社交平台。其中图片瀑布流功能适合用户在手机端浏览图片。网站用户喜欢分享生活类图片，也有设计师及专业人士分享创意图片。该网站适合做创意类商品的营销。

Facebook：一个全球性的社交媒体平台。每天使用用户达到 14 亿人，平均年龄在 25~34 岁。大部分品牌商和电商卖家会使用 Facebook 进行选品或营销。在 Facebook 上搜索商品名称，可以看到卖家的销售广告。新手卖家也可在 Facebook 搜索关键词，或许会对选品产生新的灵感。

Reddit：新闻社交论坛。Reddit 有很多细分板块，每个板块有一个特定主题，有一些以产品为主题的板块，讨论最新的产品，卖家可以通过这些板块的讨论找到选品的灵感。

VKontakte：最受俄语系国家欢迎的社交网络平台。该平台在俄罗斯及周边国家的年轻人中尤其流行。全球速卖通平台在 VKontakte 上投入了相当大的资源进行推广。

iTao：全球速卖通针对俄罗斯市场做的商品分享网站。俄罗斯用户会在网站上分享在全球速卖通平台购买的商品。

任务三　确定价格并发布商品

任务导入

> 小橙对选品和数据进行了详细分析，选出了品类中适合市场、适合公司定位、适合目标市场的商品。做好了商品准备，下一步小橙将对商品进行定价与上架操作。在商品定价与上架操作中，小橙需要了解以下几个问题。
> 第一，确定价格前的准备。
> 第二，商品发布的规则。
> 第三，发布商品的资料准备。

一、确定价格前的准备

（一）确定商品所处的行业阶段

确定价格并发布商品

商品处于不同的行业阶段，对价格的敏感度也不同。处于行业初期，市场与竞争还处于粗放形式，商品的价格也与其他因素（包装、广告、品牌等）一样，处于混乱状态。若处于行业发展阶段，品牌意识开始显现，竞争对手还比较弱，差距逐渐拉开，具有品牌优势的企业拥有价格优势。在完全竞争阶段，整个市场进入激烈竞争状态，价格范围逐渐缩小，商品价格相对敏感。经过激烈竞争，优胜劣汰之后，市场进入平稳发展，商品价格也进入平稳状态。

（二）确定目标用户的价格预期

用户对价格浮动有一定的承受范围，如果超出这个范围可能导致用户购买行为的改变。卖家可以根据平台同行的价格分析目标用户的可承受的价格浮动范围。

大多数生活易耗品在用户心目中是价格较为固定的，也就是价格浮动范围小。例如，纯净水、碳酸饮料的价格稍微变动一下，用户就无法接受。有一些商品，在用户心目中是没有固定价格的，多一点少一点也不会影响用户的购买决策，这样的商品容易推广成功。在定价决策中，价格弹性也比较大，容易为店铺创造更高的利润。

（三）分析目标用户对价格的敏感度

不同的用户群体对价格的敏感度也不同，相对来说，中老年用户比较节约，购物也相对理性，所以对商品价格的敏感度也比较高。年轻群体，如 20~30 岁的用户，因收入水平较高，所以对商品价格的敏感度相对较低。

二、商品发布的规则

（一）全球速卖通平台的规则

为了保障用户高效购买的体验，让有限的资源最大限度满足卖家经营的需求，全球速卖通平台对卖家发布商品的数量进行限制。

根据数据统计和运营经验，全球速卖通对不同类目、等级的卖家设置了不同的可发布商品数量，2024 年的全球速卖通商品发布数量实施规则具体如下。

1. 无类目、行业的特殊规定，卖家的商品发布数量限制在 3000 内，店铺经营表现获得评估后的卖家方可提升商品发布数量。

2. 接发与发套行业对商品发布上限要求：金银牌店铺发品数量上限 300，普通店铺发品数量上限 200。

3. 男装 >> 上衣，T 恤 >> T 恤类目对商品发布上限要求：发品数量上限 1000。

如果商家发布的商品数量超过了平台规定的上限，全球速卖通将下架超出限制数量的商品。具体来说，下架商品的顺序是按照货品上架时间来确定的，即最后上架的超过限制数量的商品将最先被下架。

（二）亚马逊平台的规则

用户通常从商品详情页面了解商品，为给用户提供清晰且一致的购买体验，亚马逊要求每个商品详情页面包含单一商品。

1. 商品编写规则。

（1）商品详情页面的商品名称、描述、要点或图片中不允许出现如图 3-1 所示的任何内容。

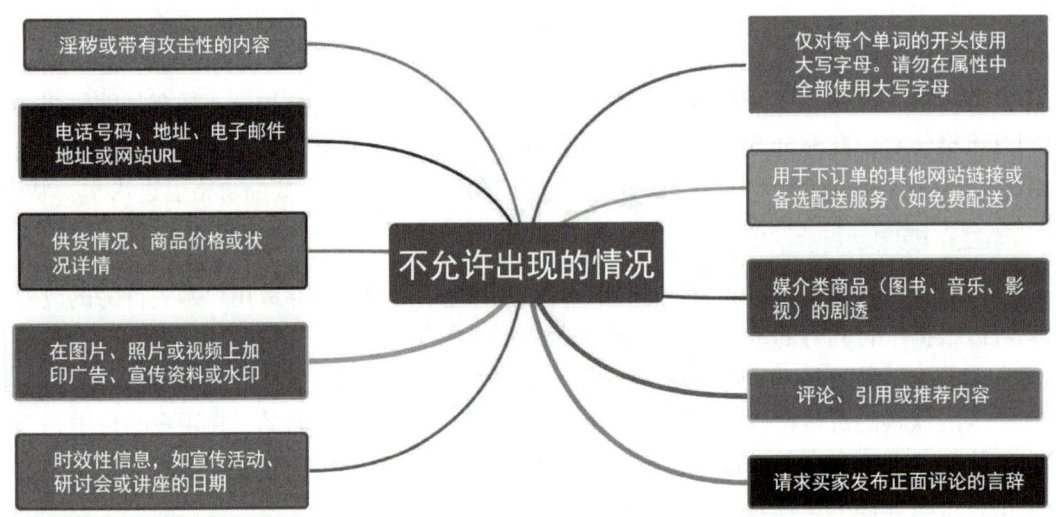

图3-1　详情页不允许出现的情况

（2）商品名称不得超过 200 个字符（包括空格，此上限适用于所有分类）。某些分类规定的字符数可能更少，具体要求请查看亚马逊官网。

（3）在亚马逊平台上销售的任何商品均应遵守亚马逊平台的商品信息标准。

如果未遵守相关标准，则会影响用户体验，并可能会导致销售权限被暂时或永久取消。需遵守的内容包括：必须准确地分类所有商品；必须准确编写商品名称、商品描述和要点，并帮助用户了解商品；所有商品图片均须遵守亚马逊通用图片标准及适用的特定分类图片上传指南等。

2.具体的详情页规则如图3-2所示。

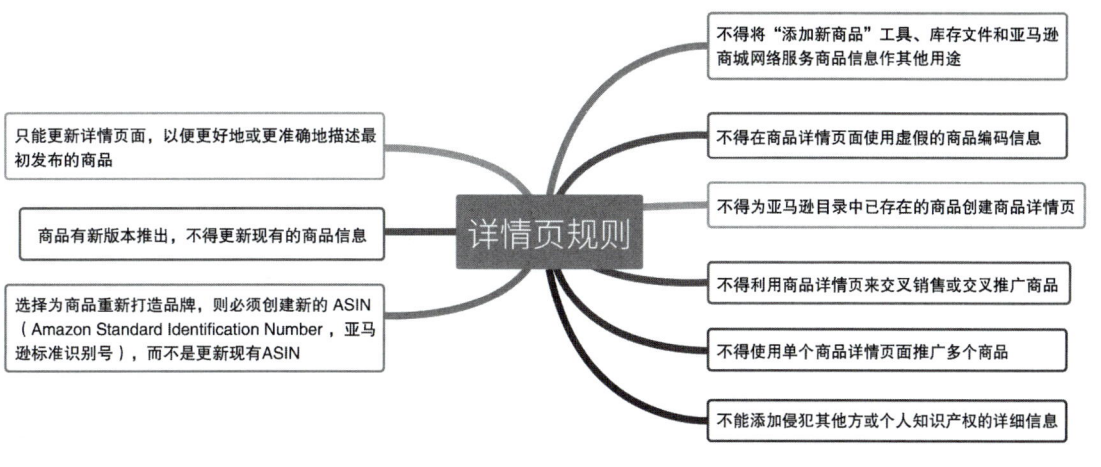

图3-2　详情页规则

三、发布商品的资料准备

（一）商品图片和视频要求

1.商品图片要求。

商品主图要求简洁、抢眼。一般要求照片为正方形，商品要占据照片的60%~80%的空间。背景干净，能衬托产品特色。图片尺寸要求800×800像素以上，纵横比一般在1:1~1:1.3。品牌标志统一放在图片左上角，图片不允许出现促销信息、中文字体、水印。单色商品尽量不出现两个以上的商品，以免误导用户，造成不必要的纠纷。多色商品要注意图片设计，突出卖点。尽量不要出现非销售商品，以免引起纠纷。

商品主图侧重商品整体效果，商品图片需要展示商品整体效果及细节，尤其是商品的卖点。商品图片一般包括商品整体图、效果图、场景图、描述图、细节图等。目前对商品图片没有特殊要求。详情页图片可以添加文字，可以将品牌文化、卖点等文案设计加到图片中。

2.商品视频要求。

关于商品的视频要求，这里以亚马逊为例，如表3-5所示。商品视频的格式可以是3GP、AAC、AVI、FLV、MOV、MP4和MPEG-2等格式，建议使用MOV与MP4两种格式。亚马逊平台对视频的宽高比要求为16:9，推荐分辨率为1920×1080像素，最低分辨率接受1280×720像素；视频缩略图也应采用16:9的宽高比，并且最好使用JPEG或PNG格式的高品质图片。视频时长尽量不要超过90秒，建议不超过1分钟。视频标题最多100个字符，视频简介最多400个字符。标题与简介最好含有商品的关键词，可以增加商品被搜索到的几率。值得注意的是，视频内容不能有一些违反规定的内容，如亚马逊站外网站网址、促销信息等。

表3-5　视频具体要求

格式	3GP、AAC、AVI、FLV、MOV、MP4和MPEG-2
宽高比	16:9
分辨率	1.最佳为1920×1080像素； 2.最小为1280×720像素

续表 3-5

时长	片长尽量不要超过 90 秒，大小不超过 100 兆
其他要求	1. 需准备 JPEG 或 PNG 格式的高清视频缩略图； 2. 要求内容、声效、分辨率效果俱佳； 3. 不能包含产品评论、亚马逊站外网站网址、不当内容、促销信息； 4. 视频标题最多 100 个字符，视频简介最多 400 个字符，需要提供视频类型和相关的产品 ASIN（Amazon Standard Identification Number，亚马逊标准识别号）

（二）商品信息准备

1. 选对类目。商品类目的划分，各个平台会有所不同，能否选对类目也将直接影响到商品的曝光。例如，全球速卖通平台会监测商品是否选对类目，类目一旦错放，会影响商品的搜索曝光。

选择类目时，如果对商品十分熟悉，那么选错类目的可能性会大幅度降低。如果不能确定商品的类目，可以去平台搜索评分较高的同类商品，详情页中就会出现该商品的类目，这样也就能避免类目错放。

2. 关键词准备。关键词不仅影响商品的搜索排名，更是决定商品曝光的关键，因此关键词的准备尤其重要。关键词可以从下面几个途径去准备。

（1）商品本身。从商品本身的核心词、类目、颜色、款式、图案、材质等性质中挖掘商品的关键词。

（2）搜索词分析工具。例如，利用全球速卖通"数据纵横"中的"搜索词分析"工具，可以通过"搜索词分析"查找该商品的热搜词、飙升词，从中找出适合商品的关键词。

（3）用户页面的搜索框。在用户的搜索框输入商品的关键词，平台会推荐一些相关的关键词，这也可以作为关键词来源之一。

（4）通过第三方网站获取。可以通过第三方网站提供的搜索词工具选择合适的搜索词。

3. 属性信息准备。各个跨境平台属性填写有一定差异，部分平台有系统属性与自定义属性。不管属性填写如何划分，商品的属性是商品特征的重要展示，也是用户筛选商品的重要因素。因此属性填写需要准确、完整。属性信息准备包括以下几点。

（1）属性是商品展示的机会，需要完整填写。若平台分系统属性与自定义属性，系统属性需要完全填写，自定义属性可适当添加，做到商品信息的全面展示。

（2）属性信息要与商品实际一致。商品属性要与商品的标题、图片信息、类目、关键词保持一致。

（3）属性要真实、准确、完整。属性完整有助于提高商品的曝光率，属性准确一定程度上可以提高商品的转化率，属性真实可以减少不必要的纠纷。

（三）商品详情文案

1. 营销文案。

营销文案主要用于店铺营销活动、优惠券或者关联营销，可以使用文字、图片或者链接进行推广。营销文案重点是吸引用户眼球，不管是文字还是图片都要突出重点，颜色搭配醒目，让用户一眼就能看到并记住，从而增加流量，提高商品成交转化率。

2. 商品文案。

商品文案主要的作用是突出商品卖点，吸引用户。文案可以纯用文字展示，也可以图片加文字展示。纯文字文案可以展示店铺特色，从店铺总体风格设计，到每一类商品特性，对每一个商品特点进行展示，给用户耳目一新的感觉，但是纯文字文案设计相对难度较大。图片加文字的文案不仅能突出商品的卖点，且清晰直观，一定程度上有利于提高商品成交转化率。

知识要点

卖家在对商品进行定价之前，应先了解价格概念。上架价格指卖家在上传商品的时候所填的价格，也就是我们常说的原价。销售价格指商品在店铺折扣下显示的价格。成交价格是用户在最终下单后所支付的商品价格。除了单件商品打折外，店铺还会有其他的促销活动，所以用户在最终下单支付时有另外一个成交价格，即客单价。客单价是平均每个用户的支付金额，客单价的公式为：

> 客单价 = 某段时间内销售额 / 客户数（客户数要去重）

一、商品的定价策略

商品定位不同则定价策略就不同。商品定位一般分为引流款、利润款和形象款。

（一）引流款定价策略

引流款是商家为了提升店铺流量而设计的特定商品，通过优化标题、详情页和关键词来吸引买家并促进销售。设置引流款的目标之一就是尽可能地抢占搜索排序靠前的位置，以吸引更多的潜在客户和流量。引流款商品每日有稳定销量后，即为爆款。引流款的定位决定了该商品的利润率不高，也有可能没有利润甚至亏损。除了付费营销的情况，商品有足够的价格优势，才能得到更多的流量。

引流款的商品的特性决定了商品的低利润策略。若要打造成爆款，可以将商品价格设置在较低水平，若商品市场前景是好的，也可以考虑低于市场价格来抢夺市场。如果商品价格没有优势，则需要通过参加平台活动来获取更多的流量。

（二）利润款定价策略

利润款一般是店铺自然搜索流量的来源，同时也为店铺带来流量。利润款的定价需要对店铺整体的成本和预期的利润进行统筹考虑。利润款的定价应该高于引流款。

（三）形象款定价策略

形象款是一个店铺的品牌定位，是品牌功能最全、价格最高的款式。根据店铺商品的特性，定制款就是店铺的形象款。

将形象款打造成爆款需要成本，且需要找准市场机会，所以不能将所有的商品都做成爆款。因此，除了爆款，还需要其他商品种类来完善商品结构，将不同商品进行搭配销售。若用户可以在一家店铺买齐所需商品，那么客单价也会提高。

二、商品的价格核算

在进行商品价格核算之前，需要充分了解商品的成本。成本的公式为：

$$成本 = 商品成本 + 国际运费 + 佣金 + 其他费用$$

商品成本是指商品本身的成本，除采购费用外，还包括商品包装成本、从供应商仓库出运的运费等费用。

国际运费通常指的是将包裹从发件地运输到收件地的费用，包括基本运费、燃油附加费、关税和其他可能的附加费用。如果是海外仓，则还需要计算商品运输至海外仓的头程运费、清关费及海外仓的仓储费和服务费。如果是包邮的商品则应将这些费用计入成本。

佣金是平台销售佣金、提现手续费、联盟营销佣金、直通车费用和其他营销费用。

其他费用包括人工费、房租、水电费等其他费用。

考虑利润时应提前预留出折扣的空间。跨境电商平台是不允许进行先提价再折扣的，因此在设置上架价格时需要留有足够的折扣空间。当卖家在参加平台活动时，能有足够的利润空间进行打折活动。其中，上架的价格公式为：

$$上架的价格 = 成本 + 利润$$

当店铺商品数量较多的情况下，不可能对每件商品进行计算定价，新手卖家可以根据成本情况，制订价格核算表，不同职能商品使用不同的利润比例，以便计算商品的定价。

上架的价格公式还有两种（具体上架价格以平台为主）：

$$上架的价格 = （商品成本 + 预期利润）/（1 - 佣金率）/ 汇率$$
$$= 商品成本 /（1 - 预期利润率）/（1 - 佣金率）/ 汇率$$

三、商品的价格设置技巧

（一）成本定价法

跨境电商的商品从上传、促销到销售，再到收到用户货款的过程中会产生各种费用。商品成本组成如图3-3所示。在商品成本中，占比最大的就是生产成本、境外运费及推广费用。了解商品的成本结构，有利于对商品进行定价。

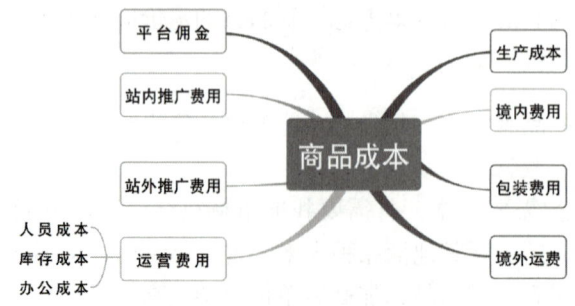

图3-3　商品成本组成

（二）市场定价法

市场定价法是根据平台同类目相关商品销售的平均价、自身商品的成本和质量来确定最终的销售价格区间。

根据在跨境电商平台拟销售的商品的相关质量属性和销售条件，依照销量大小降序排列，搜索同行卖家的价格，计算出同行的平均售价，参照商品自身的成本和销售的策略设置商品的上架价格。

（三）商品测试定价法

结合店铺的活动对商品进行测试后确定商品销售价格区间。首先，分析同类商品的价格区间。其次，确定店铺的活动及商品价格的测试时间，并记录该价格的销售数据。最后，经过多次测试后确定商品的销售价格区间。

四、商品发布的注意事项

（一）类目选择注意事项

类目选择要正确，可以逐级选择商品所对应的类目，但是选择类目一定要仔细，类目选择错误会直接影响后期操作，甚至导致上传审核不通过。类目选择范围由大到小，确定商品类目无误则可发布商品。

（二）标题书写注意事项

书写商品标题应注意先挖掘商品自身属性词，再通过关键词搜索工具找到合适的关键词。标题书写应注意以下几点。

1. 标题字符要符合平台要求。2. 标题中同一个单词只能用一次。3. 标题中不能出现与实际商品属性无关的词。4. 标题语法尽量简单且符合平台要求。5. 标题不用非法符号。

（三）属性填写注意事项

商品属性信息填写必须与实物相符，标题及关键词都要与商品基础描述相符。系统属性需要填写完整，自定义属性尽可能将商品信息补充完整。完善属性可以给用户带来更好的体验，从而提高成交转化率。

（四）图片选择注意事项

设置图片时，主图可以稍大一些，展示商品的正面视角，副图可以从其他角度展示商品的细节。图片选择一定要清晰，尽可能选择自拍实物图，争取将细节更好地展示出来。

详情页中的图片内容必须和商品实际情况一致，不夸大，不虚假。为满足用户在移动端浏览商品，需要控制图片大小，不要影响页面打开速度。图片尽量使用图文结合进行展示，让用户更好地了解商品的同时，又可以激发用户的购买欲望。

（五）详情页编辑优化

详情页编辑一般包括商品功能属性、商品细节图片、支付物流、售后服务、公司实力、商品参数、型号、用途、包装、运费、购买须知等信息。物流、包装、服务模板需要在商品编辑前设置好，在编辑详情页时直接插入即可。物流模板编辑要注意按照不同地区设置，不可所有地区统一而定。

任务四　管理库存与订单

在商品开始销售后,小橙将对商品前台数据和后台数据进行监控。在订单处理的同时要做好库存的管理,小橙需要了解以下两个问题。

第一,订单处理的流程。

第二,库存管理。

一、订单处理的流程

（一）处理询盘

用户通过站内信咨询商品信息,如衬衫的尺寸、材质等问题,小橙需要根据用户的问题进行回复。

（二）确认订单

小橙需要在后台打理店铺,查看店铺的交易订单,如新订单、待付款的订单、等待评价的订单等。小橙最需要注意的是待发货的订单,要确保商品在发货期内正常发货。

（三）及时发货

小橙对待发货的订单进行分类,根据商品的特性选择合适的物流方式。物流方式有很多种,包括国际商业快递、邮政大小包、专线物流等。小橙根据不同商品,综合考虑运费、安全、运送速度及用户的需求等因素,选择合适的物流方式。

另外,还需要根据商品的特性及物流方式选择合适的包装,保证商品在长途运输中不会损坏。

（四）跟踪物流

货物发货以后,小橙在平台上输入物流情况,或选择线上直接发货,平台将自动更新物流信息。保证用户第一时间收到物流状态,并能实时跟踪。

（五）及时售后

在订单处理中,对于用户未收到货纠纷、商品质量纠纷等情况,首先要根据纠纷原因了解详细情况,然后判定处理方式是接受纠纷还是拒绝纠纷。拒绝纠纷需要与用户联系,然后向平台提出拒绝,提供证据,准备裁决。

（六）管理评价

管理评价包括撰写好评回复、处理中差评。撰写好评回复需要表达出对用户的尊重、感谢和祝福,让用户感到亲切。处理中差评要注意,应及时与用户联系,表达歉意,询问用户选择中差评的具体原因,根据用户给出的原因提出相应的解决方案,让用户满意,并希望用户修改评价。

二、库存管理

随着店铺发单量的增加，电商卖家渐渐发现，需要发更多货的同时也需要更多的货品库存，在这种情况下库存管理工作会变得复杂。为了有效管理库存并提高运营效率，可以采取以下策略和方法。

（一）货品保管

1. 要遵循先进先出的原则，减少出现货品超过保质期、破损的情况。

2. 关于货品的码放，需要将重量较大的货品放置在底层，而重量较轻的货品则放在上方。这一做法的主要目的是保障货品和仓库人员的安全，并尽可能使用货架等设备来提高存储效率。

3. 货品要放置在易拿取的位置，特别是发单量较大的爆款货品，方便拣货人员快速拣货。像发单量较小的滞销类货品，可以放在一个不起眼的位置，节约仓库空间。

（二）定期盘点

对于专业的电商仓储物流公司来说，定期盘点是一项必不可少的工作。仓库管理人员要定期对仓内的各类货品库存、出入库情况进行盘点统计，确认货品的库存数据情况是否正确，库存是否足够等。

（三）合适的仓储管理软件

专业的电商仓储物流公司仓内都配备了仓储管理系统，配合专业的仓管人员进行仓储管理维护。虽然电商卖家自营仓内发单量没有那么大，但是为了确保发货的效率和准确率，最好也支出一定的成本来配备合适的仓储管理系统，更好地为电商用户服务。

（四）专业的仓储人员

电商卖家要想做好仓储管理，合格、专业的仓储管理人员是必不可少的。虽然已经有了专业的仓储管理系统，但仍然需要专业的人员进行操作和使用，以确保这些仓储设备能够更好地发挥出作用。

知识要点

一、库存管理的要点

（一）重点分类控制法

重点分类控制法的基本点是将全部存货按照商品特性进行分类。第一类通常是价值高的商品，应将其作为重点加强管理与控制的对象；第二类商品按照通常的方法进行管理和控制；第三类商品品种数量繁多，但价值不大，可以采用最简便的方法加以管理和控制。

跨境电商库存分类控制也可以按照商品的销量进行分类。对销量大的商品进行重点管理，对销量中等的商品进行普通管理，销量不佳的商品可以简便管理或者清库存下架处理。

（二）再订货点库存法

再订货点是用来明确启动补给订货策略时的货品单位数。当需求量或完成周期存在不确定性的时候，须使用合适的安全库存来缓冲或补偿不确定因素。

为了保证跨境电商平台的顺利运营，必须提前若干天购入存货，提前的天数就是订货提前期。需要确认两点：第一是供货商的供货能力；第二是货品质量的稳定性。确认两点是为了确定合理的补货时间。

（三）库存盘点实践法

库存盘点，又称盘库，即用清点、过秤和对账等方法，检查仓库实际存货的数量和质量。盘点库存的目的是：查清实际库存量是否与账卡相符；查明存货发生盈亏的真正原因；了解库存货物的质量情况；查明有无超过储存期限的存货。

跨境电商平台的库存盘点需要建立台账，要确认国内库存量与海外仓库存量，两个库存配比是否合理，缺货商品要做好补货工作，滞销商品需要配合运营进行库存处理。

二、订单处理流程

订单处理流程分为三个阶段：用户购买阶段（如图 3-4 所示）、订单确认阶段（如图 3-5 所示）、订单发货阶段（如图 3-6 所示）。

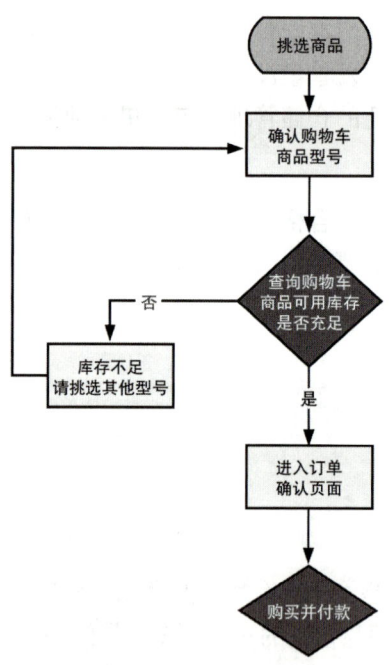

图3-4 用户购买阶段

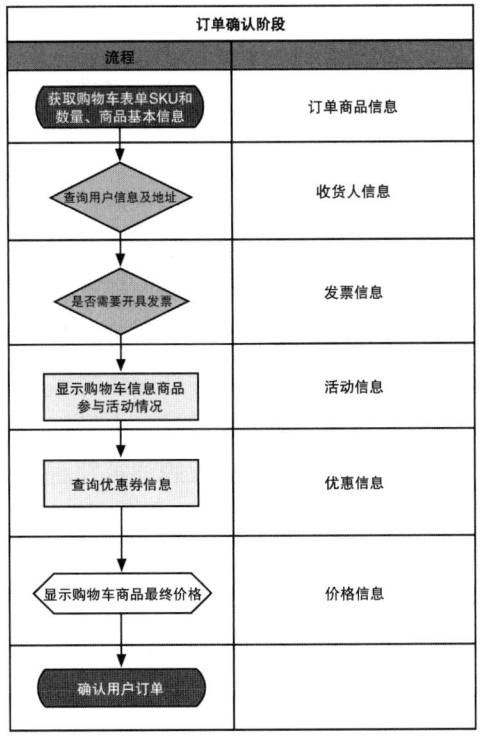

图3-5 订单确认阶段

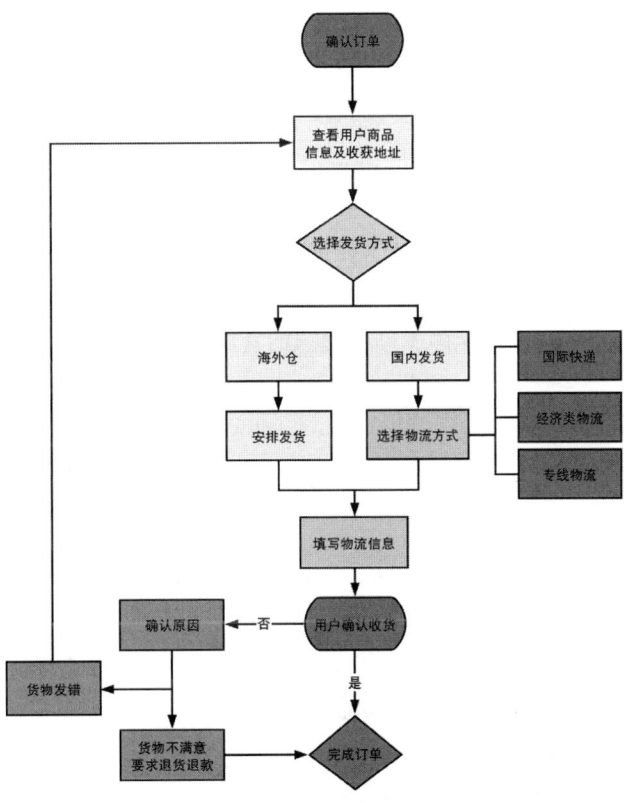

图3-6 订单发货阶段

采购优质商品的主要渠道

货源采购渠道一：批发商处进货

新的批发商：这类批发商由于刚起步，没有固定的批发用户，没有知名度，因而为了争取用户，他们的起批量较小，商品价格一般不会太高，甚至有些商品的价格还会低于大批发商。从这类批发商处进货，可以争取拿到较低的进货价和高质量的售后服务。但是选择新的批发商，很容易出现诚信问题。建议新手卖家最好在合作之前了解一下批发商的信誉问题，并确定货源提供是否稳定、及时，避免出现断货、缺货问题。

大批发商：新手卖家可以与市场上一些比较大牌的批发商合作。大批发商一般直接由厂家供货，货源较稳定。但是大批发商拥有固定的客源，在进货价上不会给到足够的优惠力度，也可能存在售后服务质量问题。

货源采购渠道二：批发市场进货

这是最常见的进货渠道。例如，选择经营服装，就可以去周围大型的服装批发市场进货。在批发市场进货需要有强大的议价能力，同时又要与档口卖家建立良好关系，在关于调换货的问题上要与卖家说清楚，以免日后起纠纷。

相较而言，批发市场是新手卖家不错的选择。但是去批发市场进货是一种比较费时、费力的选择。毕竟这种进货渠道需要亲自去跑，包括货比三家、进货价格的协商及发货细节的敲定等，都需要一一确定，可以说需要投入很大的人力和精力。

货源采购渠道三：一件代发货源供应链平台

一件代发的货源供应链平台不仅可以提供海量、优质货源，还可以通过一件代发的优势帮助新手卖家节省仓储、物流、售后成本，无需各卖家亲自去进货、讲价、发货。可以说，一件代发货源供应链平台多方面保障了新手卖家的货源采购效率，提高了店铺经营的竞争力。

课后训练

一、不定项选择题

（　　）1. 跨境电商的市场环境调研包括____。
A. 政治环境　　　B. 经济环境　　　C. 文化环境　　　D. 法律环境

（　　）2. 全球速卖通平台违禁销售商品包括____。
A. 危险化学品　　B. 药品　　　　　C. 服装　　　　　D. 烟草

（　　）3. 亚马逊平台音响的销售佣金百分比为____。
A. 8%　　　　　　B. 10%　　　　　C. 15%　　　　　D. 30%

（　　）4. 亚马逊平台的 Best Sellers 数据____更新一次。
A. 1 小时　　　　B. 12 小时　　　　C. 24 小时　　　　D. 随时更新

（　　）5. 商品的信息描述是展现商品的手段，在跨境电商平台基本的信息描述方式有____。
A. 文字描述　　　B. 图片描述　　　C. 符号描述　　　D. 视频描述

（　　）6. 挑选合适的商品，做自己擅长的生意，就能____。
A. 品质有保障　　B. 价格有优势　　C. 供货不掉链　　D. 售后不含糊

（　　）7. 获得关键词的途径有____。
A. 商品本身　　　　　　　　　　B. 搜索词分析工具
C. 用户页面的搜索框　　　　　　D. 通过第三方网站获取

（　　）8. 选品的主要原则有____。
A. 符合市场需求　　　　　　　　B. 符合企业定位
C. 符合平台要求　　　　　　　　D. 利润最大化原则

（　　）9. 亚马逊平台上面的商品名称不得超过____个字符（包括空格）。
A. 120　　　　　B. 150　　　　　C. 180　　　　　D. 200

二、判断题

（　　）1. 商品库存应根据商品的销售数据进行适当调整。

（　　）2. 商品定价应该与竞争对手价格相对比，取得价格优势，方便卖家打开销路。

（　　）3. 选品时利用选品专家，选择"蓝海"商品最佳。

（　　）4. 在跨境电商调研中，主要采用的调研方法为案头调研法。

（　　）5. 亚马逊平台允许销售食品和饮料。

（　　）6. 目前全球速卖通平台有基础销售计划和标准销售计划供卖家选择，个体工商户卖家在入驻初期时既可以选择基础销售计划，也可以选择标准销售计划。

（　　）7. VKontakte 是俄语系国家最受欢迎的社交网站，年轻人在该社交平台上相当活跃。

（　　）8. 商品定位不同则定价策略就不同。商品定位一般分为引流款、利润款和形象款。

（　　）9. 商品属性信息填写必须与实物相符，标题及关键词都要与基础描述相符。系统属性需要填写完整，自定义属性尽可能将商品信息补充完整。

（　　）10. 货品保管要遵循后进先出的原则，减少出现货品超过保质期、破损的情况。

三、简答题

1. 简单叙述商品发布的要点。

2. 亚马逊平台的详情页上面不允许出现的情况有哪些？

3. 简要说明订单处理流程的三个阶段。

项目四　跨境电商物流

培养目标

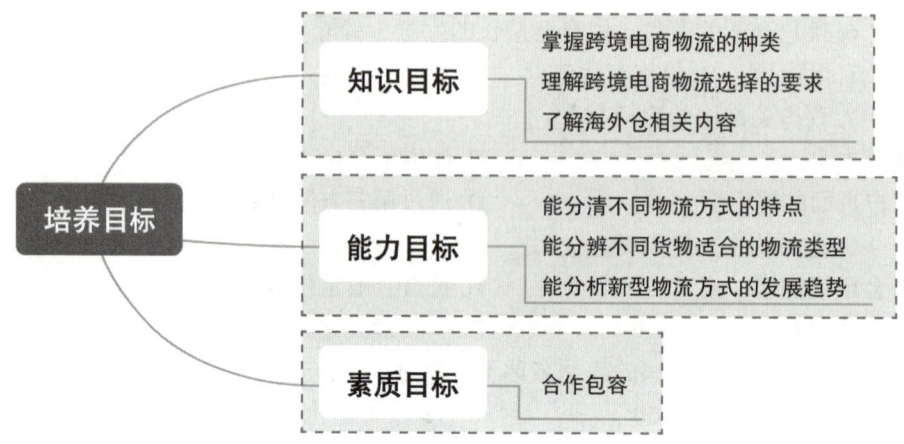

课前导学

海纳百川，有容乃大

"海纳百川，有容乃大。"出自民族英雄林则徐任两广总督时在总督府衙题书的堂联。意思是：大海之所以如此浩瀚，是因为它能够容纳无数江河之水。象征着一个人要有像大海一样的宽广胸怀，能够包容各种事物和意见才能成就其伟大。

2024年6月8日，商务部、国家发展改革委、财政部、交通运输部、中国人民银行、海关总署、税务总局、金融监管总局、国家网信办联合印发《关于拓展跨境电商出口推进海外仓建设的意见》（商贸发〔2024〕125号）（以下简称《意见》）。

《意见》共包括5方面15条举措，具体如下。

一是积极培育跨境电商经营主体。大力支持跨境电商赋能产业发展；提升服务跨境电商企业能力；支持跨境电商企业"借展出海"；加强跨境电商行业组织建设与人才培养。

二是加大金融支持力度。畅通跨境电商企业融资渠道；优化跨境资金结算服务；推动跨境电商供应链降本增效。

三是加强相关基础设施和物流体系建设。推动跨境电商海外仓高质量发展；增强跨境电商物流保障能力；助力跨境电商相关企业"走出去"。

四是优化监管与服务。优化跨境电商出口监管；提升跨境数据管理和服务水平。

五是积极开展标准规则建设与国际合作。加快跨境电商领域标准建设；提升企业合规经营水平；持续深化国际交流合作。

任务一　寄送邮政包裹

小橙完成选品、商品定价、商品上架处理及库存管理等操作之后,需要关注商品的曝光及浏览情况。当有订单产生时,小橙需要进行发货处理。

在订单中,有一件衬衫需运往英国,小橙想查看一下是否可以用邮政包裹进行寄送,那么需要确认以下几点内容。

第一,邮政物流有哪几种业务可以选择。
第二,跨境电商物流的流程。
第三,邮政物流寄件操作流程。
第四,物流信息查询不到的原因有哪些。

跨境电商物流是指在跨境电商交易中,商品从卖家流向用户的一系列活动,是跨境电商中一个重要的环节,也是交易实现的一个保障。

邮政物流

一、邮政物流的业务

邮政物流业务主要分为中国邮政航空小包和中国邮政大包,其中中国邮政航空小包又分为挂号和平邮两种。除此之外,中国邮政还针对重点地区开设了邮政物流产品,如E邮宝、E特快、E包裹等。

小橙需要查找中国邮政航空小包和中国邮政大包的具体要求和操作流程,然后看商品符合哪一类的业务,在符合多个业务的情况下,成本放在第一位。

二、跨境电商物流的流程

跨境电商物流的流程:卖家接到订单→安排物流企业→出口清关→国际运输→进口清关→进口地物流→到达用户手中。物流操作流程主要分三部分:出口国流程、国际运输、进口国流程。具体如图4-1所示。

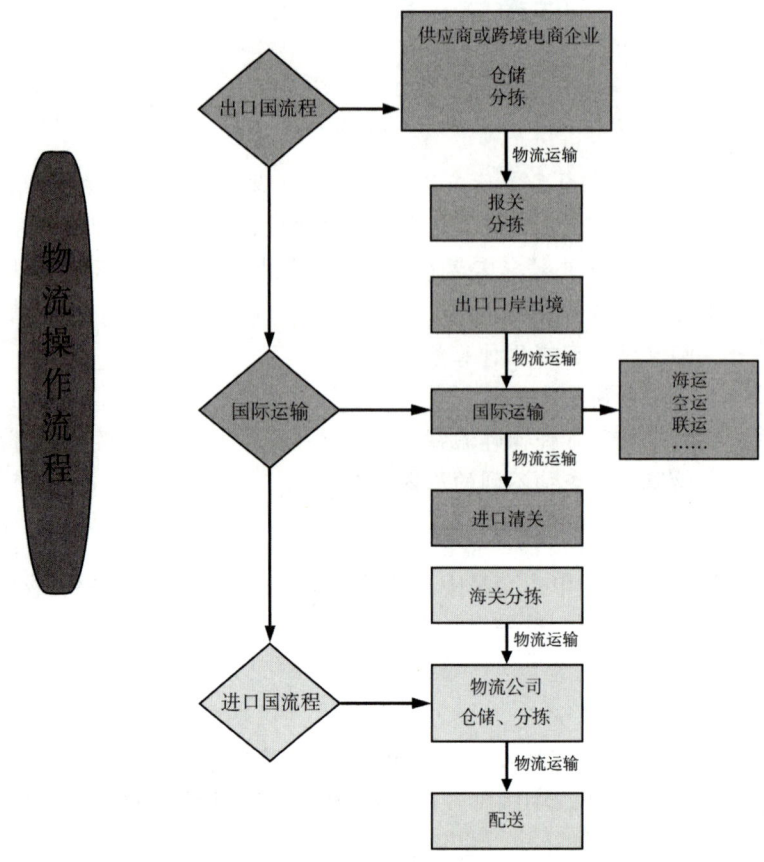

图4-1　物流操作流程图

（一）出口国流程

跨境电商平台的订单产生之后，商品从供应商仓库或者跨境电商企业进行分拣、打包，随后运输到海关进行出口清关环节，经过海关分拣之后出运。

（二）国际运输

商品在出口国完成清关出运后，通过海运、空运等方式进入国际运输阶段，商品到达进口国口岸，随即进入进口国清关环节。在此过程中，跨境电商企业肩负着主导清关工作的重任。

（三）进口国流程

商品完成进口国清关手续之后，先进入进口国海关分拣中心进行第一次分拣，然后由进口国物流承运企业将货物运到物流公司的仓库，再根据用户的地区进行第二次分拣，最后将商品配送至用户手中。

三、邮政物流寄件操作流程

（一）查看寄件要求

邮政包裹的寄件要求包括重量、长度和体积方面的要求。不同的邮政包裹方式其规定会有所差异。一般情况下，国际小包重量要求不超过 2 千克，长、宽、高的和不超过 90 厘米，单边长度不超过 60 厘米；大包一般不超过 10 千克都符合规定。另外，还需查看商品是否为禁寄商品，小橙想要寄送的衬衫属于允许寄运的货物，其包装也符合邮政小包运输规则。倘若包装重量和尺寸在规定范围之内，那么就可以选择使用邮政小包的方式进行运输。

（二）查询资费

倘若商品适合用邮政包裹的方式来邮寄，那么下一步需要查询邮政包裹的资费。例如，小橙要将顾客下单的衬衫用邮政小包的方式运到英国，那么需要查询中国邮政小包到英国的资费情况表。

小橙查到中邮挂号小包的资费情况如表 4-1 所示。

表4-1 中邮小包资费表

中国邮政小包价格（挂号）			
资费区	寄往国家	资费标准（元/千克）	挂号费（人民币）
1 区	日本	62	8
2 区	新加坡、印度、韩国、泰国、马来西亚、印度尼西亚	71.5	8
3 区	奥地利、克罗地亚、保加利亚、斯洛伐克、匈牙利、瑞典、挪威、德国、荷兰、捷克、希腊、芬兰、比利时、爱尔兰、意大利、瑞士、波兰、葡萄牙、丹麦、澳大利亚、以色列	81	8
4 区	新西兰、土耳其	85	8
5 区	美国、加拿大、英国、西班牙、法国、乌克兰、卢森堡、爱沙尼亚、立陶宛、罗马尼亚、白俄罗斯、斯洛文尼亚、马耳他、拉脱维亚、波黑、越南、菲律宾、巴基斯坦、哈萨克斯坦、塞浦路斯、朝鲜、蒙古国、塔吉克斯坦、土库曼斯坦、乌兹别克斯坦、吉尔吉斯斯坦、斯里兰卡、巴勒斯坦、叙利亚、阿塞拜疆、亚美尼亚、阿曼、沙特阿拉伯、卡塔尔	90.5	8
6 区	俄罗斯	96.3	8

注：部分价格截至 2024 年 6 月，具体价格请查看中国邮政官网。

小橙查看资费表发现英国属于 5 区资费区，每千克收费 90.5 元，挂号费 8 元，中国邮政小包在出境时不会产生关税或清关费用，但在目的地国家进口时可能会产生进口关税，这取决于每个国家的海关税法规定。小橙需要根据这件衬衫的外包装的总重量算出运往英国的实际资费。

（三）交货须知

1. 寄送邮包时需要选择挂号服务，不挂号的邮政小包无法进行物流跟踪。
2. 资费：费用 = 称重的重量 × 单价 + 挂号费，挂号费按单收取，一单收取一次挂号费。
3. 货物不能含有违禁运输的商品，运费的最低计费起重及起重标准根据地区不同会有所不同。

四、物流信息查询不到的原因

在货物运输途中,用户反映无法跟踪到物流信息,那么操作人员首先需要确认物流信息查询不到的时间,如果是刚发货时,则原因可能是:物流商还未接收货物;物流商接收了货物还没将物流信息进行录入;提交的单号有误。如果是在运输过程中出现物流信息中断或者无法更新情况,那么可能出现的原因是:物流商在运输过程中发生突发事件,耽误了运输;因网络的延迟,物流信息未及时更新。

一、中国邮政航空小包

中国邮政航空小包又称中国邮政小包,是指包裹重量在 2 千克以内,外包装长、宽、高之和小于 90 厘米,且最长边小于 60 厘米,通过邮政航空邮件服务寄往国外或地区的小邮包。中国邮政小包分为挂号小包和平邮小包两种服务,可寄往全球各个邮政网点。

(一)资费及尺寸限制

资费低,首重按照 100 克起算(货运代理按照实际重量算),挂号小包服务费率稍高。平邮小包不提供查询服务,大部分国家挂号小包可以全程跟踪,部分国家只可查询签收信息,也有部分国家不提供信息跟踪服务。

包裹重量不超过 2 千克。非圆筒货物长、宽、高之和不超过 90 厘米,单边长度不超过 60 厘米,宽度大于 9 厘米。圆筒形货物直径的两倍与长度之和不超过 104 厘米,单边长度不超过 90 厘米,直径的两倍与长度之和不小于 17 厘米,长度不小于 10 厘米。

(二)优劣势

1. 优势:线路广,价格优势明显,清关方便。中国邮政小包是我国市场占有率较高的航空挂号小包。航空小包在 2 千克以内,以个人物品出境,出口清关不会产生关税或清关费用,但在目的地国家可能产生进口关税,具体根据各国海关税法规定来办。

2. 劣势:时效不稳定,状况较多。中国邮政小包时效性尚可,正常情况下是 16~35 天到达目的地,特殊情况可能超过 60 天才能到达。因为在价格和时效上都存在着不稳定的因素,所以状况也就多一些。

二、中国邮政航空大包

中国邮政航空大包,又称中邮大包,是中国邮政通过邮政空邮服务寄往国外的大邮包,可寄达全球 200 多个国家和地区。中邮大包分为普通大包和挂号大包两种。

(一)资费及尺寸限制

中邮大包资费及体积和重量的限制根据运输物品的重量及目的国家/地区有所不同。普通大包空邮费率比较低,但是不提供货物跟踪查询服务,挂号大包空邮费率相对较高,可提供网上跟踪查询服务。

计费以首重 1 千克,续重 1 千克的计费方式结算,其价格比我国邮政特快专递服务费用低,不计体积重量,也没有偏远附加费。部分国家限重 10 千克,最多也不能超过 30 千克。

(二)优劣势

1. 优势:价格比中国邮政特快专递服务费用稍低,通达国家多,清关能力强,运单简单,操作方便。中邮大包可最大限度地降低成本,提升价格竞争力。

2. 劣势:时效不高,退件会产生费用。大包在运输和处理上难于小包,所以妥投速度相对较慢,查询信息更新滞后。中邮大包和中国香港包裹国外退件是会产生费用的。根据用户选择的退回方式收取相应的费用。

三、E邮宝

E邮宝又称ePacket、EUB,是中国邮政速递物流为适应跨境电商轻小件货物寄递需要,整合邮政速递物流网络资源,与主要电商平台合作推出的一款跨境国际速递业务。该业务以我国邮政特快专递服务网络为主要发运渠道,出口到境外后,通过目的国或地区的邮政轻小件投递邮件。E邮宝为跨境电商平台和跨境卖家提供便捷、稳定、优惠的物流轻小件服务。E邮宝业务已覆盖美国、澳大利亚、英国、加拿大等34个国家和地区。

(一)资费与尺寸限制

E邮宝的运费根据包裹重量按克计费,美国、俄罗斯、新西兰、日本按照50克起重计费,其他国家/地区则无要求。

单件邮件最大尺寸:长、宽、高总和不超过90厘米,最长边不超过60厘米。圆卷邮件直径的两倍和长度总和不超过104厘米,长度不超过90厘米。

单件邮件最小尺寸:长度不小于14厘米,宽度不小于11厘米。圆卷邮件直径的两倍和长度总和不小于17厘米,长度不小于11厘米。

(二)优劣势

1. 优势:性价比较高,时效快。集中大批量货物发往目的地,从而降低成本,价格比商业快递低、速度快于邮政小包,丢包率也比较低。

2. 劣势:服务范围小。目前仅开通了34个国家和地区的业务。与邮政小包相比,E邮宝的运费成本高一些,在国内的揽收范围有限,覆盖地区需要进一步扩大。

四、中国香港邮政小包与新加坡邮政小包

(一)中国香港邮政小包

中国香港邮政小包,又称香港小包,是通过中国香港邮政发送到境外用户手中的小包。香港小包最早用于跨境电商领域。

香港小包分为平邮和挂号。中国香港邮局称邮政小包平邮为大量投寄空邮,香港邮政挂号小包为E网邮服务。平邮费率比较低,不提供查询服务;挂号小包费率比较高,可以提供网上跟踪查询服务。通常所说的香港小包是指香港邮政挂号小包。

1. 时效。

中国香港邮政的航空小包几乎可以做到当天投递,当天送运,到达大部分的国家和地区只需要5~12个工作日。英国、爱尔兰、美国、加拿大等国家只需3个工作日即可到达。

香港小包发货需要将货物从中国内地转运到中国香港,和中国内地的邮政发货的操作不同,其上网的时效一般在2~4个工作日,相对较慢,但是不影响总体时效。

2. 优劣势。

在普货配送中，香港小包在时效、清关、价格方面都比其他小包更优质，且丢包现象也较少出现。香港小包综合质量较高，各项服务指标稳定。因此香港邮政小包是小包中比较理想的选择，用户体验有保障，售后问题相对较少。但是香港小包发货需要将货物转运到中国香港，可能会对发货的上网时效有所影响。

（二）新加坡邮政小包

新加坡邮政小包即新加坡邮政航空小包，又称新加坡挂号小包，是三大邮政小包之一。新加坡邮政小包是针对重量在2千克以下的货物的邮政小包，服务时效好，通关能力强，可寄达全球各个邮政网点。

1. 时效。

到达大多数国家和地区的时间为7~15个工作日。

2. 优劣势。

在东南亚地区，其成本优势仅次于中国邮政小包。在东南亚地区，新加坡邮政的配送服务、时效性及收费都具有优势。中国邮政小包和香港邮政小包都限制带电产品的运输，新加坡邮政小包则是这类产品的主要出货渠道。

劣势在于新加坡邮政小包的价格略高，退货麻烦。新加坡邮政小包的价格略高于中国邮政小包。退件比较麻烦，是除中国邮政小包以外其他小包的通病。

任务二　使用国内快递

任务导入

小橙处理衬衫货品运往英国的中国邮政小包订单的过程中，发现衬衫类商品目前在供应商仓库，为了保证商品的质量，小橙需要将衬衫亲自检验后再发货。衬衫要从嘉兴仓通过国内快递寄送到宁波仓，小橙要与供应商确认一下物流方式，所以需要了解以下两点。

第一，国内快递有哪些种类。

第二，如何选择国内快递。

一、国内快递的种类

随着电子商务的发展，国内快递业务也随之蓬勃发展。现在国内快递的种类主要有中国邮政特快专递服务（Express Mail Service，EMS）、顺丰速运、四通一达（申通快递、圆通速递、中通快递、百世汇通、韵达快递的合称）。不同的快递方式在运送货品要求、时效、费用等方面有所不同。卖家需要根据货物的特性与时效的要求选择合适的快递方式。

国内快递

比较 7 家国内快递公司，在时效性中占优势的是顺丰速运，在运送货品要求上较有优势的是 EMS，在资费情况上四通一达具有明显优势。

二、国内快递的选择

小橙在处理衬衫订单的时候发现平台发货的时效是下单后 7 天之内，为了能及时安排货物出运，小橙需要尽快将衬衫从嘉兴仓运到宁波仓，并进行检验。所以需要选择时效比较快的物流方式。从嘉兴仓到宁波仓，顺丰速运有当天件的服务，但是货品必须在早上 9 点之前运出，可以保证在当天傍晚收到。小橙为了争取更多的发货时间，可以选择顺丰速运的当天件服务。

在国内运输的时效要求并不是很高的情况下，可以考虑四通一达，毕竟四通一达在价格方面比顺丰速运有优势。如果货品在长三角地区，EMS、顺丰速运和四通一达在时效上来说各自优势并不明显，一般都可以保证隔天达到。倘若运送地区比较偏远，那么 EMS 和顺丰速运的优势较为明显。

知识要点

一、国内 EMS

国内 EMS 拥有首屈一指的航空和陆路运输网络及 200 多个高效发达的邮件处理中心，国内范围通达全覆盖，并拥有多种不同的快递产品和增值服务，满足用户多样化、个性化的寄件需求。国内 EMS 提供国内特快专递、政务专递、商务专递、快递包裹、极速鲜、港澳台特快专递、港澳台 e 特快、港澳台包裹、港澳台 e 邮宝、港澳台小包服务。

（一）时效

一般在正常情况下，2~7天内可到达，特殊情况除外。

（二）资费与尺寸限制

资费标准：首重和续重费用，首重500克，20元起，具体续重资费按照区域进行收费，1区每续重500克或其零数，资费为6元，2区每续重500克或其零数，资费为9元，3区每续重500克或其零数，资费为15元（分区方式按照官网公式为准）。计泡是指对包装后的邮件，取体积重量和实际重量中的较大者作为计费重量，再按照资费标准计算应收邮费。体积重量的计算方法具体如下。

1. 国内特快专递。对交寄的物品长、宽、高三边中任一单边达到60厘米的特快物品进行计泡，计泡系数为6000。计泡公式：

$$体积重量（千克）= 长（厘米）\times 宽（厘米）\times 高（厘米）/ 计泡系数$$

2. 快递包裹。对交寄的物品长、宽、高三边之和大于100厘米的快递包裹邮件进行计泡，计泡系数为5000或8000。计泡公式：

$$体积重量（千克）= 长（厘米）\times 宽（厘米）\times 高（厘米）/ 计泡系数$$

3. 港澳台特快专递。对寄送的物品长、宽、高三边中任一单边达到60厘米的特快物品进行计泡，计泡系数为6000。计泡公式：

$$体积重量（千克）= 长（厘米）\times 宽（厘米）\times 高（厘米）/ 计泡系数$$

邮件的长、宽、高测量值精确到厘米，厘米以下去零取整。

（三）运输限制

禁止运送货物：枪支弹药、管制刀具、易燃易爆产品、有毒产品、放射性产品等非法禁运产品。

二、顺丰速运

顺丰速运创立于1993年，是国内最大的综合物流服务商、全球第四大快递公司，致力成为独立第三方行业解决方案的数据科技服务公司，以领先的技术赋能用户，为用户提供涵盖多行业、多场景、智能化、一体化的智慧供应链解决方案。

顺丰速运依托公司拥有的覆盖全国和全球主要国家或地区的高渗透率的快递网络基础，通过内生孵化+并购整合方式，快速延伸至快运、冷运、同城、供应链等领域，搭建了完整的一体化综合物流服务体系。不仅能够提供配送端的高质量物流服务，还能围绕用户产业链上下游延伸，为用户提供贯穿采购、生产、流通、销售、售后的一体化供应链解决方案。

（一）时效

一般正常情况下，国内运输预计时间为1~5个工作日。预计时间因节假日、天气、交通管控、资源等原因不同日期时间查询会有所差异，具体以系统实时返回为准。如果收派件地址为中国香港地区偏远地区，收派件时效需加1个工作日。中国台湾地区部分地区收派件时效需加0.5~1个工作日。

（二）资费与尺寸限制

资费：按首重+续重（根据线路距离不同价格有差异）的方式收取费用。以收派员上门确认后为准。

托寄物的计费重量取体积重量与实际重量两者之间的较大值，若为子母件，则将每件的计费重量进行汇总后计算总运费，其中体积重量的计算方法为：

同城、省内及经济区域内互寄：

$$体积重量 = 长（厘米）\times 宽（厘米）\times 高（厘米）/12\,000$$

省外、跨经济区域互寄：

$$体积重量 = 长（厘米）\times 宽（厘米）\times 高（厘米）/6000$$

注：经济区域包含京津冀区域、江浙沪皖区域、川渝区域、黑吉辽区域。

冷运零担运输：

$$体积重量 = 长（厘米）\times 宽（厘米）\times 高（厘米）/3000$$

（三）运输限制

禁止运送货物：枪支弹药、管制刀具、易燃易爆产品、有毒产品、放射性产品等非法禁运产品。

三、四通一达

四通一达，是申通快递、圆通速递、中通快递、百世汇通、韵达快递五家民营快递公司的合称。

（一）公司介绍

1.申通快递品牌创立于1993年，公司致力于民族品牌的建设和发展，不断完善终端网络、中转运输网络和信息网络三网一体的立体运行体系，立足传统快递业务，全面进入电子商务领域，以专业的服务和严格的质量管理推动中国快递行业的发展。

2020年"双11"前，申通快递宣布将全站业务搬迁至阿里云，成为快递行业首个全站业务使用公有云的企业；申通快递首家实现"预售下沉"服务模式升级，为卖家提供更短链物流解决方案；申通快递"C2M"物流解决方案落地，打造新仓配一体物流解决方案。2020年，申通快递启动全新"过年不打烊"服务，成为首批响应"全年无休"的快递企业。

2.圆通速递品牌创立于2000年5月28日，目前已发展成一家集快递物流、科技、航空、金融、商贸等为一体的综合物流服务运营商和供应链集成商。

圆通速递始终坚持"客户要求，圆通使命"的宗旨，以人为本，以客户体验为中心，以"安全、快速、便捷、可靠"为追求，着力打造品质圆通、科技圆通、绿色圆通、德善圆通，构建圆通供应链网络生态命运共同体。

3. 中通快递品牌创立于2002年5月8日，是一家以快递为核心业务，集跨境、快运、商业、云仓、航空、金融、智能、传媒、冷链等生态板块于一体的综合物流服务企业。2016年10月27日中通快递在美国纽约证券交易所上市，向全世界打开了一扇了解中国快递发展的窗口。2018年5月29日，中通快递与阿里巴巴、菜鸟网络等宣布达成战略投资协议，将共同探索新物流机遇，推动行业数字化升级。2020年9月29日中通快递在中国香港地区实现二次上市，成为首家同时在美国及中国香港地区上市的快递企业。

4. 百世快递是百世集团旗下知名快递品牌，2010年10月成为百世集团一员，以信息化、自动化建设为核心能力，在国内率先运用信息化手段探索快递行业转型升级之路，综合实力位居行业前列。

百世快递服务网络覆盖全国，业务辐射至西藏、新疆等偏远地区，乡镇覆盖率位居行业前列。截至2020年12月月底，百世快递在全国拥有87个转运中心，49 000+个末端网点，省市网络覆盖率达100%，区县覆盖率达100%。

5. 韵达快递品牌创立于1999年8月8日，总部位于上海，致力成为领先的综合快递物流服务商。韵达快递于2016年12月23日上市，以"传爱心、送温暖、更便利"为企业使命，努力实现"成为受人尊敬、值得信赖、服务更好的一流快递企业"的愿景。

（二）四通一达相关内容介绍

1. 时效。

全程跟踪：通过企业核心业务系统、视频监控系统和GPS定位系统，全程跟踪，实时监控每一票快件的安全和时效。

时效保证：收派、运输各环节均优先运作。

2. 资费与尺寸要求。

资费：按首重+续重（根据线路距离不同价格有差异）的方式收取费用，首重1千克起算，不足1千克按1千克结算。具体查看官网，以收派员上门确认后为准。

航空件泡货计价（即体积重量大于实际重量时按体积重量结算）：

$$长（厘米）×宽（厘米）×高（厘米）/8000 =体积重量（千克）$$

3. 运输限制。

禁止运送货物：枪支弹药、管制刀具、易燃易爆产品、有毒产品、放射性产品等非法禁运产品。

任务三　选择国际快递

小橙完成衬衫商品运往英国的中国邮政小包发货流程后，对发货流程的操作有了初步的认识。小橙下一步打算将其他的物流方式的发货流程都操作一次，并跟踪物流，对比不同的物流模式的区别，及时处理突发事件。小橙在处理国际快递运输的时候总结了以下几个问题。

第一，国际快递的特点是什么？
第二，不同国际快递的优缺点是什么？
第三，国际快递的业务流程。
第四，国际快递商品的包装注意事项。

一、国际快递的特点

国际快递指的是在两个或两个以上国家或地区之间进行的快递、物流业务。国际快递的跨境运输方式有空运、海运、陆运等，是将货物从发件人运送到收件人的"门到门"的物流服务。

国际快递

国际快递作为跨境运输物流服务的种类之一，具有以下特点。

——时效性。用户对于运输的时间限制越来越精细化，对于寄送货物的时间要求也更高，因此快递的时效性是其最主要的特点之一。
——服务性。相比国际邮政小包，国际快递的价格相对高昂，产品定位也相对较高，卖家的参与度更少，便利度更高。
——信息化。在电子商务环境下，物流配送的全过程都实现了信息化管理和操作，使得物流人员能够及时、有效地接收来自不同用户的信息，并且快速完成系统规划的安排和流程。

二、不同国际快递的优缺点

在国际快递业务中，商业快递公司DHL（德国邮政国际快递）、FedEx（美国联邦快递）、UPS（美国联合包裹快递）建立了全球网络和国际化信息系统，在信息的收集、提供和管理方面都有非常高的要求，一般以寄送准许的文件和包裹为主。快递发往欧美发达国家非常便利，速度快、服务好、丢包少，唯一不足的是价格昂贵。跨境电商卖家很难支撑国际快递的费用，除非用户对商品货运时效要求非常高才会考虑使用国际快递的方式。

与商业快递相比，EMS的价格相对要低一些，但是与邮政包裹、专线物流相比，价格仍然较高，所以一般是用户对物流时效和质量有较高要求时才会选择使用国际快递，如寄送紧急信函、文件、金融票据、货物样品等资料。

三、国际快递的业务流程

国际快递通常都需要跨关境,所有跨关境的货物都需要向海关申报,具体的流程如图4-2所示。

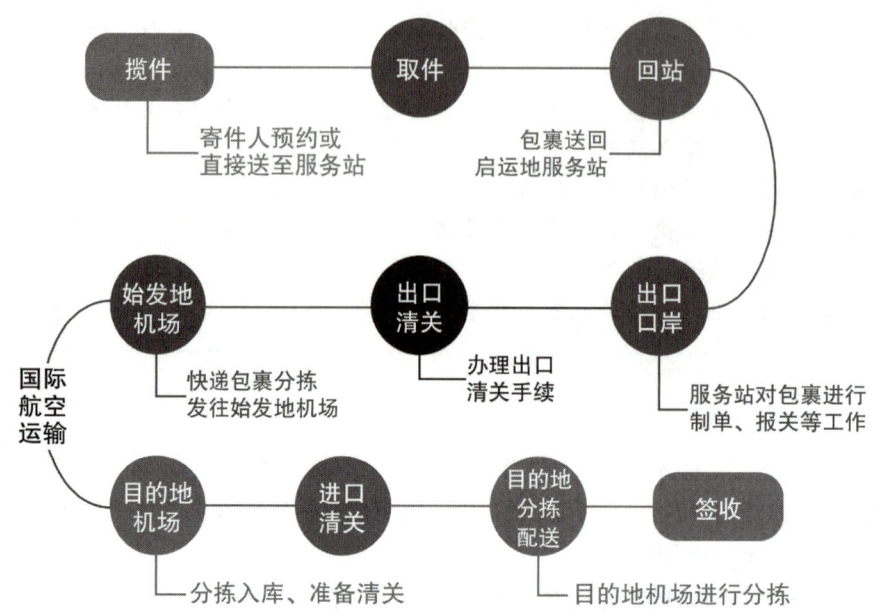

图4-2 国际快递业务流程图

四、国际快递商品的包装注意事项

包装是影响货物运输质量的一个重要因素。包装可以由跨境电商卖家自行完成,也可以委托物流商进行包装。包装选择根据商品特性确定,但是不同的国家对包装也有一定的要求。

常用的包装为木箱、纸箱等,但是有些国家和地区对木箱包装有特殊要求,因此在选择木箱包装时应特别注意。常见的包装要求如下所示。

——工艺品、陶瓷等重量大或者价值高的商品用木箱包装。
——美国、加拿大、澳大利亚、新西兰等国对原木包装有熏蒸要求。欧洲对松树类木质包装要求比较严格,需要出具无虫害证明。
——常用物品用纸箱包装,并做好防潮处理。
——易碎物品需要做好填充。
——包装箱内做好填充,要充实,防止搬运过程中货物挪动。

一、国际 EMS

国际 EMS 的全称是全球邮政特快专递（Worldwide Express Mail Service），是万国邮联管理的国际邮件快递服务，在中国境内是由中国邮政提供的快递服务。中国邮政 EMS 主要经营国内速递、国际速递、合同物流等业务，国内、国际速递服务涵盖卓越、标准和经济不同时限水平和代收货款等增值服务，合同物流涵盖仓储、运输等供应链全过程。

优势：运费比较便宜，通过国际货运代理可以拿到较高的折扣。国际 EMS 直达国家和地区都按照重量计算运费，线上发货则需要进行计算体积重量的操作。体积重量（千克）按照货物体积（立方厘米）除以 6000 进行换算。500 克以下的可以按照文件进行价格计算。国际 EMS 可以当天收货，当天操作，当天上网，清关能力强。国际 EMS 能运送出关的货物比较多，其他快递公司限制运行的物品基本可以运送。

劣势：相比商业快递，国际 EMS 速度比较慢，查询网站的信息滞后，通达国家和地区较少，出现问题处理时间较长。

二、DHL

DHL（DHL World Wide Express，德国敦豪快件服务公司）最早以运送文件为主，总部建在德国的布鲁塞尔，是目前航空快递业务市场份额最大的快递公司之一。目前 DHL 主要有四个业务部门：DHL Express、DHL Global Forwarding、Freight 和 DHL Supply Chain。

DHL 是四大国际快递公司中最早进入中国的国际快递公司。1986 年 12 月，DHL 与中国外运总公司合作成立了中外运—敦豪国际航空快件有限公司。

优势：在日韩、东南亚、欧洲等国家和地区服务非常好。速度快，发往欧洲一般只需要 3 个工作日，到东南亚一般只需要 2 个工作日，派送网络遍布全球，货物状态更新及时，突发事件处理及时。21 千克以上的货物可按照大货价格进行寄送，部分国家或地区的价格比 EMS 更低。

劣势：小货价格较高，对物品限制较多，部分国家或地区不提供包裹寄送服务。

三、FedEx

FedEx（FedEx Express，联邦快递公司）专为遍及全球的用户和企业提供涵盖运输、电子商务和商业运作等一系列的全面服务。FedEx 设有环球航空及陆运网络，通常只需要 1~2 个工作日，就能迅速运送时限紧迫的货件，而且确保准时送达，同时设有"准时送达保证"。

FedEx 从 1984 年开始在中国提供服务。1995 年，FedEx 收购了当时唯一可以直飞美国和中国的常青国际航空公司，成为第一家提供美国直飞中国的国际快递物流公司，中美主要城市之间的快递运送大约只需要 3 天。FedEx 是率先进入中国市场并运用自设机队服务中国市场的航空快递公司。

2016 年 5 月，FedEx 收购了荷兰 TNT 快递公司。FedEx 和 TNT 发挥了各自的优势，将世界最大的空运网络和欧洲公司运输进行整合，拓展了联邦快递的服务范畴，重塑全球运输物流行业。

优势：到中南美洲和欧洲具有30%~40%的价格优势。适宜运送21千克及以上的大货，在时效相当的情况下，价格仅是DHL和UPS的一半。网站信息更新快，网络覆盖全，查询响应快。

劣势：对比同类快递公司，折扣不占优势，若体积重量超过实际重量则按体积重量计算，对货物的限制较多。

四、UPS

UPS（United Parcel Service，美国联合包裹运送服务公司）成立于1907年，以"最好的服务、最低的价格"为业务原则，在美国西岸打开市场。UPS开发了第一个机械包裹分拣系统。作为世界上最大的包裹送达公司和全球领先的专业运输与物流服务的供应商，UPS通过结合货物流、信息流和资金流，不断开发物流、供应链管理和电子商务的新领域。

1988年，UPS与中国外运总公司签订了代理业务合作协议，正式进入中国市场。2001年，UPS取得了美国至中国的直航权。2010年，UPS在中国成立了上海国际转运中心和深圳亚太转运中心，将中国各个地区与UPS国际网络连接，为高科技、高附加值的商品提供至欧洲、美洲和亚洲的直航服务及亚洲内部的货物中转。2017年，UPS与顺丰速运成立了合资公司，为跨境B2B和B2C提供了物流解决方案。

优势：服务好、速度快，强项在美洲线路，特别是美国、加拿大、南美、英国、日本。送往美国的包裹，大约48小时内能送达。货物可送达200多个国家和地区。

劣势：运费按照货物包装后的体积重量计费，费用较高，对托运货物的限制比较严格。

任务四　确定专线物流

> 小橙在研究物流方式时,发现货物运往英国有英国专线,物流时效比邮政小包要快,费用虽然贵一些,但是安全性高。所以小橙将专线物流模式纳入这一类货物的发货方式的选择中。小橙针对专线物流选择研究总结了以下几个内容。
> 第一,专线物流的现状。
> 第二,专线物流的优劣势。
> 第三,专线物流的运费核算。

随着我国跨境电子商务的快速发展,为了满足货物运输的需求,专线物流日益增加。专线物流是将运送到某一国家或地区的商品通过规模效应降低物流成本,物流费用低于商业快递,而且物流速度快、丢包率比较低。专线物流通常是指定地区间推出的跨境专用物流线路,具有"五固定"特征,即物流起点、物流终点、运输工具、运输路线、运输时间。

专线物流

一、专线物流的现状

（一）专线物流逐渐增多

现阶段,使用最多的专线物流有欧洲专线、美国专线、澳洲专线、俄罗斯专线、中东专线、南美专线和南非专线等。

（二）运输产品有限

可选择的专线物流服务公司虽多,但是运输的产品较为有限。例如,大多数专线物流仍然不能寄送带电池的产品或纯电池。

（三）信息跟踪水平较低

虽然专线物流的价格比商业快递优惠,但是物流信息的整体跟踪水平较低。跟踪信息基本依托物流服务商每个节点上传的信息跟踪。倘若节点没有自己的网点,就无法正常上传信息。专线物流网点相对较少,跟踪信息不全面。

（四）赔偿方式未形成标准

与邮政物流、商业快递相比,专线物流在赔偿上没有形成行业标准。赔偿能力低,托运人寄送风险大。

二、专线物流的优劣势

（一）优势

1.时效快。专线物流以空运为主,与一般航空物流相比,专线物流航线和网点固定,中转少,能提供更快的物流运输。

2. 成本低。专线物流能够集中大批量到某一特定区域的货物，通过规模效应降低单位成本，在目的地配送的也可以做到有效控制。专线物流的服务比国际邮政小包更稳定，物流成本要低于商业快递。

3. 丢包率低。专线物流的运输有专用的运输线路和运输工具，丢包率和货损率都比较低。货物到达目的地后，由物流商负责配送，丢包率低于国际邮政小包。

（二）劣势

1. 送达区域受限。只有在物流体量大的国家或地区才会有专线物流，物流方式也比较单一。

2. 运输产品有限。目前提供专线物流的公司逐渐增多，虽然可运输的产品种类在逐渐增多，但仍然较为有限。由于专线物流大部分采用航空运输，一些大件商品或大批量商品会受到一定限制。

三、专线物流的运费核算

专线物流的运费计算方法与航空快递的方法大致相同，但是起重小，续重单位也小，有限重，需要收取挂号费。不同的物流商报价在起重、续重、附加费等方面都有所差异。不同的时间报价也会有差异，具体的报价按照具体发货时的报价为准。

专线物流费用通常是以每克为单位进行收费的，同时根据实际重量和体积重量两者中较高的计算。

> 计算公式：
>
> 　　专线物流费用＝配送服务费 × 重量 ＋ 挂号费
>
> 含有附加费用的情况：
>
> 　　专线物流费用＝配送服务费 × 重量 ×（1 ＋ 附加费率）× 折扣 ＋ 挂号费

一、欧美专线

（一）DHL 跨境专线包裹（美国专线）

DHL 跨境专线包裹（美国专线）依托 DHL 遍布全球的强大物流网络，为跨境电商卖家提供高效的端到端的运输解决方案。DHL 跨境专线包裹（美国专线）可为卖家提供全面的清关管理，包裹可由中国送达美国，并送至收件人家门口进行妥投信息确认。

从深圳、上海发出的货物 8~12 个工作日到达目的地，从中国香港发出的货物 7~11 个工作日到达目的地。卖家和收货人可通过官网获取追踪服务信息。若货物遗失最高可赔付 100 美元，保价货物最多可以提高到 200 美元。

（二）菜鸟专线 - 标准

菜鸟专线 - 标准（Cainiao Expedited Standard）是菜鸟网络推出的一项优质物流服务，为全球速卖通卖家提供包括国外揽收、国际配送、物流详情追踪、物流纠纷处理、售后赔付一站式的物流解决方案。

1. 时效：在正常情况下，美国主要城市派送的时间为 10~15 天，不可抗力、海关查验、政策调整及节假日等特殊情况除外。

2. 资费与尺寸限制：运送价格包括配送服务费和挂号服务费。包裹重量按克计费，50 克起算，限重 2 千克，包裹实际重量不超过 2 千克，单边长度不超过 60 厘米，且包裹长宽高之和不超过 90 厘米。配送范围为美国内地地区，但不包括夏威夷、波多黎各、阿拉斯加等离岛地区。

3. 信息跟踪与售后：菜鸟专线－标准提供全程跟踪服务，承诺货物 60 天内到达，时效承诺从揽货成功或签收成功开始计算。因物流商原因在承诺时间内未妥投而引起的限时达纠纷赔款，由物流商承担，按照实际成交赔偿，最高不超过 300 元人民币。

4. 运输限制。

不支持的货物：外置电池的带电货物、纯电的带电货物、磁性物质（磁性材料）、化工品（含化妆品）。

支持的锂电池带电设备条件：适用于内置电池场景，需满足特定条件，如锂离子电池芯的瓦时额定值不超过 20Wh；锂离子电池的瓦时额定值不超过 100Wh；锂金属电池芯的锂含量不超过 1 克；每个电池芯或电池必须通过 UN38.3 测试；必须做好防短路措施或防止意外启动的有效措施；单个包装件内不得超过四个锂电池芯或两个锂电池；除非有关器材或设备已为锂电池提供足够保护，否则有关器材或设备须置于坚固的外包装内。

（三）英国专线

英国专线是前端采用航空飞机运到英国，然后再由英国本土合作的服务商进行清关提取，最后交给负责本土派送的快递公司的一种运输方式。货物空运到英国之后，通常由本土合作快递公司 Hermes、UPS、DHL、FedEx 等负责派送。

1. 时效：在正常情况下，特快专线要 4~6 个工作日，标准专线 5~8 个工作日，不可抗力、海关查验、政策调整及节假日等特殊情况除外。

2. 资费与尺寸限制：运送价格按克为单位计费，长（厘米）×宽（厘米）×高（厘米）/8000，取实重和体积重中较大值计费。重量范围不超过 30 千克。

货物尺寸：标准专线 61（厘米）×46（厘米）×46（厘米）；快线长不超过 60 厘米，长宽高之和不超过 90 厘米。

3. 信息跟踪与售后：提供查询，全程轨迹跟踪妥投。因物流商原因在承诺时间内未妥投而引起的限时达纠纷赔款，由物流商承担，按照实际成交赔偿。

4. 运输限制：带电池的、带液体的、带膏体的、带粉末的、带磁性的、食物书籍等都属于英国专线的敏感品。此类货物寄送到英国要选择专门的快递渠道，如带电产品，可以选择 DHL、FedEx 或者 EMS，也可使用带电专线。还需按照英国的政策要求，获取对应的认证文件，同时需按要求进行包装。

二、澳洲专线

澳洲专线（AUEXP）是与澳洲邮政合作的一项国际专线服务，澳洲专线利用中国香港地区充足的空运资源与澳洲邮政清关的优势，两者结合，打造出时效快、清关强的跨境电商专线服务。

（一）时效

在正常情况下，澳大利亚主要城市派送的时间为10~14天，不可抗力、海关查验、政策调整及节假日等特殊情况除外。

（二）资费与尺寸限制

运送费用包括配送服务费和挂号服务费。包裹按照实重和体积重取大者计费，计算公式为：体积重/8000。重量按克计费，50克起算，限重2千克，实际重量不超过20千克。最长边不超过105厘米，最长的两边之和不超过140厘米。

（三）信息跟踪与售后

提供全程信息跟踪，实时更新。

（四）运输限制

可运送内置、配套电池产品。不接受纯电池及航空违禁品、禁止任何类型的玩具枪和枪型产品。

三、俄罗斯专线

（一）俄速通

俄速通是由黑龙江俄速通国际物流有限公司提供的中俄航空小包专线服务，是专门为全球速卖通平台上的电商设立的。俄速通能有效满足跨境电商用户的小包航空物流需求。

1. 时效：绝大部分包裹25天内可到达用户目的地的邮局。正常情况下16~35天到达目的地，特殊情况下35~60天到达目的地。

2. 资费与尺寸限制：资费是按照货物的实际重量来计算的，没有起重费。运送费用包括配送服务费和挂号服务费。包裹的重量限制在50克到3千克之间，尺寸限制则根据包裹形状有所不同。方形包裹的长宽高之和不能超过90厘米，最长一边长度不能超过60厘米；圆柱状包裹的2倍直径及长度之和不能超过104厘米，长度不能超过90厘米。

3. 信息跟踪与售后：48小时内可上网，实现信息全程追踪。俄速通承诺60天内必达，自揽收成功或签收成功起算，不可抗力除外。因物流商原因在承诺时间内未妥投而引起的限时达纠纷赔款，由物流商承担（按照订单在全球速卖通平台的实际成交赔偿，最高不超过700元人民币）。若出现包裹损毁或丢失，可提供赔偿，用户可在线提起投诉，投诉成立后5个工作日内处理。

4. 运输限制：禁运物品包括易燃易爆物品、毒品、武器等。这些物品是严格禁止通过俄罗斯专线进行运输的。限制品包括动植物及其制品、食品、化妆品等。此类物品在运输前需要了解相关的进口规定和限制条件，以确保合规运输。

（二）菜鸟特货专线-标准

菜鸟特货专线-标准（Cainiao Standard Shipping For Special Goods）是菜鸟网络与目的国邮政联合推出的，针对2千克以下小件特殊货品（液体、粉末、膏状等）的挂号类物流服务。

1. 时效：在正常情况下，俄罗斯主要城市的派送时间为25~35天，偏远城市派送时间为40天左右，不可抗力、海关查验、政策调整及节假日等特殊情况除外。

2. 资费与尺寸限制：运送费用包括配送服务费和挂号服务费，根据包裹重量，1 克起算，限重 2000 克，按克计费。包裹的尺寸限制在单边长不超过 60 厘米，长、宽、高之和不超过 90 厘米。

3. 信息跟踪与售后：物流信息全程可跟踪。菜鸟特货专线 – 标准承诺 60 天内必达，自揽收成功或签收成功起算，不可抗力除外。因物流商原因在承诺时间内未妥投而引起的限时达纠纷赔款，由物流商承担（按照订单在全球速卖通平台的实际成交赔偿，最高不超过 300 元人民币）。

4. 运输限制：允许寄送特殊物品，如液体、粉末、膏体等，但也有限制，如不允许寄送含酒精的液体和某些磁性物质。对于带电货物，必须满足特定的条件，如内置电池的带电货物是允许运输的，但外置电池、纯电的带电货物、磁性物质和某些化工品则不允许运输。

（三）中俄快递 – SPSR

中俄快递 – SPSR 服务商 SPSR Express 是俄罗斯优秀的商业物流公司，向卖家提供中国北京、香港、上海等地出境的多条快递线路。

1. 时效：正常运输情况下，承诺俄罗斯 75 个主要城市的派送时间为 11~14 天，最长 31 天必达，不可抗力、海关查验、政策调整及节假日等特殊情况除外。

2. 资费与尺寸限制：运送费用包括配送服务费和挂号服务费，运费根据包裹重量按每 100 克计费，不满 100 克按 100 克计。每个单件包裹限重在 15 千克以内，包裹尺寸限制在 60 厘米 ×60 厘米 ×60 厘米以内。

3. 信息跟踪与售后：物流信息可全程跟踪，邮件丢失或损毁提供赔偿，可在线发起投诉，投诉成立后最快 5 个工作日完成赔付，赔付上限 1500 元人民币。

4. 运输限制。

禁止寄送货物：酒、不明液体、药品；琥珀和琥珀成品；动物和植物；贵金属，宝石和珠宝；现金及现金等价物；压缩气体和液化气体；喷雾剂、化工和类似的化学物品；爆炸物，枪支及其零部件和弹药；食品；裘皮；人类遗骸（包括骨灰）；内燃机；磁铁；火柴、打火机及相关配件；水银填充的温度计和气压计；银行本票、旅行支票；油漆；所有类型的身份证件、护照及其类似物品；艺术作品；毒药；色情物品；放射性物质；运送到军事基地或监狱的包裹；特定频率的无线电设备。

电池寄送限制：不能寄送电子产品，如手机、平板电脑等带电池的物品，或纯电池（含纽扣电池）。所有手表（包括但不限于电子表、机械表、石英表等）、键盘、鼠标、带电或者可以装电池的玩具、游戏手柄、会发光的手机壳，均需走带电渠道。

四、其他专线（中东专线、南美专线、南非专线）

（一）Aramex 中东专线

1982 年，Aramex 公司成立，其作为中东地区最知名的快递公司，是第一家在纳斯达克上市的中东国家公司。2012 年，Aramex 与中外运空运发展股份有限公司成立了中外运安迈世（上海）国际航空快递有限公司，提供一站式的跨境电商服务及进出口中的清关和派送服务。Aramex 服务目前支持中东、南亚次大陆、东南亚、欧洲及非洲航线。

1. 时效：在正常情况下，包裹一般在 3~6 天到达。不可抗力、海关查验、政策调整及节假日等特殊情况除外。

2. 资费与尺寸限制：寄往中东、北非、南亚等国家和地区的价格优势比较明显，运费甚至可以低至 EMS 价格的 4 折左右，没有偏远地区的附加费。阿拉伯联合酋长国的单件包裹的尺寸限制为 150 厘米×80 厘米×80 厘米，单件包裹的计费重量限制为 30 千克；沙特阿拉伯的单件包裹的尺寸限制为 100 厘米×60 厘米×60 厘米，单件包裹的计费重量限制为 30 千克；其他中东国家和地区的单件包裹的尺寸限制为 150 厘米×100 厘米×50 厘米，单件包裹的计费重量限制为 30 千克，重量超过 100 千克需要单独咨询；其他国家（非中东国家）的单件包裹的尺寸限制为 120 厘米×50 厘米×50 厘米，单件包裹的计费重量限制为 30 千克，重量超过 30 千克需要单独咨询。

3. 信息跟踪与售后：可通过官网查询进展，实时更新物流信息。对于货物破损、延误或丢包，最高赔付每千克 20 美元，结合申报金额，取两者较低，每单最高可赔付金额不超过 100 美元。

4. 运输限制：带电池及带电的货物，各国地区禁止寄送的货物，有知识产权问题的货物，带有液体、粉末、颗粒状、化工品、易燃易爆的货物及带有磁性的货物均不接受投递。

（二）南美专线

南美专线是国际物流整合南美优势递送资源推出的南美递送服务，是针对巴西、阿根廷、智利、秘鲁、哥伦比亚、墨西哥等国家和地区开展的服务。

1. 时效：在正常情况下，送往墨西哥的包裹一般在 10 天内签收；送往其他国家的包裹在 15~25 天签收。

2. 资费与尺寸限制：按实重计费。单边长度不超过 90 厘米，长、宽、高的和不超过 120 厘米，不接受超尺寸件，否则货物将会被退回或产生其他费用。小包裹尺寸限制为长度不超过 16 厘米，宽度不超过 11 厘米，高度不超过 2 厘米。

3. 信息跟踪与售后：24~48 小时后可通过官网查询进展，实时更新信息。

4. 运输限制：普货可接受内置电池（功率不超过 100 瓦/小时）、配套电池；可走少量化妆品类的粉末、液体（不超过 100 毫升）、膏状、乳状类产品，如有此类货物请提供具体产品信息，单独确认。

不接受 LED 灯、0~3 岁的儿童玩具、手机、任何医疗器械类产品、木材、竹、其他天然植物制造的产品，不接受任何仿牌、纯电池及航空违禁品。

（三）南非专线

南非专线是指中国到南非的运输渠道，前端采用航空飞机运输到南非，然后在南非由较强实力的清关代理进行清关提货，最后由本土第三方物流商进行最后派送。南非专线可提供 DAP（Delivered At Place，目的地交货）、DDP（Delivered Duty Paid，完税后交货）双清关包税服务。

1. 时效：正常情况下，空运专线时效为 6~10 个工作日，海运专线时效为 20~30 个工作日，不可抗力、海关查验、政策调整及节假日等特殊情况除外。

2. 资费与尺寸限制：按实重计费。包裹重量不超过 2 千克，不可一票多件。最长边不超过 60 厘米，长、宽、高之和不超过 90 厘米。

3. 信息跟踪与售后：若货物在到达妥投后丢失，经专线物流商确认丢件后，将不退运费，按申报价值赔偿，最高不超过 800 元人民币/票。自收寄后 10 个自然日可提交查询，超过 30 天的包裹不受理查件和索赔请求（E 特快、EMS 可延长至 60 天）。

4. 运输限制：水果及蔬菜等农产品、酒类、枪支弹药、任何带电产品及航空禁止运输的产品均不接受投递。

任务五　认识海外仓

任务导入

小橙在运营店铺时，发现不管是用低价的邮政包裹方式，还是选择时效性高的国际快递，或是两者都居中的专线物流，都难以与目的地的电商平台的物流时效相比。小橙继而研究了海外仓物流模式，海外仓能解决物流时效的问题，物流价格也有一定优势，但是在商品选择上提出了很高的要求。小橙总结了海外仓的内容。

第一，海外仓物流的优势。
第二，海外仓运作流程。
第三，海外仓选品原则。
第四，海外仓选品程序。

跨境电商是以科技创新为驱动，积极运用新技术、适应新趋势、培育新动能的外贸新业态、新模式。与海外仓等新型外贸基础设施协同联动，能够减少中间环节，直达消费者，有利于促进外贸结构优化和规模稳定，打造国际经济合作新优势。海外仓已经成为我国外贸发展的有生力量，也是国际贸易发展的主要趋势。

海外仓

一、海外仓物流的优势

（一）实现海外物流本土化运输

海外仓能够提高物流运输效率，降低成本。海外仓运营模式解决了传统物流运输慢、成本高的难题。通过海外仓，跨境电商企业可以实现用户下单之后直接从目的地境内发送货物，无须支付高额的运输费用，能够提高运输效率，降低成本。

（二）改善服务，提升销量

海外仓能减少运输的时间成本，有效缩短送货与退换货的时间，用户可以享受到与本地购物一样的服务。用户承担的物流成本降低，能够以更低的价格、更快的速度获得商品。海外仓也可以适应当地的文化，提供上门服务等。通过改善服务，提高用户满意度，进而提升销量。

（三）促进品牌化建设，增强海外竞争力

由于企业与目标市场及用户较远，跨境电商企业的品牌影响力较低，并且存在对市场和用户的反馈接收不及时、信息滞后等情况。海外仓能够缩短企业与目标市场及用户的距离、缩短物流时间，从而增强企业的品牌影响力，增加用户信赖感，同时企业能够根据市场信息与用户反馈及时做出相应的调整。海外仓有利于促进跨境电商品牌化建设，拓展海外市场。

（四）扩大商品品类，降低物流成本

跨境电商物流对商品的品类要求有限制，如大多的带电商品、电子商品不能进行寄送。而小件、价值低的商品因为物流成本高，不适合普通的跨境电商物流模式。在这样的情况下，

跨境电商企业可以通过预测商品销售的情况，将商品提前发货至海外仓，既降低了物流费用，又消除了商品品类运输限制。

二、海外仓运作流程

（一）海外仓的操作内容

跨境电商企业在用户未下单之前，就通过铁路、空运、海运等运输方式将货物提前运送到海外仓。同时，货物集中进行运输、报关、仓储等处理，提高了作业的效率，节约了运输时间、运输成本等。

（二）仓储管理

海外仓仓储管理需要对商品进行科学管理，包括商品分类存储、商品库存管理，还需要根据用户需要提供相应的服务。海外仓通过实时监控库存、优化库存管理及反馈销售数据等方式，帮助跨境电商企业减少缺货和库存积压问题，从而有效降低库存成本。

（三）尾程配送

用户在跨境平台下单，跨境电商企业收到订单后，将信息发送至海外仓，由海外仓进行商品发货。海外仓只需安排进口国当地的物流服务商进行运输就可以直接将货物送到用户手中，有效缩短了运输的时效。

三、海外仓选品原则

随着跨境电商的发展，本土化服务要求越来越高，海外仓已成为跨境电商发展的主要趋势。但是并不是所有商品都适合海外仓模式，从商品本身出发，主要有四类商品适合采用海外仓模式。

——体积大，重量大的商品，国际小包、快递无法送达或者运费太贵的商品，如大件家具、户外产品、大型汽配产品等。
——重量不大，但国际小包、快递无法运送的商品，如带电池的商品、液体、粉末类产品。——日用快消品，需要快速送达的商品，如工具类、家居必备用品、母婴用品等，对于这类商品，用户一般习惯随买随到，难以接受长时间派送。
——海外爆款且竞争较大的商品，这类商品市场需求较大，销量稳定，需要通过海运或者批量运输降低成本，以获得更高的利润。

作为跨境电商企业，在进行海外仓操作时，一般都有成熟的产品及供应链。那么，海外仓选品的方向主要从以下几点考虑：原有品类线中开发周边产品；注意近期市场的热销品，考虑是否适合将其作为海外仓产品；根据自身供应商的优势产品，开发海外仓产品；根据竞争对手的产品来开发新产品。

四、海外仓选品的程序

跨境电商企业开启海外仓选品的程序如图 4-3 所示。

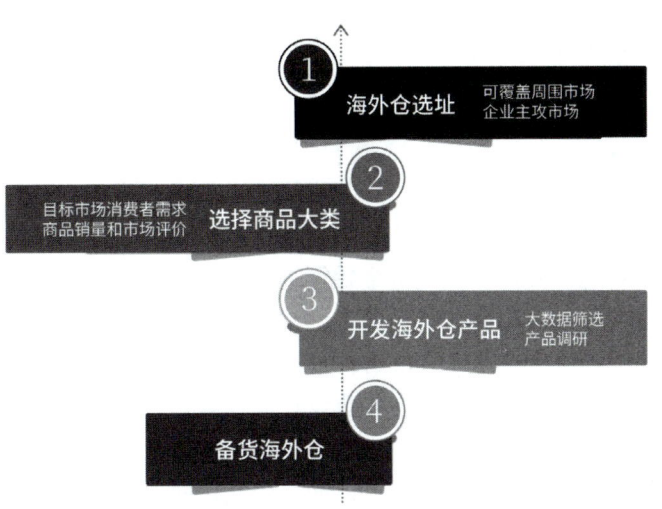

图4-3 海外仓选品的程序

（一）海外仓选址

跨境电商企业在建仓时要选择可以覆盖周围市场的地点。例如，欧洲仓可以选择法国、德国、意大利、西班牙，具体选择哪个国家和地区需根据跨境电商企业的目标市场定位而定。

（二）选择商品大类

了解目标市场用户需求，跨境电商企业可以根据当地电商平台或者大数据了解商品大类，然后查看此类商品的市场容量和评价等，从而确定大类商品。

（三）开发海外仓产品

开发海外仓产品需要先通过数据分析工具进行大数据分析，查看产品的市场容量、生命周期、消费频率、是否有淡旺季周期等内容；再进行产品调研，包括竞争对手调研、竞争商品调研、价格核算等，然后确定海外仓产品。

（四）备货海外仓

选定商品后进行打样生产，经过选择合适的供应商、生产样品、质量控制、大货生产等环节，最后将货物运输至海外仓。

知识要点

一、海外仓的作用与类型

（一）海外仓作用

由于跨境物流存在较多环节，且需要面对不同国家和地区的物流供应商和海关，其时效、成本、丢件及退换货等问题长期难以得到有效的解决，严重影响用户的购物体验。为提高出口跨境电商企业在出口地市场的竞争力，电商企业通过建设海外仓来解决运输中存在的问题。

用户下单后，出口企业通过海外仓直接从本地发货，大幅度缩短配送时间，也降低了清关障碍；货物批量运输，降低了运输成本；用户收到货物后能轻松实现退换货，也改善了购物体验。

（二）海外仓的类型

1. 第三方海外仓是指由第三方企业（多数为物流服务商）建立并运营的海外仓，通常可以为多家跨境电商企业提供清关、入库质检、接收订单、商品分拣、配送等服务。第三方海外仓还可提供仓储、转运、分销、供应链金融等一站式服务。第三方海外仓存在的意义是由第三方企业帮助跨境卖家打通国际贸易的壁垒。

出口跨境电商企业与第三方海外仓的合作模式主要有租用和合作建设两种。在租用模式下，会产生操作、租用、运输等费用。合作建设在前期需要一定的资金投入，后续则只产生运输费用。

第三方海外仓凭借系统的全球覆盖性可以助力企业拓展新的海外市场，实现全球化经营，因此，越来越多的出口跨境电商企业选择使用第三方海外仓。第三方海外仓适用于市场份额相对比较小，实力相对弱的出口跨境电商企业。

2. 亚马逊 FBA 仓是亚马逊提供的包括仓储、拣货打包、派送、收款、客服与退货处理的一系列物流服务。出口跨境电商企业在亚马逊跨境电商平台上进行货物销售，并将货物直接送到亚马逊在进口地当地市场的仓库，若用户在亚马逊平台确认购买订单，即由亚马逊的物流配送系统自动进行发货、送货、退货等物流操作。

亚马逊 FBA 仓的物流水平是海外仓行业内的标杆。亚马逊 FBA 仓的日发货量、商品种类、用户数量都远远超过第三方海外仓，可以想象亚马逊 FBA 所面临的巨大的管理难度。但是除了运费高、退货流程较复杂，亚马逊 FBA 的物流几乎让卖家无可挑剔。

3. 自营海外仓是指出口跨境电商企业自行建立并运营的位于海外的仓库设施，用于存储商品并实现本地配送。这种仓库通常由企业直接管理，负责存储、发货及库存管理等工作。通过自营海外仓，卖家可以提前将货物运送到海外仓进行储存，当有订单需求时，可以直接从海外仓发货，从而缩短发货时间，提高物流效率，并为客户提供更好的购物体验。

自营海外仓的优势在于能够更好地解决卖家自身的个性化海外仓储、清关和物流等问题，发货时效可控，不会出现节日库存拥堵问题，提升用户购物体验；同时还可以节省 10%~20% 的物流运费，提高商品价格优势。此外，自营海外仓还具有灵活性，卖家可以自行监控和管理操作系统。

目前，第三方海外仓的服务水平还处于发展阶段，无法有效满足用户的个性化需求，因此有不少出口跨境电商企业选择自主建立并自主运营海外仓，仅为本企业的商品提供仓储、配送等服务。但自营海外仓的出口跨境电商企业需要解决仓储、报关、物流等问题，而且自营海外仓建造成本、风险比较大，如果企业的运送货物规模不大的话，很难有价格优势，一般只有做大体量的公司才会选择做自营海外仓。

二、海外仓的费用构成

海外仓的费用主要由头程运费、处理费、仓储费、尾程运费、关税、增值税、杂费等方面组成。每个环节的费用根据货物尺寸、时间的不同而有所区别。

三、海外仓的技术与发展趋势

海外仓技术要求高。海外仓需要高效的物流信息系统、库存管理系统和多种在线支付方式之间的有效融合。如果企业缺乏高效的信息系统，货物抵达海外仓后，入仓的信息登记不及时、不准确，海外仓与国内出口企业两者对于货物库存明细、货物类别、结算费用等沟通不畅，仓储自身管理混乱，仓储部门与客服部门信息不对称，无法为用户提供及时有效的服务，则会导致用户体验差，用户满意度降低。因此，海外仓对企业本身的信息化、技术能力及管理团队的业务能力提出了很高的要求。

（一）海外仓选址与企业发展相结合

企业在发展海外仓时，选址应该与企业大力发展的区域相适应。在考虑企业发展的同时，也需要考虑与国家贸易发展相匹配。例如，在"一带一路"共建国家建设海外仓，能有效提高产品的曝光率，从而使出口更便捷，增加贸易商机。跨境电商平台如 Shopee 在马来西亚、泰国、菲律宾、越南等多个国家设立了海外仓，Lazada 在东南亚建立了以中国中心仓为枢纽，以东南亚多国海外仓为站点的海外仓网。数据显示，截至 2023 年年初，海外仓数量排名前十的主要国家或地区分别为美国、德国、英国、加拿大、日本、澳洲（包含新西兰）、俄罗斯、西班牙、法国、意大利。虽然这些国家的海外仓技术发达，但其人力成本、管理成本和租赁成本比"一带一路"共建国家高。因此，跨境电商企业选择在目标市场建仓还是开辟新的区域，要根据企业的规模和发展的目标来综合考虑。

（二）做好海外仓的本土化服务

本土化服务主要包括本土化语言、本土化支付、本土化发货等环节。一是本土化语言，如果海外仓需要当地语言版本的服务，以提升用户的满意度，企业可以聘任当地人员作为海外仓服务人员。二是本土化支付，目前我国流行的支付手段在某些国家可能还未推广，要充分了解当地的消费和支付习惯，选择合适的第三方支付公司来集成这些国家的支付接口，融入当地消费体系，达到本土化支付的效果。三是本土化发货，一方面海外仓发货可以保障物流速度，减少不必要的损失，另一方面还可满足用户更倾向于选择本地发货而非外地发货的需求。除此之外，本土化还包括本土化营销、本土化推广、本土化售后服务等。

（三）加强物流信息系统建设

对于跨境 B2C 电子商务企业而言，可靠性高的信息系统无疑是业务的重要保障。由于跨境物流的特殊性，其物流信息系统应包含通关、检验等国际物流的相关功能模块，还应包含线上结算、人员管理、物流跟踪等电子商务板块。由于系统结构较为复杂，所以需要合理开发物流系统来融合与优化以上板块的相关功能。物流信息系统要保证企业与海外仓之间的信息统一，使企业能对海外仓进行及时有效的管理，这就对企业的管理技术水平和业务水平提出了比较高的要求。

（四）注重品牌与个性化服务

企业要利用海外仓的优势，创新服务模式，增强用户实地体验感，为企业建立品牌提供用户基础。

四、海外仓管理

海外仓作为跨境电商物流模式的一项重大创新，有效解决了跨境电商物流成本高昂、配送周期漫长等问题，建设海外仓可以实现跨境贸易本地化，提升用户购物体验，从而提高出口跨境电商企业在出口目的地市场的竞争力。但是海外仓存放的货品数量多，品类复杂，管理难度大，这些问题对海外仓的管理提出了较高的要求。

（一）先进的设备，专业的管理系统

海外仓使用先进的仓储设备和专业的管理系统，可以实现高度的自动化，有效降低失误率，但是费用较高，设计和管理系统需要不断地更新升级。

（二）专业的本土化管理人员

海外仓管理人员主要分为三类：第一类是专业的仓储管理人员，主要是进行仓储设备和软件操作与维护的人员；第二类是专业的用户信息处理人员，主要负责用户的售后维护、退换货交流及用户信息的分析与处理；第三类是专业的售后维护人员，主要负责用户售后上门维护等。

海外仓管理人员还有一个重要的素质就是有较强的本土化语言和沟通的能力，这不仅可以提高企业服务的专业性，也可以提高用户的信任感与满意度。

课后拓展

物流企业的合法合规

2022年9月，广州市发布了《广州市跨境电商行业合规指引（试行）》，其中对物流企业的合规申报、税款代收代缴、货物安全措施及禁止性行为有了明确的规定。

在合规申报方面，物流企业要如实向海关监管部门实时传输施加电子签名的跨境电商零售进口物流电子信息，并对数据真实性承担相应责任。在直购进口模式下，接受跨境电商平台或跨境电商企业境内代理人、支付企业的委托，向海关传输交易、支付等电子信息时，应要求跨境电商平台或跨境电商企业境内代理人、支付企业提供原始数据，并对数据完整性、真实性承担相应责任。

在税款代收代缴方面，物流企业作为跨境电商税款代收代缴义务人时，应如实申报跨境电商商品的税收征管要素，向海关提供税款担保，并承担相应的补税义务及相关法律责任。

在货物安全控制措施方面，物流企业应建立符合法律法规要求的揽收跨境电商商品验视、复核制度，对限制类跨境电商商品应当要求跨境电商企业提供有关证明文件，对不符合法律法规要求的跨境电商商品不得揽收承运；建立跨境电商商品装卸、分拣、存储、境内运输全程监控制度并有效落实。严格按照交易环节所制发的物流信息开展跨境电商商品的派送业务。对于国内实际派送与通关环节所申报物流信息（包括收件人和地址）不一致等有违法嫌疑或高风险的跨境电商商品，应采取终止相关派送业务等处置措施，并向海关报告。

同时，在禁止性行为方面，明确了物流企业不得从事的行为。

1. 禁止"推单"。揽收境外包裹后，委托跨境电商平台制造虚假"三单"信息向海关推送；或接受其他跨境电商业务经营者委托向海关推送由其他物流企业派送的物流信息。

2. 禁止"刷单"。向跨境电商业务经营者提供、销售虚假的物流信息并向海关推送；向跨境电商企业提供空白快递单号。

3. 禁止境内集货。通过对快递面单做特殊标记进行集中转运；接受跨境电商平台、跨境电商企业或其他经营者的委托，为境内集货之目的，利用海关备案车辆，将货物批量出仓并进行集中运输及为上述目的以其名义为物流企业进出保税仓的车辆办理海关备案。

4. 禁止不实申报。接受跨境电商平台或跨境电商企业或其他经营者的委托，在跨境电商商品进口、出口或退货出入境申报时推送虚假的交易、支付或物流信息，或伪报商品品名、税则号、数量等申报要素。

5. 禁止违法利用、泄露公民身份信息。利用、泄露、出售或非法向他人提供掌握的公民身份信息。

违反上述规定的，将依法承担相应行政责任；构成走私、侵犯公民个人信息等犯罪的，将依法被追究刑事责任。

课后训练

一、不定项选择题

（　　）1. 中国邮政小包的包裹重量一般不超过＿＿＿＿。
A. 1 千克　　　B. 2 千克　　　C. 20 千克　　　D. 30 千克

（　　）2. 中国邮政小包非圆筒货物：长宽高之和不超过＿＿＿＿厘米，单边长度不超过＿＿＿＿厘米。
A. 90；60　　　B. 100；50　　　C. 90；50　　　D. 100；60

（　　）3. EMS 的资费标准为首重＋续重费用，其中首重为＿＿＿＿克。
A. 200　　　B. 300　　　C. 500　　　D. 600

（　　）4. 国际快递作为跨境运输物流服务的种类之一，具有的特点包括＿＿＿＿。
A. 时效性　　　B. 实用性　　　C. 信息化　　　D. 服务性

（　　）5. 澳洲专线包裹按照实重和体积重取大者计费，计算公式为＿＿＿＿。
A. 体积重 /8000　B. 体积重 /6000　C. 体积重 /5000　D. 体积重 /3000

（　　）6. 以下＿＿＿＿适合海外仓。
A. 带电池的商品　B. 大件家具　　C. 洗手液　　　D. 液体

（　　）7. 海外仓的费用主要包括＿＿＿＿。
A. 头程运费　　B. 仓储费　　　C. 关税与增值税　D. 产品成本

二、判断题

（　　）1. 一般情况下，E 邮宝比邮政小包快，比 EMS 慢。

（　　）2. 中国邮政小包可以寄送文件。

（　　）3. 专线物流对投递货物要求不高，可以投递带有电池的货物。

（　　）4. 店铺中销量最大的商品一般可以选择做海外仓的选品。

（　　）5. 一般要根据货物的重量、货物特性、目的地、运输时效、清关要求等因素来选择物流方式。

（　　）6. 中邮大包是中国邮政通过邮政空邮服务寄往国外的大邮包，可寄达全球200多个国家和地区。

（　　）7. 美国、加拿大、澳大利亚、新西兰等国对木包装有熏蒸要求。欧洲对松树类木质包装要求比较严格，需要出具无虫害证明。

（　　）8. 南美专线是国际物流整合南美优势递送资源推出的南美递送服务，不接受内置电池（功率不超过100W/h）。

三、简答题

1. 简述中国邮政小包的特点。

2. 简述邮政物流、商业快递、专线物流的优劣势。

3. 分析出口跨境电商企业为什么要使用海外仓。

项目五　跨境支付与结算

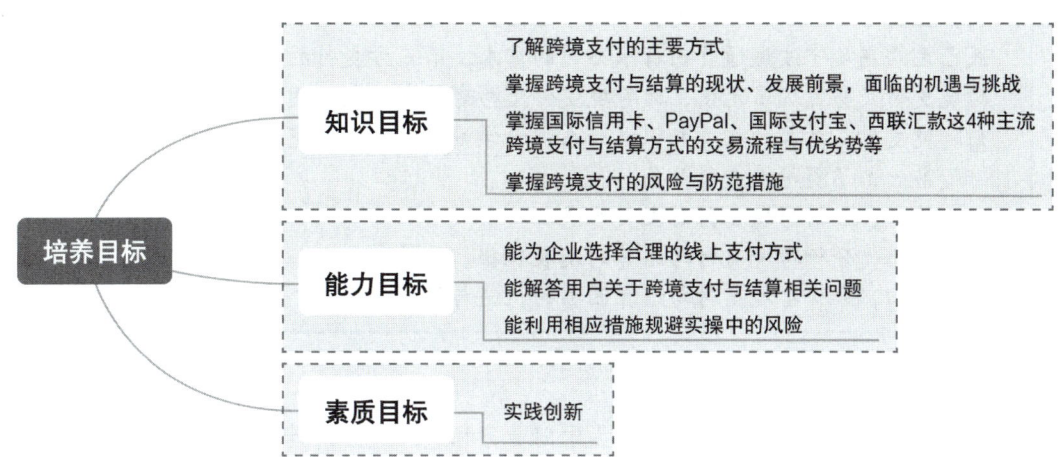

课前导学

工欲善其事，必先利其器

"工欲善其事，必先利其器。"这句话最早出自《论语·卫灵公》，意思是：工匠要想做好活儿，一定要先把工具整治得锐利精良。比喻要做好事情，必须先做好准备，创造条件。

2024年6月8日，商务部、国家发展改革委、财政部、交通运输部、中国人民银行、海关总署、税务总局、金融监管总局、国家网信办九部门联合印发《关于拓展跨境电商出口推进海外仓建设的意见》（商贸发〔2024〕125号）（以下简称《意见》）。《意见》明确了优化跨境资金结算服务的措施：一是支持跨境电商企业按规定将出口货物在境外发生的营销、仓储、物流等费用与出口货款轧差结算；二是简化小微跨境电商企业外汇收支手续，进一步拓宽结算渠道；三是支持符合条件的银行和非银行支付机构按规定凭交易电子信息，为跨境电商企业提供高效、低成本的跨境资金结算服务。

选择正确的支付方式对跨境卖家来说至关重要。由于跨境电商的支付环节会涉及货币转换的问题，了解收汇与结汇的流程也是卖家的必修课。跨境电商卖家要熟悉和掌握跨境电商常用的支付方式及各种支付方式的特点，并能针对跨境支付的风险采取一定的防范措施，确保交易的顺利开展。

任务一　初探跨境支付与结算

任务导入

随着宁波诚通贸易有限公司销售额日益增加，公司规模也不断扩大。公司用户主要分布在欧洲、南美、中东等地区，而传统的以电汇为主的跨境支付方式已无法满足宁波诚通贸易有限公司的需求。第三方支付的迅猛发展，推动了跨境支付交易更加多元化，为跨境支付交易者带来极大的便利。小橙决定对当前跨境支付与结算的相关知识进行系统的学习，因此需要完成以下任务。

第一，了解跨境支付业务。
第二，分析跨境支付的主要方式。
第三，分析跨境支付与结算的发展现状、前景。
第四，分析跨境支付与结算面临的机遇与挑战。

一、跨境支付业务

跨境支付业务按照资金流向可以分为出口业务和进口业务，具体如图 5-1 所示。

跨境支付含义、方式与特点

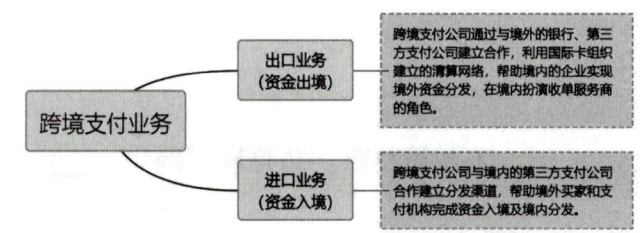

图5-1　跨境支付业务按资金流向分类图

跨境支付业务包括跨境收单、跨境汇款、结汇与售汇三个业务大类，具体如图 5-2 所示。第三方跨境支付的结汇与售汇具体流程如图 5-3、图 5-4 所示。

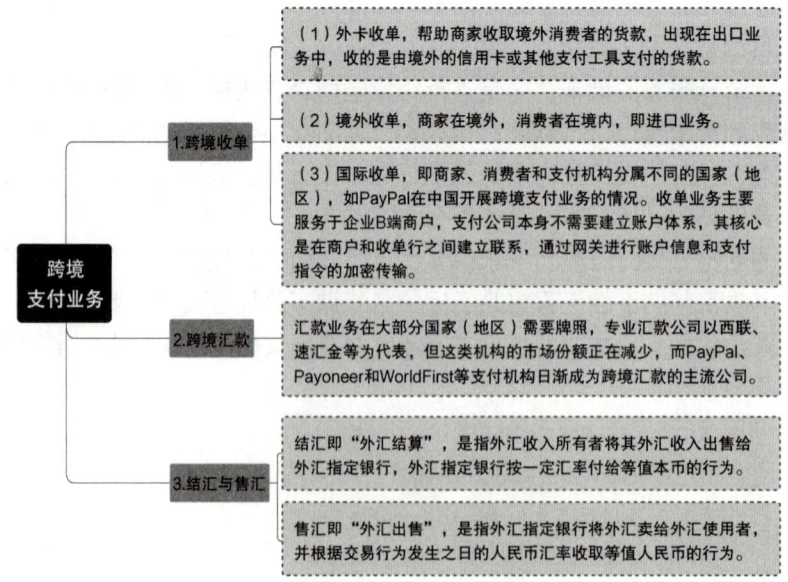

图5-2　跨境支付业务的三个业务大类

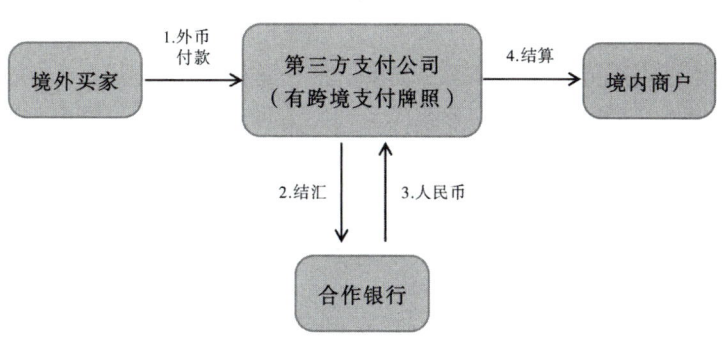

图5-3 第三方跨境支付的结汇流程

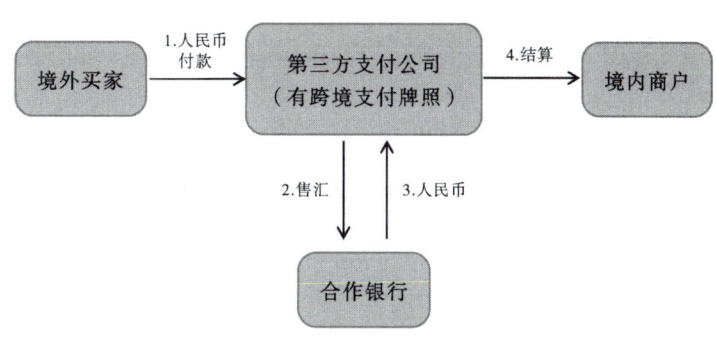

图5-4 第三方跨境支付的售汇流程

二、跨境支付的主要方式

传统的跨境支付主要有两种形式：一种是银行间的国际结算业务，即通过电汇、信汇、票汇等传统国际结算工具进行汇款；另一种是以西联汇款为代表的专业汇款公司所提供的小额汇款业务。前者主要针对公司之间的一般贸易业务，后者主要用于个人用户之间的跨境汇款。

随着跨境电子商务市场份额不断增大，新型跨境支付方式迅猛发展。新型跨境支付主要是指线上化的第三方支付，新型跨境支付支持银行账户、国际信用卡、电子钱包等多种支付方式，满足小额高频的交易需求，能够进一步提高支付效率，降低成本，与国内的第三方支付类似。新型的跨境支付较传统跨境支付的区别在于切入消费场景，优化C端的用户体验，并针对不同行业的B端商户定制支付综合解决方案。

（一）银行间国际结算汇款

汇款又称汇付，是指银行（以下称为寄出行）应付款人的要求，使用一定的结算工具，以一定方式将款项通过国外联行或代理行交付给收款人的结算方式。电汇是传统B2B贸易中最常见的付款方式。电汇（Telegraphic Transfer，简称T/T）是指寄出行应汇款人申请，以加押电报、电传或者SWIFT（全称为环球同业银行金融电讯协会）形式将汇款人的付款指令发送到收款人所在地的分行或代理行，指示其解付一定金额给收款人的汇款方式。国际电汇的特点是收款较快，但手续费较高，因此只有在金额较大时或比较紧急的情况下才使用电汇。

(二)专业汇款公司

跨境汇款业务在大部分国家(地区)需要牌照,这些专业汇款公司通常与银行、邮局等机构有较深入的合作,借助这些机构分布广泛的网点设立代理点,以迅速扩大地域覆盖面。专业汇款公司以西联汇款和速汇金为代表,其汇款流程更加简便,到账时间更快。为保证卖家利益不受损失,一般采用先付款后发货模式。由于款项到账迅速,交易安全性不足,一旦出现卖家欺诈,买家难以挽回损失。随着跨境贸易的迅猛发展,这类机构的市场份额正在慢慢减少。

(三)第三方跨境支付

国家外汇管理局发布的《支付机构跨境外汇支付业务试点指导意见》中给出的关于"支付机构跨境外汇支付业务"的定义是:支付机构通过银行为电子商务(货物贸易或服务贸易)交易双方提供跨境互联网支付所涉及的外汇资金集中收付及相关结售汇服务。第三方跨境支付提供一个与银行一系列跨境金融服务相对接的平台,它使得跨境支付不再受银行服务时间和时差的限制,避免了不同银行账户间转账不畅的情况。

三大跨境支付方式对比如表5-1所示。

表5-1 三大跨境支付方式对比

跨境支付方式	特点	适用范围	手续费
电汇(主要银行)	最早出现的跨境支付方式,一般通过SWIFT通道传输数据,到账慢(2~3天),手续费高	跨境银行间往来(B2B大额交易),传统进出口贸易	包括电报费、手续费、中转费,手续费率为0.02%~0.1%,电报费为0~200元人民币不等
专业汇款公司	到账快(10~15分钟),手续费高,分档计算	1万美元以下的小额支付	汇款自费最低15美元,每增加500美元,加收5美元、10美元或20美元。按址投送、电话通知、附言等附加服务费
第三方跨境支付	最晚进入,需拥有支付牌照和支付许可证,到账快	小额高频交易,B2C跨境电子商务	手续费费率(最低)为1%~1.5%

三、跨境支付与结算的发展现状、前景

(一)跨境支付与结算的发展现状

1.传统跨境贸易更多选用汇付、托收、信用证、国际保理等直接支付方式。常用的汇付一般用于金额较小的场合。由于对买卖双方都有可靠保证,所以信用证方式成为在大额支付场景中最主要、最常用的支付方式。

2.第三方跨境支付机构需要持有外汇和人民币支付牌照。国内公司要想开展跨境支付业务,首先必须是支付机构,并须持有央行颁发的"支付业务许可证",其次需要有外汇管理局准许开展跨境电子商务外汇支付业务试点的批复文件。如果不涉及换汇,则持有各地央行分支机构颁发的人民币跨境支付牌照即可。跨境人民币支付业务不需要国家外汇管理局的批复。

3. 国内外持牌第三方跨境支付机构发展迅速。在综合型跨境 B2C 贸易中，由于参与者众多且单价较小，所以直接支付模式已经不适用于此种跨境贸易模式。目前，国内持有跨境支付牌照的第三方机构和跨境收款企业及国外持牌支付机构，已经建立稳定且有效的渠道并形成稳定模式。例如，很多自营 B2C 跨境电商平台主要通过国内持牌第三方支付机构进行跨境支付与结算。

4. 跨境支付与结算成本有效降低。近年来，小额跨境 B2B 贸易发展迅速，海外小卖家不断增多。相对传统大卖家来说，小卖家客单价较低，且多直接通过分销商采购物品。此种模式下，人力和贸易成本均可有效降低。

（二）跨境支付与结算的发展前景

1. 将逐渐摆脱单一通道模式。

第三方跨境支付经过近年来的发展，特别是国家外汇管理局和中国人民银行发牌以后，市场渠道正在逐步打通，从单一的基础通道服务，到逐渐满足跨境贸易中更多的需求。部分厂家开始和跨境产业链中的服务机构合作，从出口、退税到报关的三单合一，再到跨境仓储物流解决方案，争取解决跨境贸易中存在的普遍性难题。

2. 跨境支付结算发展潜力巨大。

平台层：经过多年的发展，跨境电子商务平台逐渐朝着正规化发展，交易规模不断扩大，在培养起稳定消费群体的同时，平台运营日趋成熟。

政策层：政策支持引导，有利于中国跨境支付发展。"一带一路"倡议实施，促进了中国和新兴国家之间的贸易往来，为跨境支付带来新的发展机遇。跨境支付的频率会越来越频繁，支付服务内容也会越来越丰富。

消费层：在消费升级的带动下，国内外用户对跨境商品需求日渐增加，带动跨境电商高速发展，从而持续带动跨境支付发展。中国跨境电商交易规模以每年 20% 左右的速度稳步快速增长，从市场的需求和供应综合来看，跨境支付业务的快速发展是必然的。

机构层：第三方支付机构经过前期的市场培育阶段，逐渐从单一的基础支付通道服务向多元化、差异化的运营模式转变，各家企业开始打造定制化的行业解决方案，在逐渐掌握更多用户的基础上，围绕用户需求提供多元化服务。这些都将成为未来竞争的焦点。跨境支付将逐渐成为基础性的底层服务，支付企业必然要向产业链条上下游拓展，提升综合服务能力。

技术层：技术进步会推进跨境支付更快、更高效发展。云计算、区块链、人工智能等技术能够促进跨境支付提高效率、降低成本，未来不断发展的金融科技也可以在反洗钱、反欺诈、信息安全等更多领域推动行业进步。

3. 传统跨境支付与结算方式和新型跨境电子商务支付与结算方式互补共存。

传统国际贸易 B2B 的市场主导地位暂时不会改变。同样，传统跨境支付与结算方式也仍会在市场中占据重要地位。新的跨境电子商务模式和平台的出现，会促使传统跨境电子商务支付与结算方式进行改革。在市场中，传统跨境支付与结算方式和新型跨境电子商务支付与结算方式将互补共存。

四、跨境支付与结算面临的机遇与挑战

（一）跨境支付与结算面临的机遇

1. "一带一路"倡议给第三方跨境支付提供了良好的机遇。"一带一路"倡议实施后，中国的出口占全球出口的比重逐年上升，贸易顺差规模不断扩大，随之而来的跨境支付业务的需求也十分迅猛。

2. 政策方面，第三方跨境支付正处于发展的红利期。自2013年国家外汇管理局开展支付机构跨境外汇支付业务试点以来，共有30余家支付机构获得了试点资质。2018年1月5日，中国人民银行发布的《关于进一步完善人民币跨境业务政策促进贸易投资便利化的通知》提出，要进一步完善和优化人民币跨境业务政策，服务"一带一路"建设，推动形成全面开放新格局。

3. 国内的消费升级和跨境电子商务的迅猛发展给跨境消费带来了机遇。随着中国居民人均可支配收入的增长，出境游、跨境电子商务等新兴的消费方式迅猛增长。

（二）跨境支付与结算面临的挑战

跨境支付面临的挑战主要在四个方面，即合规成本、安全风险、市场开拓和用户需求。

1. 合规成本。

跨境支付的发展离不开政策支持，现在各国政府对于跨境支付反洗钱、反欺诈的相关政策、规定差异大，支付机构需要获得各国的业务牌照，才能合法地开展业务，这就需要支付机构付出较大的合规成本。

2. 安全风险。

跨境资金协调对支付机构的系统、技术和运营风控能力提出了很高的要求。跨境支付企业的核心竞争力是安全合规能力，一方面要符合境内外法规，另一方面是技术、运营风控。这对跨境支付企业来说是巨大的挑战。

3. 市场开拓。

由于各个国家，特别是发展中国家跨境支付基础设施建设不完善、居民使用习惯差别大，市场拓展困难。

4. 用户需求。

跨境电商行业不断迭代升级，用户需求越来越多样化。跨境支付企业需要不断满足用户需求，才能在新市场中占据主动。

知识要点

一、跨境支付的定义

跨境支付（Cross-border Payment）是指两个或两个以上国家或地区之间因国际贸易、国际投资及其他方面发生的国际债权债务，借助一定的结算工具和支付系统实现的资金跨国或跨地区转移的行为。

与境内支付不同的是，跨境支付的付款方所支付的币种可能与收款方要求的币种不一致，或牵涉外币兑换及外汇管制政策问题。例如，境内用户在网上购买境外商品或境外用户购买

境内商品时，由于币种的不一样，就需要通过一定的结算工具和支付系统实现两个国家或地区之间的资金转换，最终完成交易。

二、跨境支付与结算的特点

跨境支付与结算的工具一般为货币与票据。一般采用国际上长期形成的汇付、托收、信用证、PayPal 等不同的支付方式，以处理好货款收付中的安全保障和资金融通问题。

跨境支付与结算中的收付双方处在不同的法律制度下，受到相关法律的限制，因此不能把一方的通行情况施加于对方，而只能以国际结算的统一惯例为准则，协调双方的关系，并相互约束。

跨境支付与结算必须以收付双方都能接受的货币为支付结算货币，为了支付方便和安全，一般采用国际通行的结算货币，如美元、欧元、英镑等，特殊情况也有例外。

跨境支付与结算主要通过银行进行支付结算，以确保支付过程安全、快捷、准确、保险及便利。

由于跨境支付与结算一般以不同于支付双方本国（或本地区）的货币为支付结算货币，所以结算过程有一定的汇兑风险。

三、传统跨境支付与结算方式和跨境电子商务支付与结算方式的关系

跨境电子商务相较于传统的国际贸易，体量相对较小，但是交易频次却显著高于传统的国际贸易，交易信息也都是以无纸化形式为主。但在大宗国际贸易活动中，传统跨境支付与结算方式仍然是主流，虽然其流程相对烦琐，但在可靠性上值得肯定。为了服务蓬勃发展的跨境电子商务业务，跨境电子商务支付与结算方式在技术上需要不断摸索和创新。在市场中，传统跨境支付与结算方式和跨境电子商务支付与结算方式将互补共存。

任务二　主流跨境支付与结算方式

任务导入

在了解、掌握跨境支付与结算的发展现状、前景、机遇与面临的挑战后,小橙深刻了解到,对跨境电商卖家来说,支付与结算是至关重要的一个闭环。由于在不同的国家和地区,人们的支付习惯并不相同,因此宁波诚通贸易有限公司需要针对不同地区的用户支付偏好,提供多元、便捷、经济的付款方式供用户选择。小橙总结了国际信用卡、PayPal、国际支付宝、西联汇款四种主流跨境支付与结算方式的交易流程及其优劣势等。

一、国际信用卡支付

(一)国际信用卡简介

跨境支付与结算方式

国际信用卡支付是欧美最流行的支付方式,其用户人群非常庞大,通常以美元作为结算货币,可以进行透支消费(先消费后还款)。国际信用卡除了可以通过线下POS刷卡交易,还能通过在线网关进行支付,实现全球范围内的收单和资金结算。跨境电商网站可通过与国际信用卡组织合作,或直接与海外银行合作,开通接收海外银行信用卡支付的端口。但接入方式麻烦,需预存保证金,收费高昂且付款额度偏小。国际信用卡主要适用于从事跨境电商零售的平台和独立B2C业务。

目前国际上六大信用卡品牌有威士(VISA)、万事达卡(MasterCard)、美国运通(American Express)、日本国际信用卡(JCB)、大来信用卡(Diners Club)、中国银联(China UnionPay),如图5-5所示,其中VISA、MasterCard使用较为广泛。

图5-5　六大信用卡品牌

(二)国际信用卡支付流程

卖家可以在自己的网站上面安装一个第三方支付平台的网关接口,国外用户在网站上面订购商品可直接在线下单,并用信用卡在线支付这笔订单款项,安全快捷。VISA或MasterCard等信用卡交易流程如图5-6所示。

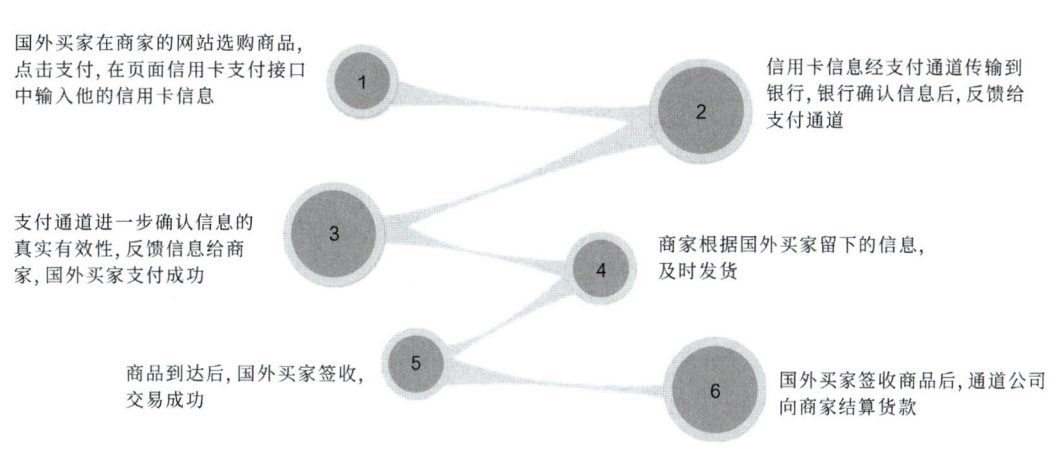

图5-6　VISA或MasterCard等信用卡交易流程

（三）国际信用卡支付的优劣势

国际信用卡支付的优势和劣势如表5-2所示。

表5-2　国际信用卡支付的优势和劣势

优势	劣势
1. 迎合国外用户的消费习惯，支付快捷方便。 2. 全球超过20亿发卡量，几乎涉及全球所有国家。eBay、亚马逊等大多数购物平台普遍接受这些主流的国际信用卡消费。 3. 用银行信用，银行做担保，保证买卖双方利益。 4. 提现方便，只需提供国内银行借记卡即可轻松提现	1. 网络风险。如果使用国际信用卡在eBay、亚马逊等购物平台上购物，可能会留下Cookie（储存在用户本地终端上的数据），从而为网络犯罪留下机会。所以在陌生计算机上绑定国际信用卡支付后，需要及时清空相关数据。 2. 汇率损失。消费非该信用卡结算货币的外币，汇率转换带来的汇率损失相对较大

二、Paypal

（一）PayPal 简介

PayPal 和 PayPal 贝宝是两个独立运作的网站。PayPal 是全球最大的电子商务在线平台 eBay 公司的全资子公司，创建于 1998 年，总部位于美国加利福尼亚州。它采用全中文操作界面，接受 22 种货币和主要付款方式，包括 PayPal、Visa、MasterCard 等，并且可以通过中国本地银行轻松提现。PayPal 作为全球最大的在线付款网站，业务活动覆盖全球近 200 个国家。PayPal 贝宝是由上海网付易信息技术有限公司与 PayPal 公司合作推出，专为中国市场量身定做的网络支付服务。由于中国现行的外汇管制等政策因素，PayPal 贝宝仅在中国地区受理人民币业务。

对于跨境电商卖家来说，在使用 PayPal 时需要注意以下两点。

第一，不能使用同一个电子邮件地址同时注册 PayPal 和 PayPal 贝宝。

第二，建议卖家尽量使用 PayPal 账户，以方便使用外币结算。

（二）PayPal 账户类型

PayPal 账户分为三种类型：个人账户、高级账户和企业账户。个人账户可以升级为高级账户再升级为企业账户，反之企业账户也可以降为高级或者个人账户。不同的账户有不同的特点，卖家可以根据自身情况灵活选择。PayPal 账户类型及特点如表 5-3 所示。

表5-3 PayPal 账户类型及特点

个人账户	高级账户	企业账户
1. 用于个人购物付款 2. 免费注册即可购物 3. 接收款项只需支付低廉费用	1. 可用个人名义接收来自用户的付款 2. 可升级为商业账户	1. 以公司或企业名义进行买卖 2. 可设立 200 个子账户
适合购物用户	适合个人卖家	适合企业卖家

（三）PayPal 支付的优劣势

PayPal 支付的优势和劣势如表 5-4 所示。

表5-4 PayPal 支付的优势和劣势

项目	内容
费用	费率为 2.9%~3.9%，无开户费及使用费；每笔收取 0.3 美元银行系统占用费；提现每笔收取 35 美元；跨境每笔收取 0.5% 的跨境费
优势	1. 全球用户范围广。覆盖全球近 200 个国家，接受 22 种货币和主要付款方式，包括 PayPal、Visa、MasterCard 等，并且可以通过中国本地银行实现提现。 2. 品牌效应强。PayPal 被美国 eBay 收购，在欧美拥有极高的使用率，是全球在线支付的代名词。其强大的品牌优势，能够让卖家轻松吸引众多海外用户。 3. 资金周转快。PayPal 独有的即时支付、即时到账的特点，能够让卖家实时收到海外用户发送的款项，最短仅需 3 天，即可将账户内款项转账至国内的银行账户，及时高效地帮助卖家开拓海外市场。 4. 安全保障高。PayPal 拥有完善的安全保障体系，丰富的防欺诈经验，业界最低风险损失率，能够确保卖家交易的顺利进行。 5. 小额用户成本低。申请无月费，无注册费，费率仅为传统方式的 1/2，帮助卖家降低贸易成本，提高资金利润率
劣势	1. PayPal 买家（用户）利益大于 PayPal 卖家（商户）利益，双方权利不均衡。卖家账户容易被冻结，使卖家利益受损。 2. 大额业务成本高。当进行 1 万美元以上的大额业务时，通过 PayPal 付款的手续费较高
适用范围	跨境电商零售行业，几十到几百美金小额交易更划算

（四）PayPal 的支付流程

PayPal 集全球流行的各种信用卡、借记卡、电子支票于一身，不采用传统的邮寄支票或汇票方式，而采用将电子邮件作为用户身份标志的方式来转移资金。通过 PayPal 平台，付款人要支付一笔金额给卖家或者收款人时，具体的支付流程如图 5-7 所示。

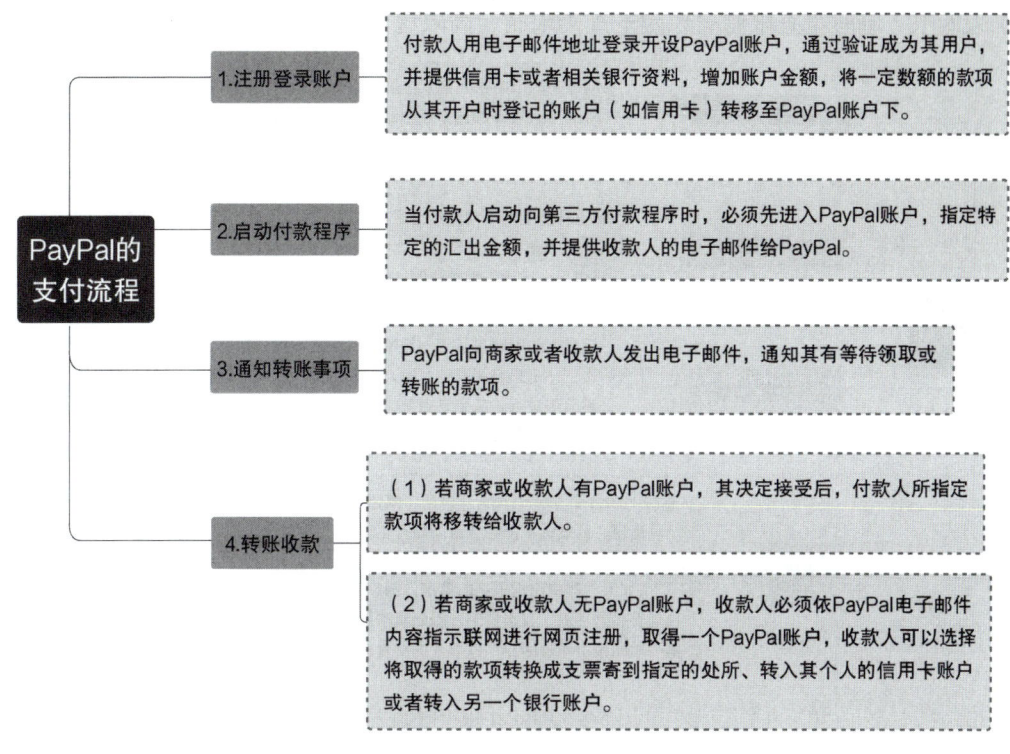

图5-7　PayPal 的支付流程

（五）PayPal 提现方式

PayPal 支持 4 种提现方式：中国内地电汇提现、中国香港账户提现、支票提现和美国账户提现。其中电汇提现和支票提现是最常用的两种方式。

1. 电汇提现。

电汇提现具有速度快、安全性高的特点。PayPal 电汇提现有三种情况：中国内地的用户可以选择提现到本地银行账户、中国香港银行账户或者提现至美国银行账户；中国香港地区用户可以选择提现到中国香港银行账户或者提现至美国银行账户；中国台湾地区用户可以选择提现到中国台湾银行账户或者提现至美国银行账户。

电汇提现费用包括 3 个部分：提现费、银行收费、退还费。银行收费因银行而异，如果款项到达银行，因某些原因银行拒绝入账并退回款项时，用户可能需要支付一定的手续费。电汇使用美元发出，并且按美元扣除电汇费。在电汇汇款前，PayPal 会自动将钱款兑换为美元，且不同币种有不同的最低提现金额。

2. 支票提现。

支票提现费用较低，但是等待周期长，且存在邮件在邮寄过程中丢失的风险。支票提现使用美元签发支票。在签发支票前，PayPal 会自动将钱款兑换为美元。费用将从用户的提现金额中扣除。支票提现的费用包括提现费和退还费两个部分，但是具体币种的相关费用和最低提现金额有所不同。

（六）PayPal 限制

账户的限制是 PayPal 账户使用中最重要的问题之一。PayPal 账户限制的主要包括新账号 21 天低限、临时审查限制、风险审查类限制、高限这 4 种类型，具体如图 5-8 所示。

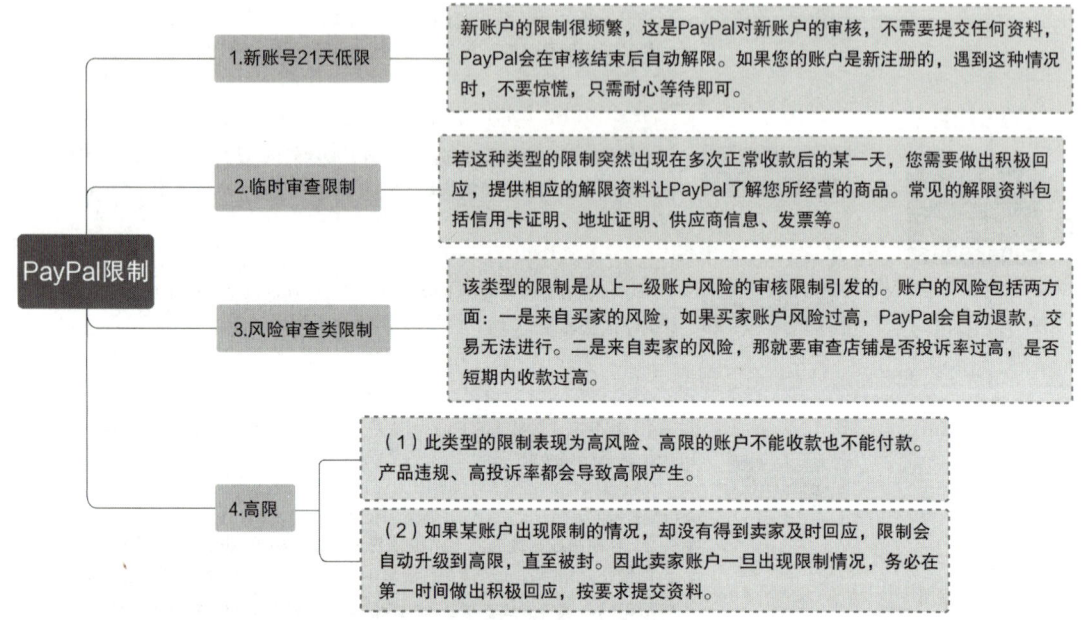

图 5-8　PayPal 账户限制

（七）PayPal 冻结

PayPal 账户冻结是指账户的某笔交易被临时冻结，账户使用者无法对这笔交易进行退款、提现等操作。会导致 PayPal 冻结的情况如图 5-9 所示。

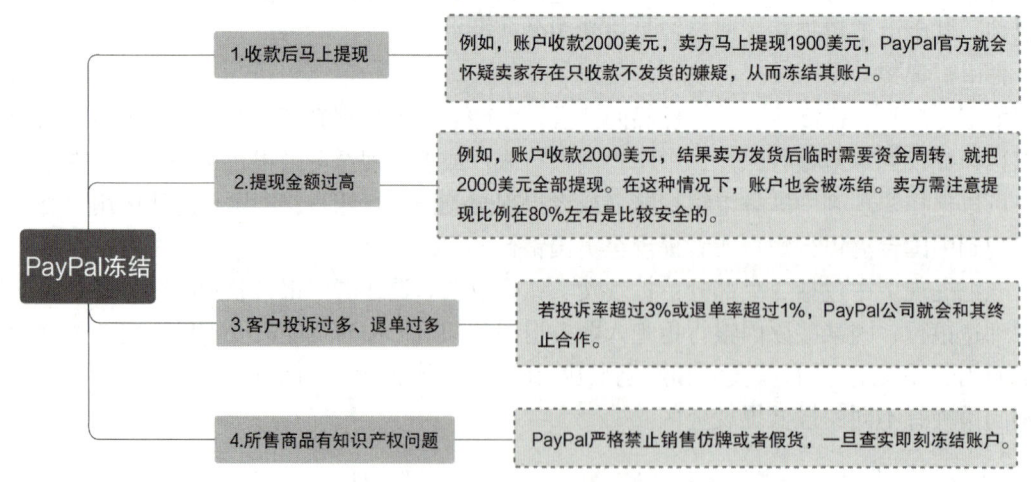

图 5-9　PayPal 冻结

三、国际支付宝

国际支付宝（Escrow）是全球速卖通专门为跨境出口交易定制的交易订单服务，其服务模式和使用方法与国内支付宝类似。在使用时，只要卖家有国内支付宝账号，无须再另外申请国际支付宝账号。卖家可以登录"My Alibaba"后台（中国供应商会员）或"我的速卖通"后台（普通会员），绑定国内支付宝账号来收取货款。

（一）国际支付宝使用条件

国际支付宝使用条件如图 5-10 所示。

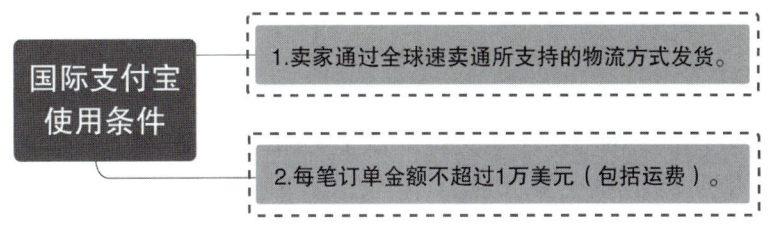

图 5-10　国际支付宝使用条件

国际支付宝支持部分商品的小额批发、样品、小单、试单交易，只要卖家通过 EMS、DHL、UPS、FedEx、TNT、顺丰、邮政航空包裹这 7 种国际运输方式发货，同时每笔订单金额小于 10 000 美元（产品总价加上运费总额），都可以使用国际支付宝进行交易。

设置 1 万美元的限额主要目的是规避交易风险。当货物申报价值在 600 美元以下时，快递公司会集中报关；超过 600 美元时，则需要卖家通过全套报关单据委托快递公司代为报关。使用国际支付宝进行在线交易时，如果买家使用 VISA 和 MasterCard 等信用卡支付交易货款，是无法核销退税的；但如果买家使用 T/T 电汇方式支付货款，卖家在报关后可以核销退税。

（二）国际支付宝的服务模式

国际支付宝的服务模式与国内支付宝类似，如图 5-11 所示。交易过程中先由买家将货款打到第三方担保平台的国际支付宝账户中，然后第三方担保平台通知卖家发货，买家收到商品并确认后，货款转移至卖家国际支付宝账户，至此完成一笔网络交易。

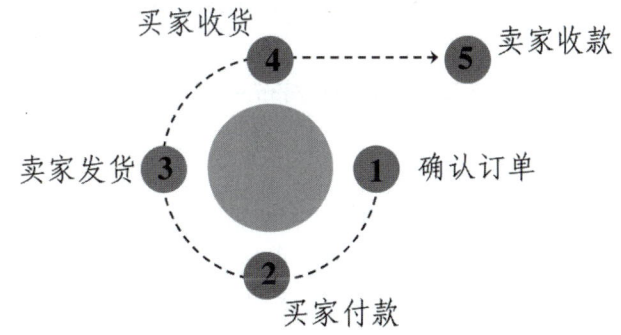

图 5-11　国际支付宝的服务模式

(三)国际支付宝的优势

1. 卖家优势。

(1)品牌优势。背靠阿里巴巴和支付宝两大品牌,具有很大的海外潜力。

(2)凸显诚信,提升成交。海外买家更倾向于和开通国际支付宝的卖家交易;丰富真实的交易记录可以提升用户的信任度,降低与用户沟通的成本,快速达成交易。

(3)免费服务,增加曝光。国际支付宝服务向卖家免费开放,开通国际支付宝服务,点亮国际支付宝标志,可以提高国际站搜索概率,赢得更多的曝光。

(4)保证货物和资金安全。国际支付宝收到买家全部货款后才会通知卖家发货,帮助卖家规避收款不全或钱货两空的风险。

(5)方便快捷。使用国际支付宝收款无须预存任何款项,全球速卖通会员只需绑定国内支付宝账号和美金银行账户就可以分别进行人民币和美金的收款。提现无须申请,用户确认收货且物流妥投,国际支付宝将直接把货款汇到卖家的国内支付宝账户或绑定的银行账户中。

(6)有效帮助卖家解决交易纠纷,具体如图 5-12 所示。

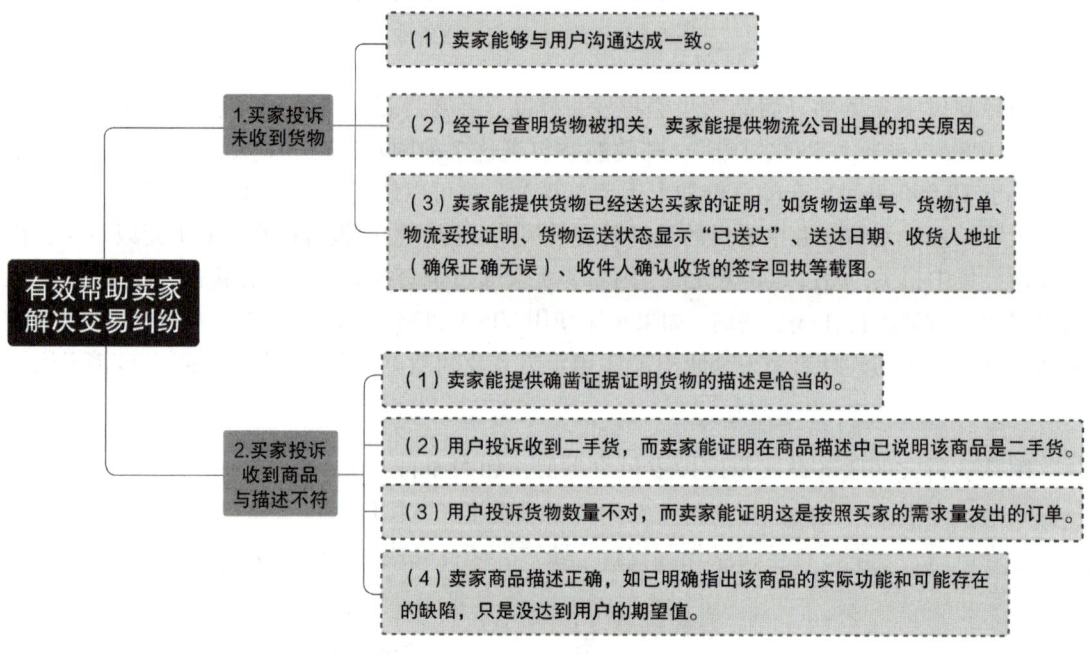

图 5-12 有效帮助卖家解决交易纠纷

2. 用户优势。

(1)安全交易。用户打的货款将在国际支付宝账户上被暂时冻结,等待用户确认收货之后直接放给卖家,这种支付方式很受海外用户的欢迎。

(2)支付方便。只要海外用户有信用卡账户,并开通网银功能,就可以在网上进行付款操作。即使没有信用卡账户,用户也可以通过传统的 T/T、银行汇款、西联、国际支付宝等方式进行付款,不会增加海外用户任何额外的操作成本。

（四）国际支付宝的支付方式

目前国际支付宝支持买家使用美元支付，卖家可以选择美元和人民币两种收款方式。国际支付宝支持多种支付方式：信用卡、T/T 银行汇款、Moneybookers、借记卡，具体如表 5-5 所示。

表5-5 买家支付方式

支付方式	内容
信用卡	用户可以使用 VISA 及 MasterCard 对订单进行支付，如果用户使用此方式进行支付，订单完成后，平台将订单款项按照用户付款当天的汇率结算成人民币支付给卖家
T/T 银行汇款	国际贸易主流支付方式，大额交易更方便。如果用户使用此方式支付，会产生一定的汇款转账手续费用，收到的金额可能会有一定出入。此外，银行提现也需要一定的提现费用
Moneybookers	Moneybookers 是一个欧洲的电子钱包公司（类似 PayPal），而且集成了 50 多种支付方式，是欧洲一家主流的支付服务商
借记卡	国际通行的借记卡外表与信用卡一样，并在右下角印有国际支付卡机构的标志，它通行于所有接受信用卡的销售点。唯一的区别是，当使用借记卡时，用户没有信贷额度，只能用账户里的余额支付

（五）国际支付宝与 PayPal 的区别

国际支付宝与 PayPal 的区别如表 5-6 所示。

表5-6 国际支付宝与PayPal的区别

对比项目	PayPal	国际支付宝
通用币种	具有全球性，通用货币有美元、加元、英镑、欧元、日元、澳元等，不收人民币	只能用人民币结算
用户或卖家保障	偏向于保护卖家，一旦用户付款，款项会直接进入卖家账户	偏向于保护用户，只有用户点击"已收到货物"后，款项才会到卖家账户，以此抑制卖家的欺诈行为
会员设置	会员有不同的等级，根据等级享受不同的利益保障	会员没有等级划分
账户保护	账户投诉率过高会被永久性关闭	一般不会被轻易关闭账户
提现费用	账户上的资金可以通过电汇方式转移到国内银行，但需要支付手续费	不收取转账手续费

四、西联汇款

（一）西联汇款简介

西联汇款是西联国际汇款公司（Western Union）的简称，是世界领先的特快汇款公司，在全球大多数国家和地区的西联代理所在地提供汇出和提款服务。中国邮政、中国光大银行、中国农业银行、中国邮政储蓄银行是西联汇款业务中国代理行。

（二）西联汇款的特点

西联汇款的特点如表5-7所示。

表5-7 西联汇款的特点

项目	内容
费用	西联手续费由用户承担；需要买卖双方到当地银行实地操作；在卖家未领取钱款时，用户可以将支付的资金撤销回去
优点	手续费由用户承担；对于卖家来说最划算，可先提钱再发货，安全性好；到账速度快
缺点	对用户来说风险极高，用户不易接受；用户和卖家需要去西联的线下柜台操作；手续费较高
适用范围	1万美元以下的小额支付

（三）西联汇款的汇款与收款

西联汇款有三种汇款方式可供选择，即合作银行网点汇款、网上银行汇款和手机银行汇款，其中后两种为电子渠道。西联汇款有四种收款方式可供选择，即合作银行网点收款、直接到账、网上银行收款和手机银行收款。用户可以登录西联官方网站追踪汇款状态、查询网点。

1. 西联汇款的汇款流程。

步骤1：在网点填妥"西联汇款申请书"和"境外汇款申请书"。

步骤2：递交填妥的表格、汇款本金（外币、人民币均可）、汇款手续费及个人有效身份证件。

步骤3：汇款完成后，会收到一张印有汇款监控号码（MTCN）的收据。请准确通知收款人有关汇款人姓名、汇款金额、汇款监控号码及发出汇款国家等信息。注意：请勿将监控号码泄露给除收款人之外的其他人。

步骤4：数分钟后，收款人可于收款国家的代理西联汇款业务网点收取汇款。

步骤5：每笔汇出汇款都要填写"境外汇款申请书"进行国际收支申报。

2. 西联汇款的收款流程。

步骤1：必须确保汇款由境外已经获得授权的代理西联网点发出，并与发汇人核实汇款人姓名、汇款金额、汇款监控号码及发出汇款的国家。

步骤2：收到汇款通知后，到就近代理西联汇款业务的邮储银行网点兑付汇款。

步骤3：提交填妥的"收汇申请书"并出示有效身份证件。

步骤4：提取汇款及取回收据。

步骤 5：境外个人的每笔汇款及境内个人等值 2000 美金以上（不含）的汇款，还需要填写"涉外收入申报单"进行国际收支申报。

步骤 6：签名并接收收据。

知识要点

一、国际电汇

（一）国际电汇的定义

国际电汇又称为 T/T，是汇出行应汇款人的申请，拍发加押电报或电传给在另一国家和地区的分行或代理行（汇入行），指示其付一定金额给收款人的一种汇款方式。T/T 付款方式以外汇现金方式结算，由用户将款项汇至卖家指定的外汇银行账号内，可以要求货到后一定期限内汇款。

（二）国际电汇的分类

国际电汇分为两种。第一种叫前 TT（前 T/T），在国际贸易行业内，在发货人发货前付清 100% 货款的称为前 TT（前 T/T）。对卖方而言，这种付款方式是国际贸易中最安全的贸易方式，因为卖方收到货款即可发货，不需要承担任何风险。第二种叫后 TT（后 T/T），后 TT 付款方式是在卖家发完货后，用户付清余款。那用户是凭借什么付清余款的呢？一般情况下，后 TT（后 T/T）是根据提单复印件来付清余款的。后 TT（后 T/T）模式比较灵活。

（三）国际电汇的优势与劣势

国际电汇的优势与劣势如图 5-13 所示。

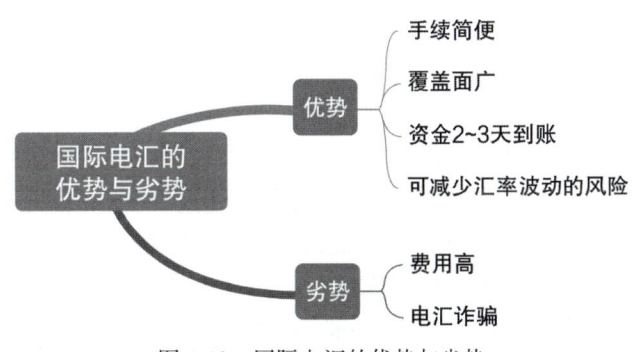

图 5-13　国际电汇的优势与劣势

（四）国际电汇的流程

1. 汇款人填写电汇申请书递交给汇出行，并向汇出行交款付费。
2. 汇出行接受申请，将电汇回执交给汇款人。
3. 汇出行根据电汇申请人的指示，用电传或 SWIFT 方式向境外代理行发出汇款委托书。
4. 汇入行收到境外用电传或 SWIFT 发来的汇款委托书，核对密押无误后将电汇通知书送达收款人。

5. 收款人持通知书及其他有效证件去取款，并在收款人收据上签字。
6. 汇入行借记汇出行账户，解付汇款给收款人。
7. 汇入行将付讫借记通知书邮寄给汇出行。

二、国际信用卡简介

国际信用卡是银行联合国际信用卡组织签发给那些资信良好的人士并可以在全球范围内进行透支消费的一种卡片，同时该卡也被用于在国际网络上确认用户的身份。

通常国际信用卡以美元作为结算货币，可以进行透支消费（先消费后还款）。国际上有六大国际信用卡组织，分别是 VISA、MasterCard、American Express、UnionPay、JCB 和 Diners Club。除 UnionPay 和 JCB 外，其余四大信用卡均起源于美国。

VISA 和 MasterCard 是欧美最流行的支付方式，拥有庞大的用户群。跨境电商平台可通过与 VISA、MasterCard 等国际信用卡组织合作，或直接与海外银行合作，开通接收海外银行信用卡支付的端口。

（一）VISA

VISA 是全球支付技术公司，运营着全球最大的零售电子支付网络，连接着全世界 200 多个国家和地区的用户、企业、金融机构和政府，方便人们使用数字货币以代替现金或支票支付。VISA 的前身是 1900 年成立的美洲银行信用卡公司。作为全球市场占有率最高的信用卡，VISA 卡可在世界各地 2900 多万个商户交易点受理，并能够在 180 万台自动提款机提取现金，非常方便。全球流通的 VISA 卡超过 18.5 亿张，足以证明 VISA 是最受欢迎的支付品牌。

（二）MasterCard

MasterCard，即万事达卡，也是全球家喻户晓的信用卡，于 1966 年发行，起初是美国的国内卡。万事达卡国际组织一直本着"服务持卡人"的信念，为持卡人提供最新、最完整的支付服务，因而受到全世界持卡人的认同。

（三）American Express

American Express，即运通卡，简称 AMEX，是世界上最容易辨认的信用卡之一。运通卡拥有全球最大的自成体系的特约商户网络，并拥有超过 6000 万名的优质持卡人群体。成立于 1850 年的运通公司，最初的业务是提供快递服务，随着业务的不断发展，运通公司于 1891 年率先推出旅行支票，主要面向经常旅行的高端用户。可以说，运通公司服务于高端用户的历史长达百年，积累了丰富的服务经验和庞大的优质用户群体。

任务三　其他跨境支付与结算方式

任务导入

随着跨境支付与结算方式的迅猛发展，除了国际信用卡、PayPal、国际支付宝、西联汇款这4种主流跨境支付与结算方式，其他跨境支付方式也开始迅速为国外用户所接受。由于各种跨境支付方式的收款手段、提现到账周期、单笔提现额度限制、手续费等均不同，同时，为了满足不同国家和地区人们的支付偏好与习惯及选取最优的跨境支付结算方式，宁波诚通贸易有限公司的小橙总结了速汇金汇款（MoneyGram）、派安盈（Payoneer）、WebMoney、易联支付（PayEco）、Qiwi Wallet、Boleto、中国香港离岸公司银行账户、Moneybookers、YooMoney（原Yandex.Money）、CashU等跨境支付方式的优劣势及适用范围。

一、速汇金汇款（MoneyGram）

速汇金汇款是MoneyGram公司推出的一种快捷、简单、可靠且方便的国际汇款方式，可在十几分钟内完成汇款过程，收款人凭汇款人提供的编号即可收款。目前该公司在全球150个国家和地区，拥有总数超过50 000个的代理网点。速汇金汇款的费用、优缺点及适用范围如表5-8所示。

表5-8　速汇金汇款

项目	内容
费用	1. 速汇金的收费采用的是超额收费标准，在一定的汇款金额内，汇款的费用相对较低。 2. 无中间行费，无电报费。 3. 可事先在网上查询手续费。用户在MoneyGram的网站上，单击左侧的"How to send money"，然后单击右侧的"How much"，输入汇款金额即可知道要支付的手续费
优点	1. 快捷。速汇金汇款在汇出后十几分钟即可到达收款人手中。 2. 手续简单。汇款人无须选择复杂的汇款路径，收款人无须预先开立银行账户，即可实现资金划转。 3. 在一定汇款金额内，汇款费用相对较低，无中间行费，无电报费
缺点	1. 汇款人及收款人均必须为个人。 2. 必须为境外汇款。 3. 用户如果持现钞账户汇款，还需缴纳一定的钞变汇的手续费。 4. 速汇金仅在工作日提供服务，而且办理速度缓慢，一年中可以办理速汇金业务的天数不超过300天
适用范围	单笔速汇金最高汇款金额不得超过10 000美元（不含），每个汇款人每天的速汇金累计汇出最高限额为20 000美元（不含）

二、派安盈（Payoneer）

派安盈（Payoneer）是一家总部位于纽约的在线支付公司，主要业务是帮助其合作伙伴将资金下发到全球，同时也为全球用户提供美国银行/欧洲银行的收款账户，用于接收欧美电商平台和企业的贸易款项。派安盈的费用、优缺点及适用范围如表5-9所示。

表5-9 派安盈

项目	内容
费用	1. 费用相对便宜，电汇设置单笔封顶价，人民币结汇最多不超过2%。 2. 派安盈可无条件开通美元、欧元、英镑、日元、加元和澳元6个币种的收款账户，且没有汇损
优点	1. 注册便捷。使用中国身份证即可完成派安盈账户在线注册，并自动绑定美国银行账户和欧洲银行账户。 2. 合规。像欧美企业一样接收欧美公司的汇款，并通过派安盈和中国支付公司的合作完成线上的外汇申报和结汇。 3. 便宜。电汇设置单笔封顶价，人民币结汇最多不超过2%
缺点	需要一定的手续费；在某些特定地区或交易场景下存在限制
适用范围	适用于单笔资金额度小但用户群分布广的跨境电商网站或卖家。除了全球速卖通和eBay，派安盈几乎支持国内外所有热门跨境电商平台进行收款，如亚马逊、Lazada、Shopee、Cdiscount、Newegg等

三、WebMoney

WebMoney（简称WM）是由WebMoney Transfer Technology公司开发的一种在线电子商务支付系统，是俄罗斯最主流的电子支付方式，俄罗斯各大银行均支持自主充值取款。目前WebMoney业务覆盖了全球70个国家和地区，支持多币种收付，许多国际性网站都与其合作。WebMoney的费用、优缺点及适用范围如表5-10所示。

表5-10 WebMoney

项目	内容
费用	WebMoney ID下不同钱包之间转账收取0.8%的手续费
优点	1. 安全性：转账需要手机短信验证、异地登录IP保护等多重保护功能。 2. 迅速性：即时到账。 3. 稳定性：俄罗斯最主流的电子支付方式之一，在俄罗斯各大银行均可自主充值取款。 4. 国际性：人人都能在网上匿名免费开户，可以零资金运行。 5. 方便性：只需要知道对方的账号即可转账汇款。 6. 隐私性：匿名申请，隐私保护。 7. 通用性：全球许多外汇、投资类站点、购物网站都接受WebMoney收付款
缺点	目前WebMoney只支持中国银联卡取款，但手续费很高，流程很复杂，所以充值和提现一般通过第三方网站来进行
适用范围	俄罗斯最主流的电子支付方式之一；可在全球70个国家和地区使用，支持多币种收付

四、易联支付（PayEco）

易联支付成立于2005年，注册资本1亿元人民币，总部位于广州。作为国内大型非金融支付服务机构，易联支付与国内各大银行、银联等金融机构合作，构建了创新技术的金融支付服务平台——"易联支付PayEco"。该平台提供移动支付、互联网支付、预付卡业务及跨境支付等服务。

易联支付的跨境支付业务，支持多种货币的电子支付、转账和汇款服务，为出口跨境电商、进口跨境电商、外贸B2B及全球收付款提供解决方案。易联支付的费用、优缺点及适用范围如表5-11所示。

表5-11 易联支付

项目	内容
费用	跨境人民币支付业务手续费标准：0.3%~0.8%
优点	1. 支持多种支付服务方式，包括互联网、手机、呼叫中心等。 2. 跨境结算快速，可实现T+0结。 3. 人民币支付结算，避免汇率波动损失。 4. 系统成熟，安全可靠。 5. 支持200多个国家，超过100个币种
缺点	可能存在账户管控严格的问题；跨境汇款可能需要5~10个工作日到账，相对较慢
适用范围	适用于Wish平台收款，亚马逊日本收款，亚马逊美国、欧洲收款，eBay平台收款和外贸增值服务

五、Qiwi Wallet

Qiwi Wallet是俄罗斯Mail.Ru旗下公司出品的产品，是俄罗斯最大的第三方支付工具之一，其服务类似于支付宝，它能帮助用户快速、方便地在线支付水电费、手机话费，实现网络购物和银行贷款等，支持多个币种付款。俄罗斯人对Qiwi Wallet非常信任，俄罗斯用户可以先为Qiwi Wallet进行充值，再到对应的商户网站购买产品。Qiwi Wallet的成功之处在于结合了俄罗斯人偏爱使用现金消费的习惯和只有5%的用户拥有银行账户的现状。同时，Qiwi Wallet拥有较完善的风险保障机制。不同于PayPal或者信用卡有180天的"风险观察期"，Qiwi Wallet不存在拒付风险。如果用户通过Qiwi Wallet钱包支付，通过资金审核（一般24小时内）即可到账。Qiwi Wallet的费用、优缺点及适用范围如表5-12所示。

表5-12 Qiwi Wallet

项目	内容
费用	单笔交易额不能超过1.5万卢布，每月交易额不能超过60万卢布。其初始收款手续费率稍高，一般在4%左右
优点	1. 无退款、拒付和伪冒，100%保证交易安全。 2. 无交易保证金。 3. 实时付款，实时收款。 4. 支持线上线下付款。 5. 无开户费、月费、单笔交易手续费

续表 5-12

项目	内容
优点	6. 用户使用 Qiwi Wallet 支付完全免费。 7. 拥有便利的自助支付终端，代理及网络范围广
缺点	覆盖范围仅为俄罗斯及周边几个少数国家
适用范围	适用于俄罗斯全境

六、Boleto

Boleto 的全称是 Boleto Bancário，是受巴西中央银行监管的巴西官方的一种支付方式，每年大约有 20 亿笔交易，其中约 30% 的交易来自在线交易。由于巴西政府对本国信用卡的限制，只有 2% 的信用卡可用于跨境支付；同时，巴西人担心信用卡存在信息泄露和欺诈风险，再加上 Boleto 是巴西许多公司及政府部门唯一支持的支付方式，所以 Boleto 是跨境电子商务打通巴西市场的不二之选。

由于 Boleto 是由多家巴西银行共同支持的一种使用 Bar Code 识别码的支付方式，在巴西占据主导地位。用户可以到任何一家银行或使用网上银行授权银行转账，没有信用卡和银行账户的人也可以使用。巴西用户在网站下单之后只需要打印一份支付账单，在 3~5 天之内到银行、ATM、便利店、彩票网点或网上银行等进行支付即可。Boleto 的费用、优缺点及适用范围如表 5-13 所示。

表5-13 Boleto

项目	内容
费用	Boleto 交易费用便宜，如 PayPal 对中国卖家的费率是 4.3% + 0.3 美元，另外还有每笔 30 美元的提现费用，而 Boleto 一般低于 4%
优点	1. 安全性：一旦付款，不会产生拒付订单和伪造订单，保证了卖家的交易安全。 2. 便利性：支持线上线下付款，没有信用卡和银行账户的用户需在网上打印付款单并通过网上银行、线下银行或其他指定网点进行付款
缺点	不是网上实时付款，用户可以在 1~3 天内付款，各个银行需要 1~3 个工作日的时间完成数据交换，所以每笔交易一般需要 2~7 天时间才能支付完成
适用范围	单笔支付限额为 3000 美元，月累计支付不超过 3000 美元。只适用于巴西全境

七、中国香港离岸公司银行账户

卖家通过在中国香港地区开设离岸银行账户，接收海外买家的汇款，再从中国香港地区账户汇往内地账户。中国香港离岸公司银行账户的优缺点及适用范围如表 5-14 所示。

表5-14 中国香港离岸公司银行账户

项目	内容
优点	接收电汇无额度限制，不需要像内地银行一样受5万美元的年汇额度限制；不同货币之间可随意自由兑换
缺点	1.中国香港地区的银行账户的钱还需要转到内地账户，手续较为麻烦。 2.开户门槛越来越高，且功能受限，使用不当可能导致账户冻结
适用范围	传统外贸和跨境电商都适用，适合有一定交易规模的卖家

八、Moneybookers

Moneybookers 是一家具有竞争力的网络电子银行，它于2002年4月创立，是英国伦敦 Gatcombe Park 风险投资公司的子公司之一。Moneybookers 电子银行里的外汇可以转到中国国内银行账户里。Moneybookers 的费用、优缺点及适用范围如表5-15所示。

表5-15 Moneybookers

项目	内容
费用	从银行上载资金免费；从信用卡上载资金3%；向他人转账1%；取钱到银行卡固定费用1.8美金；通过支票取钱，固定费用3.5美金
优点	1.安全：因为采用E-mail为支付标识，付款人不需要暴露信用卡等个人信息。 2.用户必须激活认证才能进行交易。 3.用户只需知道收款人电子邮箱地址就可以转钱给他人。 4.可通过网络实时收付费
缺点	1.不允许一用户多账户。 2.目前不支持未成午人注册
适用范围	主要用于在线支付和电子货币服务；支持多种支付方式，包括信用卡和一些借记卡

九、YooMoney（原 Yandex.Money）

YooMoney（原 Yandex.Money）是俄罗斯领先的网络平台及搜索引擎 Yandex 旗下的电子支付工具，拥有1800万活跃用户。YooMoney 的优势在于其充值方便，可通过支付终端、电子货币、预付卡和银行转账等方式向钱包内充值，实时到账，无拒付风险，使用范围广。YooMoney 的费用、优缺点及适用范围如表5-16所示。

表5-16 YooMoney

项目	内容
费用	1.银行转账充值：无手续费。 2.信用卡或借记卡充值：可能会产生0.5%~2.5%的交易费

续表 5-16

项目	内容
优点	1. 跨境支付和购物便捷，支持多种货币，可在全球范围内使用。 2. 直达全球购物平台，如全球速卖通、亚马逊等。 3. 安全性高，提供保护码、PIN 码等多种安全功能。 4. 在俄罗斯及多个国家被广泛接受。 5. 提供虚拟万事达卡，方便在线交易
缺点	账户冻结风险：国内用户账户存在被冻结的风险，尤其是违反安全风控条例的情况下，这可能导致账户名下的 YooMoney 信用卡也被冻结
适用范围	1. 适合进行国际购物和支付。 2. 广泛用于俄罗斯境内的支付和购物。 3. 支持在多个国际电子商务平台上进行支付

十、CashU

CashU 自 2002 年起隶属于阿拉伯门户网站 Maktoob（Yahoo 于 2009 年完成对 Maktoob 的收购），主要用于支付在线游戏、VoIP 技术、电信、IT 服务和外汇交易。CashU 允许用户使用任何货币进行支付，但该账户将始终以美元显示用户的资金。CashU 现已成为中东和北非地区应用最广泛的电子支付方式之一。CashU 的费用、优缺点及适用范围如表 5-17 所示。

表5-17 CashU

项目	内容
费用	存款和转账是免费的，但提现至银行账户可能存在手续费，且卖家使用 CashU 进行交易需支付 6%~7% 的费用
优点	1. 实时交易处理，类似 PayPal 或信用卡。 2. 无拒付风险，增加了交易的安全性。 3. 支持多种货币支付，账户以美元显示金额。 4. 无需信用卡、借记卡或银行账户即可使用
缺点	1. 账户冻结风险：CashU 账户可能因为安全问题或疑似欺诈活动而被冻结，这可能导致用户资金无法及时使用。 2. 汇率波动风险：由于 CashU 支持多种货币支付，用户可能面临汇率波动的风险，这可能会影响交易的最终成本。 3. 使用限制：CashU 服务在某些国家或地区可能不可用，或者其使用会受到限制
适用范围	1. 适合进行国际购物和支付。 2. 广泛用于中东和北非地区的支付和购物。 3. 支持在多个国际电子商务平台上进行支付

知识要点

离岸公司泛指在离岸法区内依据其离岸公司法规范成立的有限责任公司或股份有限公司。当地政府对这类公司不收取任何税收，只收取少量的年度管理费，同时所有的国际大银行都承认这类公司，为其设立银行账号及其财务运作提供方便。它们具有高度的保密性、特殊的税收优惠政策、宽松的监管环境三大特点。

一、注册中国香港公司的优势

近年来，在中国香港地区注册公司越来越受到广大企业的青睐，这是因为注册中国香港公司可以享受诸多优惠政策，主要表现在以下几点。

（一）可以自由选择公司名称

在中国香港注册公司，公司的名称中允许出现地区性和行业性质的字眼，如北京、浙江、中国香港、学院、出版社、协会、集团、控股、实业、发展、投资、财务、科技、医疗、基金、促进会等。

（二）中国香港公司的经营范围限制极少

在合法范围内，中国香港公司可以经营任何业务，如服饰、家具、珠宝首饰、电子科技、财务、医药、船务运输、进出口贸易、房地产、建筑、装饰装潢、信息网络、旅游、学院、文化出版、协会、研究所及其他的高科技产业，可以说公司经营的范围限制非常少。

（三）处于低税环境，有利于公司发展

中国香港税率低、税种少，国际上有许多机构利用中国香港的税务优势达到合理避税目的。在中国香港成立公司，一般只需要交两种税：一种是一次性的注册资本厘印税，税率是千分之一，这种税是按公司的实际注册资本来厘定的；另一种是利得税，税率17.5%，这种税是根据公司的实际盈利（纯利）来计算的，企业不盈利，不用交税。除烟酒或特殊商品外，中国香港不收取进出口税。

（四）中国香港公司注册资金少且无须验资

中国香港公司最低注册资本是10 000元港币，企业可以根据实际情况提高注册资本。到位资金不限，不需要把资金打到香港银行。

二、注册中国香港公司的弊端

成立中国香港公司也存在一定的弊端，主要表现在以下几个方面。

（一）不能处理人民币业务

中国香港公司是在中国香港成立的，属于离岸公司，受中国香港公司法约束，所以所有中国香港公司都不能处理人民币业务。无论是在中国香港开设本地银行账户还是在内地开设离岸账户，都不能接收人民币。

（二）不能开发票

注册中国香港公司后做国际贸易比较合适，如果从事国内销售并不合适，因为中国香港公司是不能开发票的。

（三）增加成本

中国香港公司成立后每年需要进行法定的年审年报程序，此环节会产生几千元港币的年审费用，对于外贸公司来说成本会相应增加一些。

（四）在内地没有经营权利

中国香港公司不能在内地租用写字楼挂牌经营，内地工商部门是不承认中国香港公司注册证书的，中国香港公司在内地没有任何经营权利。

三、如何防止离岸账户被降权、冻结和关闭

为了加强对离岸账户的管控，防止洗钱和资本外流逃税避税，各大银行对离岸账户的开通审核越来越严格，一些卖家已经开通的离岸账户纷纷遇到了降权、冻结甚至被关闭的问题，有的银行已经开始清退原来已经开户的账号和公司。关于离岸账户降权、冻结和关闭的问题，目前各大银行都没有一个明确的标准，那么应该如何避免自己的离岸账户被降权、冻结和关闭。以下五点注意事项需要重视。

（一）账户拥有真实的背景，交易合规

离岸账户与境内有关联的公司最好有正常的贸易发生和款项往来。如果开设了一个离岸公司和账户，没有实际关联的公司和交易，却有大额的外汇往来，此时就需要向银行说明情况，否则该离岸账户很容易被银行认为违规进而被冻结、关闭。

（二）避免和高风险国家发生贸易往来

政治、经济不稳定的国家和地区往往无法直接汇出外汇，通常是通过第三国或离岸账户进行汇款，而这些款项的来源和用途难以说明，其中存在着极大的风险。因此，尽量避免同政治、经济不稳定的国家和地区发生交易。

（三）尽量减少与个人发生交易

政策对离岸账户向个人汇款的限制越来越严格。因此在现在的条件下与个人产生交易很容易对离岸账户的稳定性造成不利影响，进而面临更加严格的审查，如要向银行进行收入说明、雇用说明等。

（四）不要长时间未开展业务

所谓长时间未开展业务主要是指两种情况：一是开通账户后却很少使用，甚至是没用过，这样很容易被银行关闭；二是开通的账户很少有业务活动，或者是没有开展业务，这种情况的账户也很容易被清理。

（五）不参与来历不明资金的交易

开通离岸账户后，如果不清楚这笔资金的来源和用途，不能用个人账户帮其他人或公司转账，因为一旦这笔资金出现问题，个人账户和本人也将受到牵连。

任务四　跨境支付与结算的风险与防范

任务导入

随着跨境电商的发展和成熟，跨境支付的风险也日益凸显，网上交易欺诈偶有出现，给一些跨境卖家带来一定的困扰。宁波诚通贸易有限公司的小橙在收款与结汇的时候发现，跨境电商卖家在支付收款环节上面临的问题比国内电商更加复杂，因此小橙总结了跨境支付与结算的风险种类及对应的防范措施。

一、跨境支付与结算的风险种类

（一）跨境支付与结算的金融风险

1. 汇率变动风险。

跨境支付的风险
与防范

汇率变动对跨境电商进出口的影响有两面性。例如，人民币对美元贬值，一方面跨境进口商品的性价比有所下降，跨境进口相关平台如天猫国际、网易考拉海购、京东全球购等平台的销售额会有所下跌；另一方面对于出口跨境电商而言，人民币贬值反而是好事。主要提供欧美出口的跨境电子商务，一般业务采用美元核算、人民币结算的方式，人民币汇率走低后钱反而更值钱，出口跨境电商更加有利可图，行业更加具有吸引力。

跨境电商中小型企业面临价格竞争与汇率波动的双重压力，稍不注意就有可能在市场整合中被淘汰出局。如果一家跨境电商企业的净利率在5%～10%，汇率的变动可能吃掉这个企业一年的盈利，甚至可能会导致企业亏损，所以跨境电商企业必须进行汇率风险管控。

2. 交易真实性识别风险。

交易的真实性是跨境电商平台必须守住的底线，也是国际收支申报、个人结售汇管理、反洗钱义务履行的前提和保证。交易真实性包括交易主体的真实性和交易内容或背景的真实性。与一般进出口贸易相比，跨境电商支付的真实性更加难以把握，第三方支付机构目前尚未完全使用公安部的身份联网核查系统，内容真实性和主体真实性都难以核实。跨境电商支付存在交易真实性识别风险，主要体现在以下两个方面。

第一，身份审查困难。第三方支付机构缺乏身份识别的有效手段，难以核查个人身份信息的真实性，特别是境外用户，其身份审查困难。对法人用户身份信息的审核也存在漏洞等。

第二，交易内容或背景的真实性审核困难。由于第三方支付平台获取境外用户的实际控制人、股权结构等信息存在困难，难以判断用户财务状况、经营范围与资金交易情况是否真实，所以无法核实跨境交易金额和交易商品是否匹配。加之对境外用户进行尽职调查的成本相对较高，审核工作流于形式。

3. 外汇管制风险。

目前，我国的资本项目尚未完全放开，经常项目基本可自由兑换，但对于个人年度结售汇限额有不超过等值5万美元的限制。通过第三方支付机构进行的跨境电商支付，境内用户在完成订单确认后，需要向第三方支付机构付款，再由第三方机构向银行集中购汇，银行再按照第三方支付机构的指令，将资金划入目标账户。一方面，第三方支付机构只能获取交易双方有限的交易信息，如订单号、银行账号等，银行无法获取个人信息，这样就很难执行个

143

人年度结售汇管理政策。另一方面，如何认定分拆结售汇也存在一定困难。例如，跨境用户一天之内进行几次或十几次小额购物，算不算分拆结售汇？为了打击隐藏洗钱和外汇流失等问题，中国人民银行和国家外汇管理局不排除对个人年度结售汇限额进行收紧的可能性。如果一个跨境电商企业一年的销售额达到1000万美元，但国家外汇管理局要求严格执行个人年度结售汇限额每年每人为5万美元，那将对跨境电商企业的运营产生重大影响。

4. 资金非法流动风险。

目前，在甄别资金非法流动和合法流动方面缺乏可靠手段。对于同一个跨境交易主体既在境内注册成为第三方支付机构用户，又在境外注册成为境外用户，或者境内机构用户通过在境外设立关联公司的方式，自己与自己交易，绕过国家外汇管理限制，进行跨境资金转移等行为，目前缺乏有效的甄别手段。

5. 支付许可风险。

虽然国内外有很多的跨境电商支付与结算企业获得了本国、外国的支付牌照，但是随着行业的发展及各个国家或地区政治经济环境的变化，这些跨境电商支付与结算企业的支付许可也可能会发生变化。届时，跨境电子商务企业的跨境电商支付与结算环节必然发生相应的改变，从而产生支付许可风险。

6. 拒付欺诈风险。

根据国际惯例及VISA、MasterCard等信用卡组织的规定，在使用国际信用卡进行网上支付时，如果在交易过程中出现问题，180天之内持卡人都可以提起拒付。在某种情况下，用户提起的恶意拒付会给卖家造成经济损失，即使跨境电商平台会帮助卖家向信用卡组织进行申诉，由于交易时间较久远，有可能物流方已没有订单跟踪信息，这样也会导致卖家无法维权。

（二）跨境支付与结算的技术风险

跨境电子商务支付与结算的技术风险如图5-14所示。

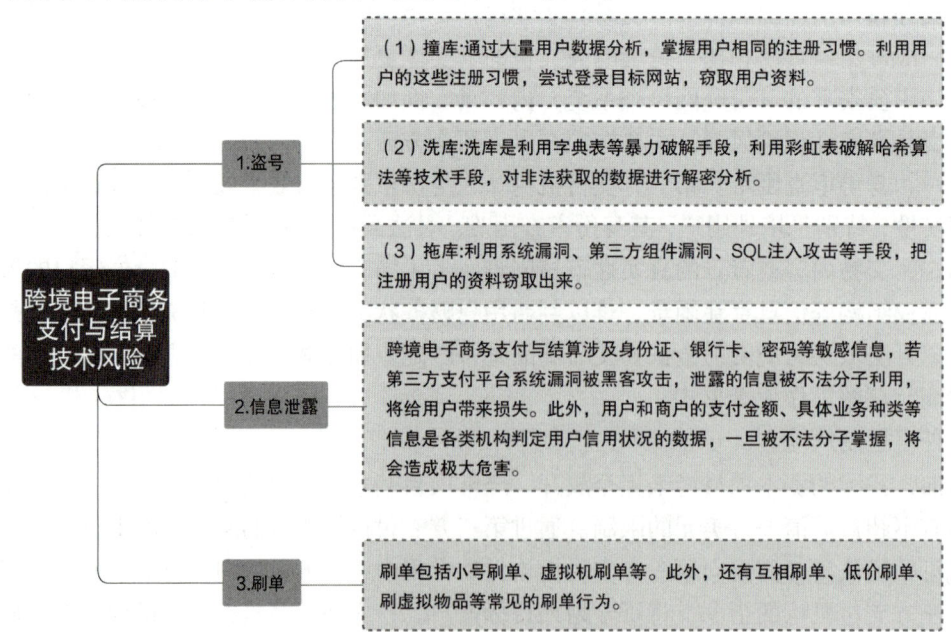

图5-14 跨境电子商务支付与结算的技术风险

二、应对跨境支付与结算风险的措施

针对跨境电商支付与结算的一系列风险,跨境电商企业及第三方支付平台可以采取以下措施来防范风险。

(一)密切关注汇率变动,修炼"内功"

对于汇率变动风险,跨境电子商务企业可以通过密切关注汇率变动、适当提高产品售价、适当储备美元等方式来应对,但主要还是靠跨境电商企业树立品牌、保障产品质量来抵御,因为汇率变动不受个体企业的控制,所以跨境电商企业需要挖掘自身潜力,修炼"内功"。

(二)履行相关责任,保证交易真实

在跨境支付交易的过程中,支付机构应严格按照相关法律法规,并遵循有关部门发布的指导意见审核交易信息的真实性及交易双方的身份。支付机构可适当增加交易过程中的信息交互环节,并留存交易双方的信息备案,对有异常的交易及账号进行及时预警,按时将自身的相关业务信息上报给国家相关部门。

与此同时,支付机构也应加大技术的研发力度,提升跨境支付过程的安全性,增加跨境支付交易数据的保密程度,利用大数据及云技术的优势对跨境交易的双方进行身份审核并分级,为境内外用户提供更加安全、有保障的购物环境。

(三)熟悉并严格遵守个人结售汇限制政策

对于跨境电商卖家而言,熟悉并严格遵守外汇管制政策至关重要。2016年9月,国家外汇管理局下发了《关于进一步完善个人结售汇业务管理的通知》,规定个人用户不得以"分拆交易"等方式规避个人结汇(将外币换为人民币)和境内个人购汇(将人民币换为外币)的年度总额管理。

根据规定,5个以上不同个人,同日、隔日或连续多日分别购汇后,将外汇汇给境外同一个人或机构;个人在7个自然日内从同一外汇储蓄账户5次以上提取接近等值1万美元的外币现钞;同一个人将其外汇储蓄账户内存款划转至5个以上直系亲属等情况均会被界定为个人分拆结售汇行为。国家外汇管理局会对全国范围内的个人结售汇、汇款等交易进行分拆甄别,将符合分拆规则的用户纳入"关注名单"管理。

(四)尊重知识产权,合规经营,合法申诉

从事跨境电商的卖家要真正解决跨境交易的支付与结算风险,首先要做的就是合规经营,以知识产权为公司核心,同时注重企业产品品质,并且要认真、持续地学习各个跨境电商平台的规则和条款,尤其是涉及资金安全的条款;其次在遭遇跨境电商交易纠纷的时候,中小跨境电商卖家应该认识到个体的力量是弱小的,遭到资金冻结的卖家一方面应积极了解相关法律法规,另一方面也可以聚拢起来,通过抱团的方式,利用行业协会的优势,积极应诉,取得诉讼的主动权,保证自己的资金安全。

(五)认真审核,购买拒付欺诈险等保险

对于拒付欺诈风险,目前有效的做法是购买拒付欺诈险等保险。例如,敦煌网上线"拒付欺诈货物损失保障"服务,降低了卖家因用户拒付欺诈带来的风险。购买拒付欺诈保障服务的卖家,在遇到用户恶意拒付欺诈情况时,将得到一定比例的保险补偿,其过程是发卡行

或卡组织将付款撤单消息反馈给敦煌网平台，然后敦煌网平台在一周内对卖家进行补偿，并建立不良用户黑名单。

（六）建立风险管控，开展数据监控

建立一套完整的风险管理架构，无论是对跨境电商还是对支付机构都非常重要。面对不断发生的跨境电商欺诈交易，企业可以通过账户安全、交易安全、卖家安全、信息安全、系统安全等8大安全模块的组合来实现风险管理架构的搭建，从而防止账户盗用和信息泄露，并最终借助管控交易数据等手段降低交易风险欺诈的可能性。

除了搭建风险管理架构，企业还可以通过建立以数据驱动为核心的跨境支付反欺诈系统来进行风险管控。不同于传统的反欺诈系统通过签名识别、证照校验、设备指纹校验、IP地址确认等方式进行审核，跨境支付反欺诈系统具备更加强大的实施模型、灵活的风险规则和专业的反欺诈人员判断能力。第三方支付机构还应该加强行业内部的风险共享和合作机制，因为犯罪分子在盗取一批信用卡信息之后通常会在多个交易平台上反复使用，以实现价值的最大化，且往往把风控能力最弱的一方作为突破口，所以建立风险共享及合作机制就显得非常有必要。只有各方齐心协力，才能从根本上有效提升跨境支付交易的整体风险防控能力。

知识要点

一、跨境支付与结算的金融风险的概念

跨境支付与结算的金融风险是指在跨境电商支付与结算的各个环节，存在汇率变动、外汇管制、支付许可、结汇成本、拒付欺诈、流动性等金融风险，这些金融风险不光使个体企业产生损失，也对我国跨境电商行业，乃至国家进出口贸易都产生较大的影响。

二、跨境支付与结算的技术风险的概念

跨境电商支付与结算的技术风险是指跨境电商支付与结算是通过互联网进行的，且跨境电商支付与结算涉及多个国家和地区，因此在交易转账的过程中会存在一系列的技术风险，如平台遭受黑客攻击、网络安全漏洞、内部数据被泄露、用户账号被盗和刷单等，由此给跨境电商企业造成损失。

三、跨境支付牌照

（一）跨境支付牌照的内涵

跨境支付牌照是由国家外汇管理局发放给支付机构的一种凭证。这种凭证就是允许支付机构开展跨境电商外汇支付业务的许可证明。

2015年，国家外汇管理局发布《国家外汇管理局关于开展支付机构跨境外汇支付业务试点的通知》，开始在全国范围内开展支付机构跨境电子商务外汇支付业务的试点工作。跨境外汇支付业务试点允许支付机构为跨境电子商务交易双方提供外汇资金收付、结售汇服务。到2024年年初，国家外汇管理局已发放跨境支付牌照30张，主要集中在北京、上海。

（二）申请跨境支付牌照的条件

满足以下条件的第三方支付机构可以向中国人民银行申请跨境支付牌照。

第一，在中华人民共和国境内依法设立的有限责任公司或股份有限公司，而且是非金融机构法人。

第二，具有符合规定的注册资本最低限额。

第三，符合办法规定的出资人。

第四，有5名以上熟悉支付业务的高级管理人员。

第五，有符合要求的支付业务设施。

第六，有符合相关要求的反洗钱措施。

第七，有健全的组织机构和内部控制制度及相应的风险管理措施。

第八，有符合要求的营业场所和安全保障措施。

第九，申请人和高级管理人员在最近3年内没有因为利用支付业务实施违法犯罪活动或为违法犯罪活动办理支付业务等受到过惩罚。

四、外汇管制

（一）外汇管制的定义

外汇管制是指一国（地区）为平衡国际收支和维持本国（地区）货币汇率而对外汇进出实行的限制性措施。

外汇管制分为数量管制和成本管制。前者是指国家外汇管理机构对外汇买卖的数量直接进行限制和分配，通过控制外汇总量达到限制出口的目的；后者是指国家外汇管理机构对外汇买卖实行复汇率制度，利用外汇买卖成本的差异，调节进口商品结构。

（二）外汇管制的作用

1. 促进国际收支平衡或改善国际收支状况。

长期的国际收支逆差会给一国（地区）经济带来显著的消极影响，所以维持国际收支平衡是政府的基本目标之一。政府可以用外汇管制来平衡国际收支。

2. 稳定货币汇率，抑制通货膨胀。

汇率频繁地大幅度波动所造成的外汇风险，会严重阻碍一国（地区）对外贸易和国际借贷活动的进行。拥有大量外汇储备的国家和地区，或有很强的借款能力的国家和地区，可以通过动用或借入储备来稳定汇率。对于缺乏外汇储备的发展中国家和地区来说，外汇管制是稳定本币对外币的汇率的重要手段。

3. 防止资本外逃或大规模投机性资本流动，维护国家金融市场的稳定。

经济实力较弱的国家和地区，存在着较多的可供投机资本利用的缺陷。例如，某一国在经济高速发展时，商品价格、股票价格、房地产价格往往高于其内在价值。如果没有外汇管制，该国市场会吸引投机性资本流入，显著加剧价格信号的扭曲。一旦泡沫破灭，投机性资本外逃，会引发一系列连锁反应，造成经济局势迅速恶化。外汇管制是经济实力较弱国家和地区维护该国家和地区金融市场稳定运行的有效手段。

4. 有效利用外汇资金，推动重点产业优先发展。

外汇管制使政府拥有更大的对外汇运用的支配权。政府可以利用它限制某些商品进口，以保护该国（地区）的相应优质产业；或者向某些产业提供外汇，以扶植重点产业优先发展。

5. 增强国家和地区产品国际竞争能力。

在企业不足以保证产品的国际竞争能力的条件下，政府可以借助外汇管制为企业开拓国外市场。例如，规定官方汇率是外汇管制的重要手段之一，当政府直接调低本币汇率，或限制短期资本流入时，都有助于国家（地区）增加出口。

6. 增强金融安全。

金融安全指一国（地区）在金融国际化的条件下，具有的抵抗内外金融风险和外部冲击的能力。开放程度越高，国家（地区）维护金融安全的责任和压力越大。影响金融安全的因素包括不良贷款、金融体制改革和监管等内部因素，也涉及外债规模和使用效益、国际投资冲击等涉外因素。发展中国家和地区的经济发展水平较低，经济结构有种种缺陷，特别需要把外汇管制作为保护国家（地区）金融安全的手段。

（三）外汇管制的弊端

第一，破坏国际分工，阻碍国际贸易的发展。

第二，破坏外汇市场机制，限制市场调节作用的发挥。

第三，手续繁多，交易成本上升。

第四，不利于平衡外汇收支和稳定汇率。

第五，价格机制失调，资源难以合理配置。

我国作为一个外汇管制国家，根据国家外汇管理局的《个人外汇管理办法》规定，境内公民个人结汇的年度总额为每人每年等值 5 万美元。然而，对于跨境电子商务企业来说，这可谓是一大难题。跨境电子商务主要是 B2C 贸易，不像传统 B2B 可以通过公司收款结汇，于是很多跨境电子商务企业为了结汇，经常由财务带上全公司数十个人的身份证，通过透支每人 5 万美元额度的方法进行结汇。但是，根据外汇管理新规，个人为了规避购结汇额度真实性管理，两次出借本人额度协助他人，或直接借用他人额度购结汇的，国家外汇管理局会对这些人实施"关注名单"管理，列入"关注名单"的当年及之后连续 2 年，不再享有 5 万美元额度的便利化措施，情节严重的，会处以罚款，甚至可能会被移送司法机关。

针对这样的现实情况，国内出现了连连支付、PingPong 等经过国家外汇管理局、中国人民银行批准试点的合法合规的大型跨境电子商务支付与结算企业，帮助跨境电子商务企业进行大额收付款及结汇。

课后拓展

数字人民币未来的发展方向

2021 年 12 月 5 日，时任中国人民银行数字货币研究所副所长狄刚在国际金融论坛（IFF）第 18 届全球年会上表示，区块链技术在数字金融领域应用成果初现，中国人民银行数字货币研究所率先实现了在数字人民币的研发项目中积极探索区块链应用。

作为全球第一个由主权国家发行的数字货币，数字人民币不仅对国内金融体系、信用机制产生影响，还将对人民币国际化进程产生重大而深远的影响。从全局视角看，我国数字人民币的未来发展根据其特点可划分为三个阶段。

一、测试阶段（2020年至今）：用于代替现金

数字人民币现仍处于测试阶段。根据已公开资料显示：数字人民币将沿用"中央银行—商业银行—用户"的双层运营体系，即由中国人民银行承担数字货币的发行和监测任务，商业银行承担数字货币的申请任务及"一币、二库、三中心"的运行框架。整个运行机制是：数字人民币由发行库到储存库，在"中央银行—商业银行"环节完成发行回笼过程，而"商业银行—用户"环节由商业银行从储存库向居民和企业部门投放数字人民币。

数字人民币不直接采用"中央银行—用户"的单层运营体系是基于现实条件和风险防范的考虑。在双层运营体系下，中国人民银行不直接面对用户，而是将数字人民币兑换给指定商业银行或机构，指定商业银行或机构须按一定比例向人民银行缴纳准备金，然后才可以将数字人民币兑换给用户。双层运营体系既可以保障数字人民币的法定效力（在已经赋予合法性的前提下），又不会改变现行货币投放体系，对商业银行存款竞争有限，从而能够在一定程度上避免货币超发和挤兑风险，防止其发行对现行金融体系的稳定造成冲击，实现对纸币的逐步替代。这一阶段主要是将数字人民币作为金融基础设施进行建设，并最终演化为更高等级的金融基础设施和货币政策调节工具，为数字人民币跨境支付的实现提供稳定的国内运行环境。

二、应用阶段：主要为数字人民币智能技术的运用

在第一阶段充分发展的基础上，运用大数据、云计算、区块链、数据加密等技术，不断丰富数字人民币的功能。其中，中国人民银行可以利用大数据系统获取货币的整个生命周期数据，灵活监管宏观经济状况，为宏观调控提供可靠翔实的数据支撑，这也是数字人民币设计推行的最主要初衷之一。另外，通过运用区块链技术并结合中心化的优势，现金时代偷逃税款、洗钱、非法资本跨境流动等违法犯罪行为将得到有效遏制。当然，这一阶段是否能够顺利实施取决于第一阶段数字人民币推广应用的广度和深度，若数字人民币的应用率较低，那数据收集就无从谈起，其他功能也无法顺利发挥。

这一阶段实际是将数字人民币从金融基础设施逐步向货币政策调节工具进行功能扩展，表现为数字人民币利率的引入。中国人民银行通过法定数字货币利率影响商业银行存贷利率，从而通过引导数字人民币的流向，提高货币政策支持实体经济的定向精确度。当经济出现危机时，中国人民银行可以利用法定数字货币实施负利率政策及其他非传统货币政策改善信贷传导，防止金融系统陷入流动性陷阱。

三、扩展阶段：发挥数字人民币国际支付和结算功能，促进人民币境外使用

人民币实现国际化的主要路径是实现人民币在价值尺度、支付手段和储藏手段方面的世界货币职能。在逆全球化思潮不断涌现、美元霸权制裁的国际背景下，我国需要在防范国内系统性金融风险、确保金融系统稳定的前提下，加快人民币国际化步伐，尽快实现资本账户开放及人民币自由可兑换。

在数字人民币产生前，人民币国际化主要依靠政府和金融机构单向推动。但是，数字人民币标记化范式的运行系统将实现账户实时跨境交易，不必依赖当地金融机构和跨境银行。数字人民币在终端零售支付上支持去中心化，即只要交易双方认可，即可实现移动支付端的即时支付，具有明显的国际化属性。

从更长远角度看，数字人民币可以在极短的时间内不限次数转移，这一特性将极大地降低交易成本。一旦形成全球支付网络，将对各国双边贸易产生积极影响，并最终实现全球范

围内资本效率的提高。因此，这一阶段的数字人民币将以其独特性和便利性扩大人民币境外使用的范围，实现"自下而上"渗透到海外，并配合"一带一路"倡议规划、资本市场互通等"自上而下"推动人民币国际化进程。

课后训练

一、单项选择题

（ ）1. 下列关于跨境支付与结算说法错误的是____。
A. 跨境支付可能涉及外汇管制政策问题
B. 跨境支付付款方所支付的币种与收款方要求的币种总是一致的
C. 两个或两个以上国家或地区之间因国际贸易、国际投资及其他方面发生的国际债权债务
D. 跨境支付实现了资金跨国（或地区）转移

（ ）2. 我国作为一个外汇管制国家，根据外汇管理局的《个人外汇管理办法规定》，境内公民个人结汇，每人每年的额度是等值____美元。
A. 2 万　　　　　　B. 3 万　　　　　　C. 4 万　　　　　　D. 5 万

（ ）3. ____是跨境电商运行和发展的生命线，是跨境电商平台必须守住的底线。
A. 洗钱和资金的非法流动　　　　B. 国际收支的申报管理监测
C. 个人结售汇限制　　　　　　　D. 交易的真实性

（ ）4. ____是欧美最流行的支付方式，用户人群非常庞大，但接入方式麻烦、需预存保证金、收费高昂、付款额度偏小。
A. 国际信用卡收款　　　　　　　B. MoneyGram
C. PayPal　　　　　　　　　　　D. 西联汇款

（ ）5. 下列____跨境支付方式是俄罗斯最大的第三方支付工具之一，其服务类似于支付宝，它能帮助用户快速、方便地在线支付水电费、手机话费，实现网络购物和银行贷款等。
A. CashU　　　　　　　　　　　B. Qiwi Wallet
C. MoneyGram　　　　　　　　　D. Payoneer

二、多项选择题

（ ）1. 按支付币种区分，跨境支付与结算可分为____。
A. 人民币结算　　　　　　　　　B. 外汇结算
C. 用户本人支付　　　　　　　　D. 委托第三方支付

（ ）2. 下列哪些情况发生时，亚马逊一般会删除 Feedback？
A. 评价中包含色情和暴力的词语或内容
B. 评价中包含了卖家私人信息，如邮箱、电话号码、全名等
C. Feedback 完全只针对产品，而非卖家的服务
D. 亚马逊 FBA 引起的物流问题

（　　）3. 按跨境网络消费途径，跨境支付可分为____。
A. 第三方支付平台　　　　　　　B. 网银线上支付
C. 信用卡在线支付　　　　　　　D. 移动手机支付

（　　）4. 离岸公司具有____等特点。
A. 高度的保密性　　　　　　　　B. 特殊的税收优惠政策
C. 可以处理人民币业务　　　　　D. 宽松的监管环境

（　　）5. 目前国际上五大信用卡品牌中，哪两个品牌被大家广泛使用？
A. VISA　　　B. MasterCard　　　C. American Express　　　D. JCB　　　E. Diners Club

三、判断题

（　　）1. 国际信用卡除了可以线下 POS 刷卡交易外，还能通过在线网关进行支付，实现全球范围内的收单和资金结算。

（　　）2. 虽然 PayPal 和 PayPal 贝宝是两个独立运作的网站，但是可以使用同一个邮箱地址注册 PayPal 和 PayPal 贝宝。

（　　）3. PayPal 账户分为 3 种类型：个人账户、高级账户和商业账户。个人账户可以直接升级为企业账户，反之企业账户也可以降为个人账户。

（　　）4. PayPal 买家（用户）利益大于 PayPal 卖家（商户）利益，双方权利不均衡，因此卖家账户容易被冻结，使卖家利益受损。

（　　）5. PayPal 支持 4 种提现方式：中国内地电汇提现、中国香港账户提现、支票提现和美国账户提现。其中电汇提现和支票提现是最常用的两种方式。

（　　）6. 国际支付宝（Escrow）支持部分产品的小额批发、样品、小单、试单交易，只要卖家的产品通过 EMS、DHL、UPS、FedEx、TNT、顺丰、邮政航空包裹这 7 种国际运输方式发货，同时每笔订单金额小于 20 000 美元，都可以使用国际支付宝进行交易。

四、简答和分析题

1. 目前，主流跨境电商支付与结算的方式有几种？比较不同支付方式的优缺点。

2. 请对比 PayPal、国际支付宝、Payoneer 这 3 种收款方式，主要对比它们收取的费用及它们各自的优劣势。

3. 使用 PayPal 时常见的拒付有哪几种情况？请举例说明。

项目六 跨境数据化营销

培养目标

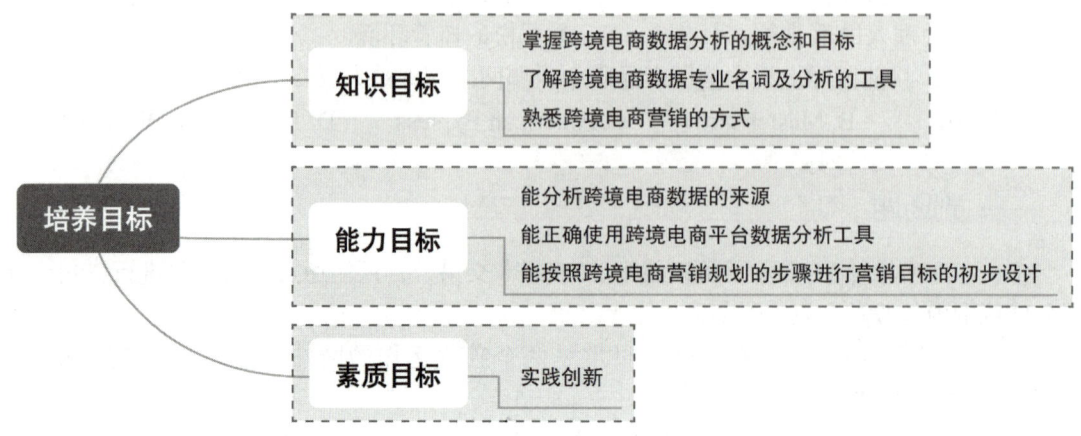

课前导学

知者顺时而谋，愚者逆理而动

"知者顺时而谋，愚者逆理而动。"语出《后汉书·列传·朱冯虞郑周列传》，意思是：做事应当顺应时局。

当前，全球经济数字化转型不断加速，数字经济成为高质量发展新引擎。商务领域主体庞大、载体多样、场景丰富，是数字化发展的重要动力和主要场景。商务部 2024 年公开的数据显示，中国连续 11 年位居全球第一大网络零售市场，跨境电商占货物贸易进出口比重持续提升，数字领域外资准入不断扩大，数字经济成为国际合作热点，中国商务领域新经济规模快速增长，在服务构建新发展格局中发挥了积极作用。数字商务是商务领域新质生产力的重要驱动因素，是数字经济在商务领域的具体实践，也是数字经济发展最迅速、创新最活跃、应用最丰富的重要组成部分。

2024 年 4 月，商务部印发《数字商务三年行动计划（2024—2026 年）》，提出推动商务各领域数字化发展的 5 项重点行动，共 20 条具体举措。

基于数字经济发展的趋势，从跨境数据分析与营销角度入手，建议各跨境电商企业顺应数字经济的发展方向，提早布局数据化营销。

任务一　分析跨境电商数据

小橙所在的宁波诚通贸易有限公司在全球速卖通平台和亚马逊平台都设有店铺，小橙想要提高两个平台的店铺流量，增加订单量，需要对店铺的商品、订单、店铺流量等方面进行数据分析，因此要做好以下两点。

第一，全球速卖通平台数据分析。

第二，亚马逊平台数据分析。

一、全球速卖通平台数据分析

（一）"生意参谋"的实时概况数据分析

全球速卖通平台的数据主要从"生意参谋"按钮进入，在最右边有"返回数据纵横"按钮，可以回到原来"数据纵横"的界面。

如图6-1所示，"生意参谋"的实时概况中出现了支付金额（美元）、访客数、支付买家数、支付主订单数和浏览量等数据指标。

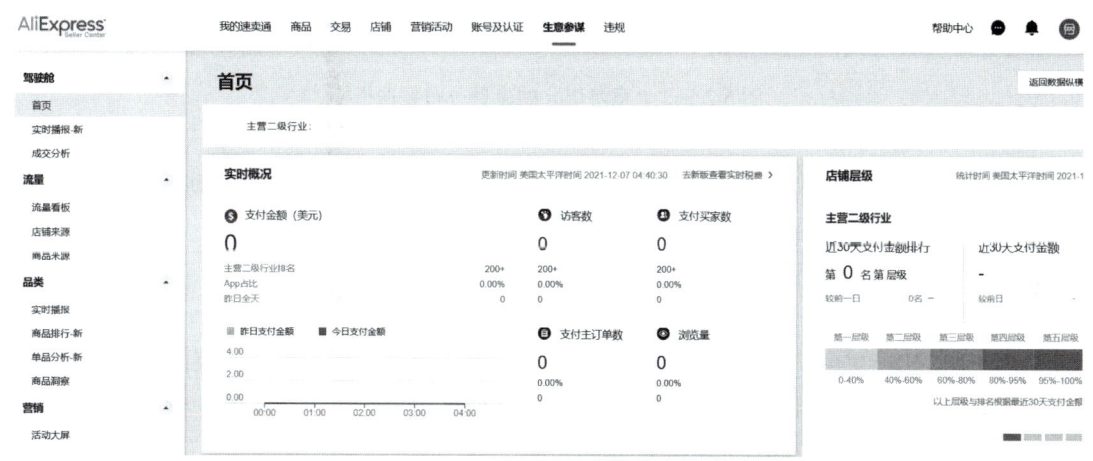

图 6-1　"生意参谋"的实时概况数据指标

支付金额（美元）：统计美国时间当天支付成功的订单金额，含之前下单当天支付成功订单，若当天下单但并未支付则不会计算在内。预售阶段付款在付清当天才计入内。特别说明：第一，由于汇率问题，实时数据会与历史数据有误差；第二，按照创建订单的设备来区分App和非App的数据。例如，小橙用手机创建订单但是在电脑上支付，则支付金额计入App数据。

访客数（UV，Unique Visitor）：美国时间当天访问店铺页面（含商品详情页）的去重人数，一个用户在统计时间范围内访问多次的，只记为一个。所有终端访客数为App端访客数和非App端访客数直接相加之和。按天去重，周和月的数据按日累加。

支付买家数：美国时间当天支付成功的去重买家数。按天去重，周和月的数据按日累加。特别说明："数据纵横"的买家数是 App 端与非 App 端直接累加，"生意参谋"的买家数是 App 和非 App 去重统计。统计逻辑不一样，"生意参谋"的数据更能代表店铺真实的买家数和客单价。

支付主订单数：美国时间当天支付成功的主订单数。

浏览量（PV，Page View）：美国时间当天店铺所有页面被访问的次数，一个用户在统计时间内访问多次的记为多次，即一个页面被点击一次，记为一次浏览；一个用户多次点击或者刷新同一个页面，记为多次浏览，累加不去重。

（二）"生意参谋"的流量分布数据分析

如图 6-2 所示，流量分布分为按国家/地区查询和按行业查询，可以查询的数据包括访客数、访客数占比、支付转化率、客单价等指标，下面具体分析这些数据指标。

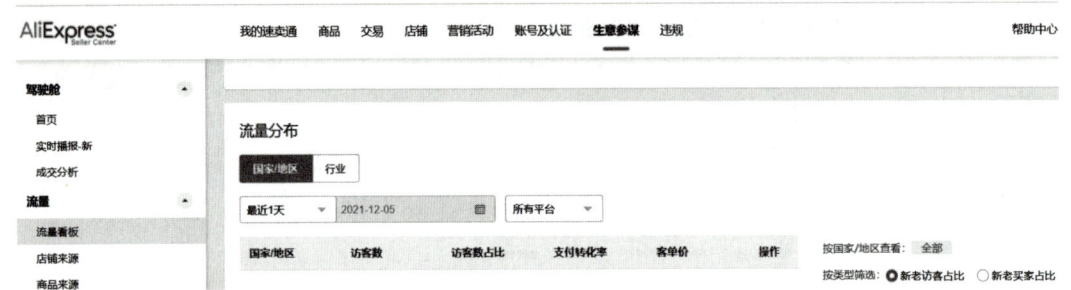

图 6-2　"生意参谋"的流量分布数据指标

访客数：美国时间当天访问相关页面的去重人数，一个人在统计时间范围内访问多次的，只记为一个。要特别注意区分店铺访客数和商品访客数。

访客数占比：在统计时间内该行业浏览量占上一级行业浏览量的占比。国家/地区与此类同。

支付转化率：支付买家数占访客数的比重，即来访用户转化为支付买家的比例。

客单价：总支付金额除以总支付买家数的值，即平均每个支付买家的支付金额。

（三）"生意参谋"的店铺来源数据分析

如图 6-3 所示，店铺来源明细可以选择 13 个指标，其中部分指标前面已经提过。下面主要分析 UV 价值、商品收藏人数、商品加购人数、下单买家数、下单转化率、平均访问深度和跳失率。

图 6-3　店铺来源明细指标

UV 价值：支付金额除以访客数，即平均每个访客的支付金额。

商品收藏人数：统计时间内，收藏商品成功的去重人数。先收藏再取消收藏的，仍然统计。

商品加购人数：统计时间内，添加购物车成功的去重人数。按天去重，周和月的数据按日累加。

下单买家数：美国时间当天下单的去重买家数。按天去重，周和月的数据按日累加。

下单转化率：下单买家数除以访客数的值。

平均访问深度：所有访客访问的总页面数（包括离店页）除以访客数的值。

跳失率：用户进入页面没有任何点击动作即退出，这种情况被称为"跳失"。计算方式为跳失访客数除以页面访客数。

（四）其他重要数据分析

商品指数：统计时间段内，行业中的商品数量经过数据处理后得到的对应指数。商品指数不等于在售商品数，指数越大，在售商品数越多。

流量指数：统计时间段内，行业中的流量经过数据处理后得到的对应指数。流量指数不等于行业总 PV，指数越大，PV 越大。

供需指数：统计时间段内，行业中的商品指数除以流量指数的值。供需指数越小，竞争力越小。

成交指数：在所选行业的所选时间内，累计成交订单数经过数据处理后得到的对应的指数。成交指数不等于成交量，指数越大，成交量越大。

竞争指数：在所选行业的所选时间范围内，商品词对应的竞争指数。竞争指数越大，竞争越激烈。

二、亚马逊平台数据分析

亚马逊平台的主要数据指标包含 Page Views、Page Views Percentage、Sessions、Sales Rank、Ordered Product Sales、Units Ordered、Average Offer Count、Order Item Session

Percentage、Unit Session Percentage、Average Customer Review、Customer Reviews Received、Negative Feedback Received、Received Negative Feedback Rate、A-to-Z Claims Granted 等指标，具体代表的含义如下。

Page Views（浏览量）：在所选取的时间范围内销售页面被点击的总浏览流量。

Page Views Percentage（特定页面流量比率）：在页面流量中有特定浏览某项 SKU/ASIN 的流量所占的比例。

Sessions（浏览用户数）：24 小时内曾经在销售页面浏览过的用户数。同一个用户不管点击几次都只算一个用户，是非常值得参考的数据。

Sales Rank（销售排名）：商品在该类别中的亚马逊评估排名。此项排名中有多项影响因素，这里显示的都是经由内部计算后所呈现的即时排名。

Ordered Product Sales（订单销售额总和）：订单中所售商品的销售额总和。计算方式为订单上的销售数乘以销售价格的总和。

Units Ordered（商品销售数）：订单中所售商品的数量。

Average Offer Count（平均可售商品页面）：在所选定的时间范围内平均具有的可售商品页面数量。

Order Item Session Percentage（下订单用户百分比）：浏览用户中下订单的用户所占的百分比。

Unit Session Percentage（销售个数用户转化率）：用户浏览后购买商品的比例。能达到 7% 就是不错的数据。

Average Customer Review（平均商品评论评级）：总体平均的商品评论级数。以五星级评级方式来显示。

Customer Reviews Received（商品评论数）：商品获得商品评论的总数，无论好评与否，一起计算。

Negative Feedback Received（差评数）：收到的差评总数。只包含差评，不涉及其他类型的反馈。

Received Negative Feedback Rate（差评率）：差评占评论总数的比例，即差评反馈数。

A-to-Z Claims Granted（已批准的亚马逊商城交易索赔）：收到 A-to-Z 索赔的次数。没有收到是最好的。

一、跨境电商数据分析

（一）概念

跨境电商数据分析

跨境电商数据分析指用适当的统计、分析方法收集大量的数据，将它们加以汇总和分析，为跨境电商店铺运营提供调整思路和决策依据。

（二）数据分析的目标

数据分析的目标是找到适合店铺的运营方案以达到销售利润最大化。店铺运营包括市场分析、选品开发、店铺监控、商品分析、打造爆款等。在这些环节中，数据分析能为决策提供客观依据。

（三）数据分析的步骤

1. 确定目标，明确店铺运营中需要解决的问题。
2. 收集数据，包括店铺数据、行业数据、商品数据、用户数据等。
3. 整理数据，分析数据，制作成图表，可以直观地看到分析结果。
4. 对比数据，对比不同时间、不同商品的数据，查看不同模型对结果的影响。
5. 做出判断，通过对比数据，调整策略，选定新方案。
6. 新方案测试，对选定的新方案进行数据监控及测试。
7. 确定方案，通过测试选择最优方案。

二、数据分析的对象

（一）市场数据分析

1. 市场行情数据分析是指卖家对市场品类容量数据、商品品类数据、竞争品牌、竞争商品数据等进行分析。卖家可以通过对市场行情数据进行分析，找到提升销售额的"蓝海"商品，找到适合店铺的品类，合理规划品类布局从而提升店铺的销售额。

例如，小橙要想提高全球速卖通店铺的流量，可以通过"数据纵横"中的"行情分析"了解行业品类数据，找到品类的切入方案。也可以使用"市场行情"查看相似品牌的数据，了解同类目的商品数据变化。

2. 市场营销数据分析主要通过行情分析和搜索词分析对品类数据进行分析。卖家对行情进行分析，可以更好地进行商品布局和营销规划。卖家对搜索词进行分析，可以了解细分品类的关键词搜索排序。关键词分析包括搜索词、长尾词、品牌词、核心词、修饰词分析，不同的搜索词营销方向不同。

（二）竞争数据分析

竞争数据分析是指卖家对竞争品牌、竞争商品进行数据采集和分析。通过对排名靠前的店铺进行详细分析来了解和借鉴这些店铺的经验，找到正确的方向。

1. 竞争品牌分析。卖家可以通过"市场行情"的排名数据，对细分类目的品牌排行数据、与自己品牌相似的品牌数据进行监控和分析。卖家通过分析竞争品牌的品类结构数据、商品数据，找到并学习竞争品牌的优势，然后调整优化店铺品牌的营销策略、推广策略，从而提升自身品牌的竞争力。

2. 竞争商品分析。卖家根据商品类目、商品视觉和商品价格，对竞争商品进行数据采集和对比分析，了解同类目、同类型商品的差异，找到自身商品数据可以优化的地方。

（三）人群数据分析

人群数据分析是指卖家对用户的性别、年龄、消费习惯、消费能力、地域分布等要素进行分析。卖家可以通过商品分析、成交分析等数据分析，了解商品的成交转化率、流量指数、成交指数等，从中洞察用户的性别、年龄、地域等属性，并结合店铺商品的定位设计有针对性的营销活动。

三、常用的跨境电商数据分析工具

（一）平台分析工具

1. 全球速卖通数据纵横与生意参谋。

（1）数据纵横。

①商机发现，即卖家可以对"商机发现"模块中的数据进行分析，为店铺选品做准备，也可为店铺营销策略的制定提供依据。商机发现有三项数据信息，即行业情报、选品专家、搜索词分析。搜索词分析包括热搜词、飙升词和零少词。热搜词是指在统计时间内此类目搜索的关键词。飙升词是指搜索数量快速增加的关键词。零少词是被极少人搜索过的关键词。

②市场行情有"国家市场""细分市场"和"商品研究"三个板块。市场行情提供某个行业或行业对应的子类目下，全球维度的国家热度分析、细分买家市场分析，组合维度下人群画像的数据分析、商品分析等，能够有效助力卖家对全球市场拓展的行情及趋势进行了解，并提供策略分析参考。其中，国家市场是指通过销售体量和市场增速，对某个行业的国家大盘有整体的概念；细分市场是指单个国家的市场详情分析，如城市买家排行、年龄分布、性别分布等，从"国家市场"看国家大盘后，通过这个功能可以判断这个国家是否适合自己的商品进入推广；商品研究是指找到有潜力而且与自己匹配的市场后，通过不同的用户属性组合，来选择适合推广的商品。

③"实时风暴"分为"实时概况"和"实时营销"，可以反映店铺实时流量情况及商品实时交易情况。在店铺参加活动前，可以利用"实时风暴"来制订活动计划。

④"经营分析"分为"成交分析""商品分析"，可以反映店铺具体的成交状况及商品销售的具体数据，可供卖家调整商品策略。

⑤"流量分析"分为"流量概况""流量来源去向"和"自主推广效果"，可以反映店铺详细的流量来源和去向，包括店铺流量来源、流量路径、新老用户来源、每个页面数据及广告投放数据监测。

⑥"能力诊断"是指对店铺的过往数据与行业其他店铺数据的横向比较，能够反映店铺运营能力的指标，包括综合能力、转化能力、引流能力、商品能力、营销能力、服务能力和平台规则能力。

（2）生意参谋。

生意参谋是数据纵横的升级版，但也区别于数据纵横。生意参谋最重要的功能是"流量看板"和"转化看板"。

①"流量看板"主要是向卖家展示店铺内 App 端和 PC 端的流量来源及分布情况，目前开放给卖家的渠道一共有 12 个内容，分别是导购频道、商品页面、搜索、全球速卖通首页、用户后台、其他、购物车、店铺页面、收藏夹、自主访问、站外流量、会场内容。一款产品的流量由各个流量渠道进入，卖家可以根据折线图的流量起伏情况，对流量渠道进行判断，可以作为流量参考的依据。同时按照访客的多少对流量渠道进行排序，形成前五的排行榜；按照渠道对关键词进行排名，形成渠道关键词排行榜。

②"转化看板"主要针对访客、加购、收藏、支付进行排名，同时结合数据纵横中商品分析，分析商品的搜索曝光量、下单订单数、支付金额、加购次数、加收藏夹人数等重要指标。此部分数据结合数据纵横，能分析出商品的流量及潜力商品，可以用于判断能否把商品打造成爆品。

2. 亚马逊分析工具。

亚马逊后台数据报告中，卖家关注的主要是业务报告和库存报告。业务报告是店铺销售数据；库存报告主要包括两组数据，即自发货库存数据和FBA（Fulfillment By Amazon）数据。FBA是指亚马逊提供的代发货业务。亚马逊数据分析可以提供市场趋势报表、用户行为分析数据、地理位置数据分析表、订单销售数据表、店铺运作数据表、用户评论数据表。

3. eBay数据分析工具。

eBay店铺流量报告可以提供10项数据，包括店铺访问人数、用户的停留时间等店铺相关页面的流量数据信息及用户前往店铺和商品页面方式的数据信息。

（二）第三方数据分析工具

1. Alexa：在Alexa网站上可以查看全球网站的访问量数据及网站的综合排名和分类排名。

2. Google Trends：Google Trends（谷歌趋势）可以为卖家选品、市场调研和制订营销计划提供参考。通过谷歌趋势可看到每个关键词的搜索趋势，根据趋势升高或降低可以判断商品近期销售情况。

3. WatchCount：这是基于eBay平台的选品工具，可以查看eBay平台上受欢迎的商品，也可以作为其他相近平台的选款参考。

4. Terapeak：使用Terapeak可以查看eBay和亚马逊平台上的商品销售数据。

5. 价格追踪插件。

（1）Keepa插件是一款亚马逊历史价格追踪插件，可以生成价格历史图表并添加到Google Chrome，能看到商品价格的变化。

（2）Camelcamelcamel是一个价格追踪插件网站，也是亚马逊FBA卖家的标配，可以追踪所有商品历史价格。它可以进行ASIN研究，查看价格变化等信息，从而为卖家研究商品提供参考。

任务二 认知跨境电商营销

任务导入

小橙对全球速卖通和亚马逊店铺中商品数据、订单数据、店铺数据等方面有了初步的认识和了解，接下来小橙需要为店铺制定相应的营销活动。开展营销活动需要做好以下几点。

第一，开展全球速卖通店铺自主营销活动。

第二，亚马逊店铺促销活动。

一、开展全球速卖通店铺自主营销活动

在全球速卖通平台上，为了提升店铺流量，需要参加各种店铺活动。全球速卖通平台目前有单品折扣活动、金币抵扣、满减活动、店铺优惠券、互动活动等店铺活动，都在"营销活动"下的"店铺活动"中。

小橙根据平台后台的商品数据进行产品规划，在店铺商品中，选择符合大众消费需求、市场覆盖面较广的商品，通过价格优化、营销组合的方式将其打造为引流款。引流款给店铺带来的流量和曝光，可以带动基础款商品的销量，减少库存压力。经过调研和数据分析，小橙决定开展以下几个店铺活动，从图6-4的"营销活动"下的"店铺活动"按钮进入。

第一，挑选几款产品设置单品折扣活动，来提高店铺的排名，增加曝光率。

第二，设置店铺优惠券和满减（含满包邮）活动。

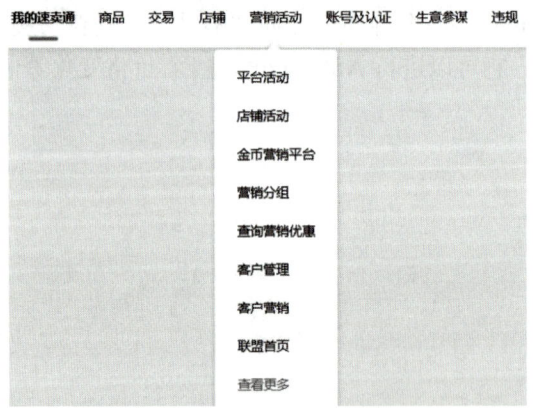

图6-4 全球速卖通平台营销活动

（一）单品折扣活动

单品折扣活动是单品级打折优惠工具，是基于全店铺打折和店铺限时限量工具的结合工具，主要用于店铺自主营销。单品的打折信息将在搜索、详情、购物车等买家路径中展示，能提高买家购买转化率，使卖家快速出单。

单品折扣活动具有以下特点。

1. 没有每月限制的活动时长和活动次数，单场活动最长支持设置180天。

2. 允许在活动进行中暂停活动（适用于活动设置错误，快速止损）。

3. 活动进行中允许操作新增或撤销商品（无需暂停活动即可操作）及编辑折扣，且实时生效。

4. 取消锁定商品编辑及运费模板编辑后可实时同步到用户前台（仅对进行单品折扣活动的商品生效）。

5. 单场活动支持最多设置 10 万个商品。

6. 取消活动复制功能，可通过 Excel 表格批量上传。

7. 支持单个商品设置粉丝或新人专享价。

以上特点均适用于日常活动，大促场景下的单品折扣活动不允许暂停活动，预热开始后不允许新增或撤销商品，不允许编辑商品（同平台活动锁定逻辑一致）。

如图 6-5 至图 6-7 所示为单品折扣活动设置的步骤：第一步创建活动；第二步填写活动基本信息；第三步设置活动优惠信息。其中活动名称最长不超过 32 个字符，只供查看，不展示在用户端；活动起止时间为美国太平洋时间，设置后即时生效。

第一步，创建活动。登录"我的速卖通"，单击"营销活动"，在"店铺活动"中选择"单品折扣活动"，单击"创建"，如图 6-5 所示。

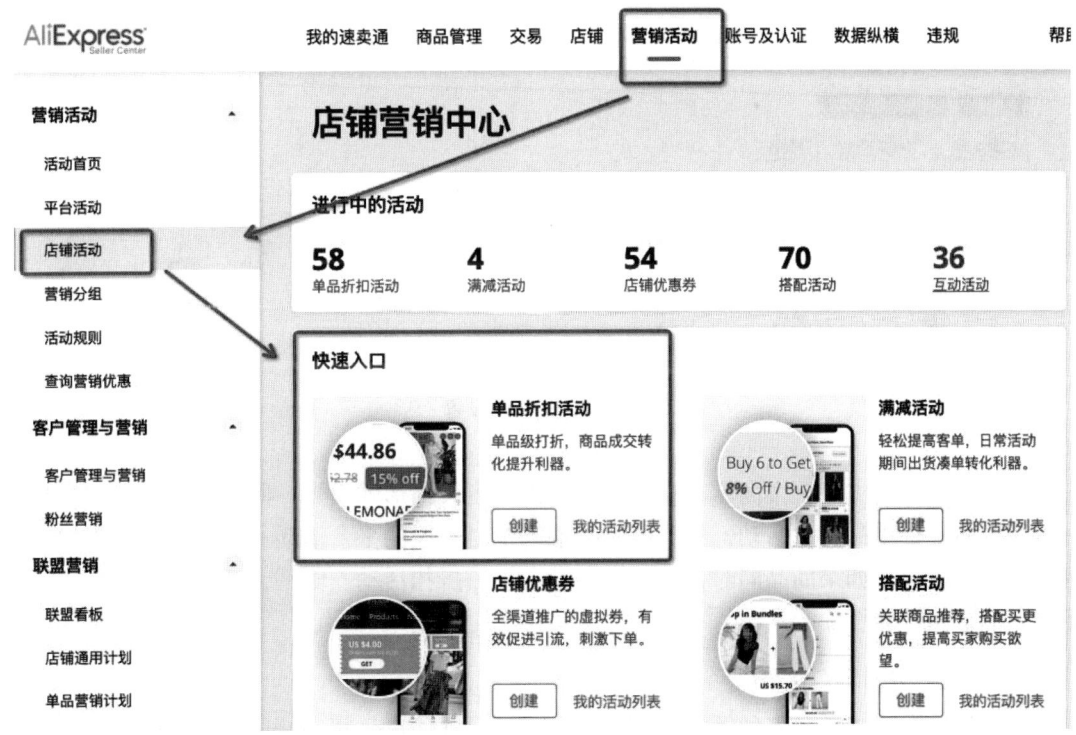

图 6-5　单品折扣活动设置（1）

第二步，填写活动基本信息，如图 6-6 所示。

图 6-6　单品折扣活动设置（2）

第三步，设置活动优惠信息，如图 6-7 所示。

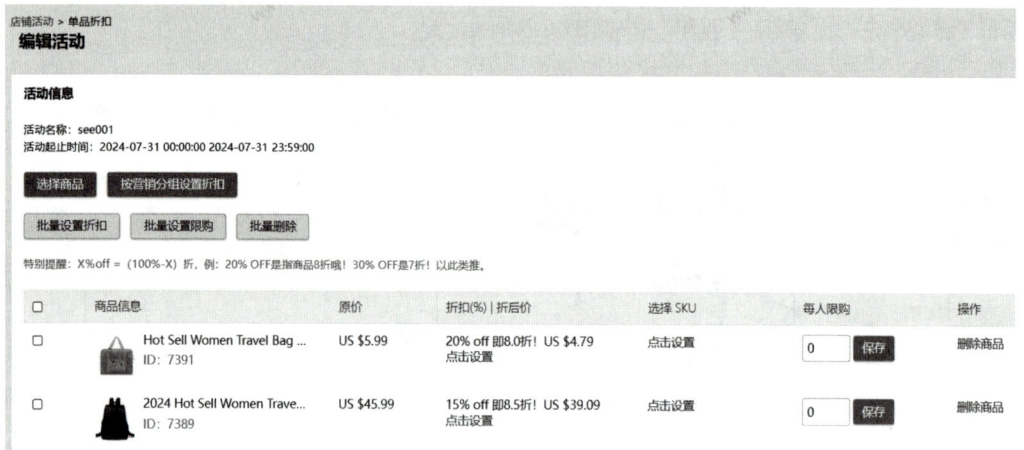

图6-7　单品折扣活动设置（3）

单品折扣活动支持单个商品、根据营销分组或者表格形式设置。同一个商品只能参与同一时间段内一场单品折扣活动，但可同时参加同个时间段的平台活动。平台活动等级优先于单品折扣，所以，如果商品同时参加平台活动和单品折扣活动，则平台活动的折扣会生效，而单品的折扣不会叠加。

（二）店铺优惠券活动

店铺优惠券可以通过多种渠道进行推广，通过设置优惠金额和使用门槛，刺激转化、提高客单价。店铺常用的优惠券有领取型、定向发放型和互动型。店铺优惠券活动没有活动时长和活动次数的限制，而且活动进行期间可以暂停。

领取型优惠券可在各种渠道发放，是引流、转化、拉新的有效手段之一，因此小橙决定发放领取型优惠券。

第一步,创建活动。登录"我的速卖通",单击"营销活动",在"店铺活动"中选择"店铺优惠券",单击"创建",如图 6-8 所示;在"领取型优惠券活动"下面单击"添加优惠券",如图 6-9 所示。

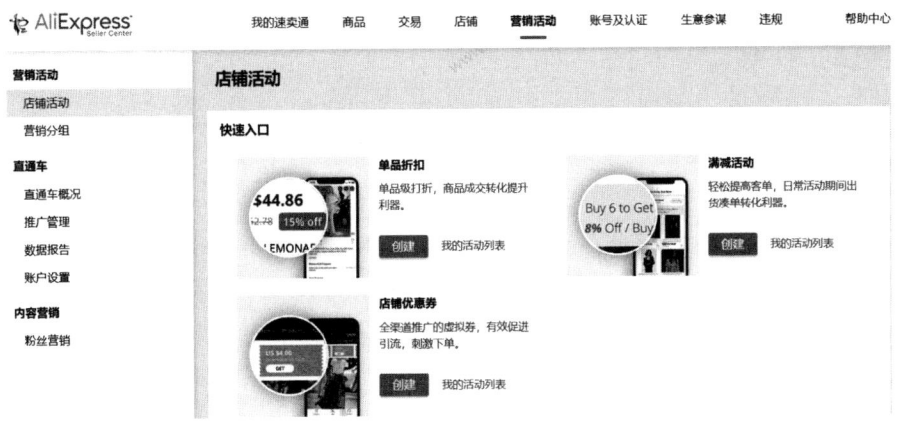

图 6-8　领取型优惠券设置步骤(1)

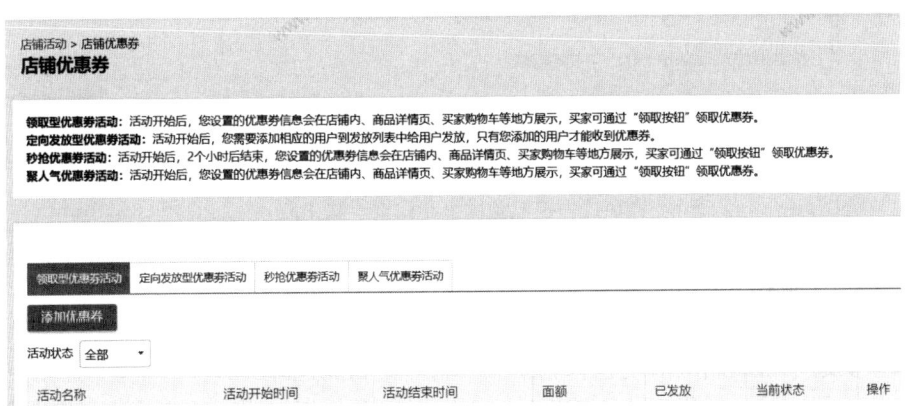

图6-9　领取型优惠券设置步骤(2)

第二步,填写活动基本信息,如图 6-10 所示。

图 6-10　领取型优惠券设置步骤(3)

163

第三步，设置优惠券详情，如图6-11、图6-12所示。

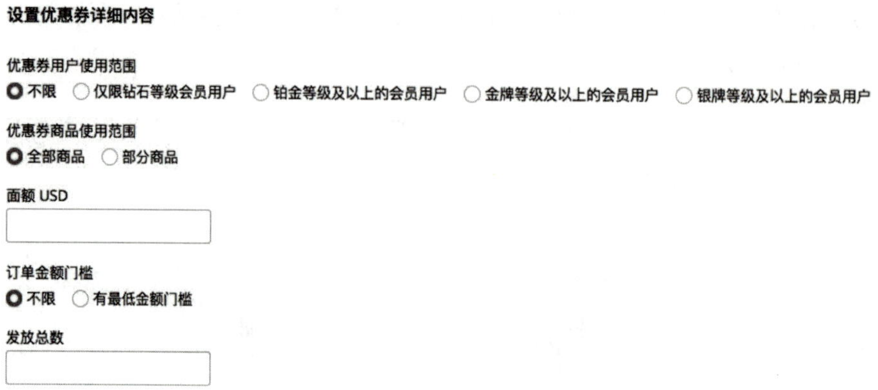

图6-11 领取型优惠券设置步骤（4）

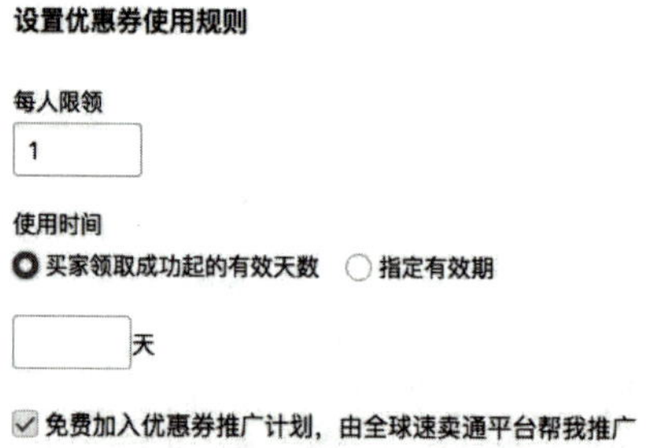

图6-12 领取型优惠券设置步骤（5）

（三）满减活动

全球速卖通平台的满减活动包含满立减、满件折和满包邮三种。其中，满立减、满件折的优惠是与其他店铺活动优惠叠加使用的，对于已经参加折扣活动的商品，买家购买时以折扣后的价格计入满立减/满件折规则中。所以，同时使用打折工具和满立减、满件折工具时，一定要计算一下店铺的利润。

小橙决定设置满立减活动。满立减活动设置步骤如图6-13至图6-15所示。

第一步，创建活动。登录"我的速卖通"，单击"营销活动"，在"店铺活动"中选择"满减优惠"，单击"创建活动"，如图6-13所示。

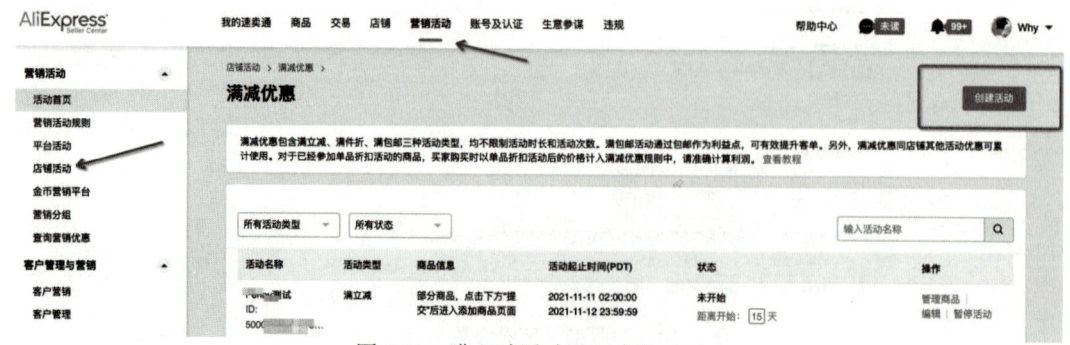

图6-13 满立减活动设置步骤（1）

第二步，填写活动基本信息，如图6-14所示。

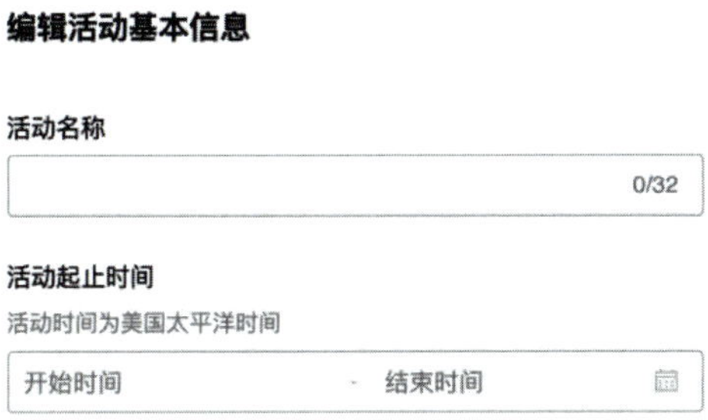

图6-14　满立减活动设置步骤（2）

第三步，设置活动商品及促销规则，如图6-15所示。

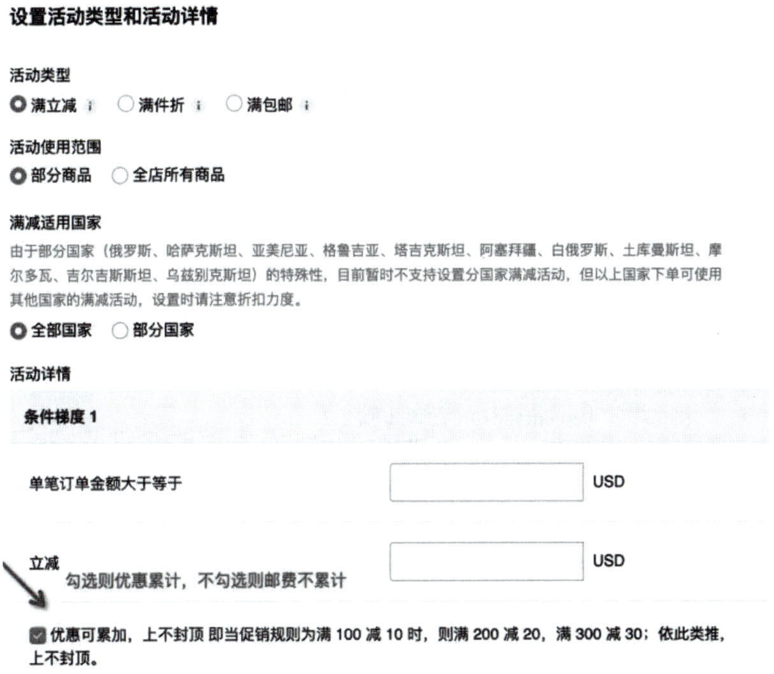

图6-15　满立减活动设置步骤（3）

二、亚马逊店铺促销活动

亚马逊店铺促销活动分为社交媒体促销代码（Social Media Promo Code）、免运费（Free Shipping）、满减及折扣（Percentage Off）、买一送一（Buy One Get One）、买赠（Giveaway）五种类型。

小橙决定在亚马逊平台上面设置满减及折扣（以下称为Percentage Off）活动。具体步骤如下。

第一步，进入卖家后台单击"Advertising"下拉菜单→单击"Promotions"选项，如图6-16所示。

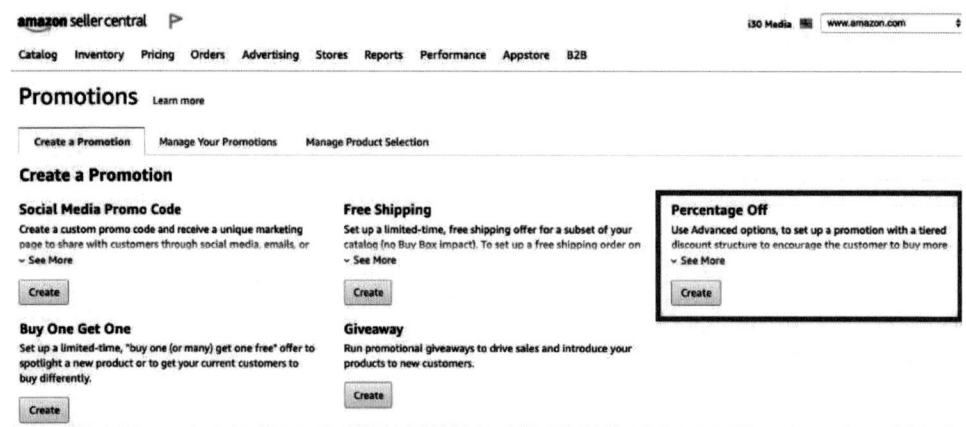

图 6-16　Percentage Off 设置步骤（1）

第二步，单击"Percentage Off"选项卡→单击"Create"按钮，如图 6-17 所示。

图 6-17　Percentage Off 设置步骤（2）

第三步，单击"Create a new product selection"按钮，如图 6-18 所示。

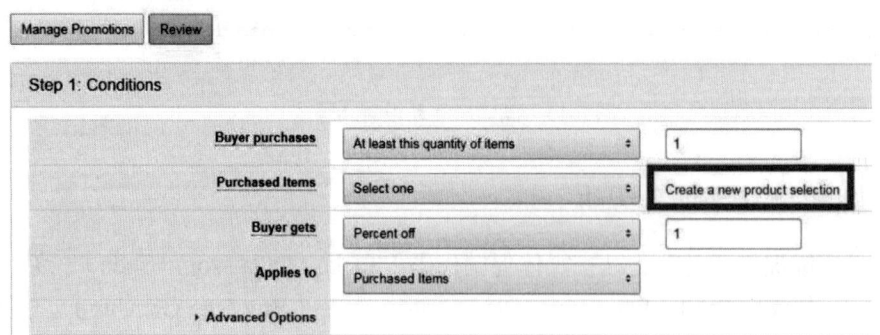

图 6-18　Percentage Off 设置步骤（3）

第四步，在新弹出的"Create Product Selection"窗口中，单击"Manage Product Selection"下拉菜单→单击"ASIN List"选项→单击"Create Product Selection"按钮，如图 6-19 所示。

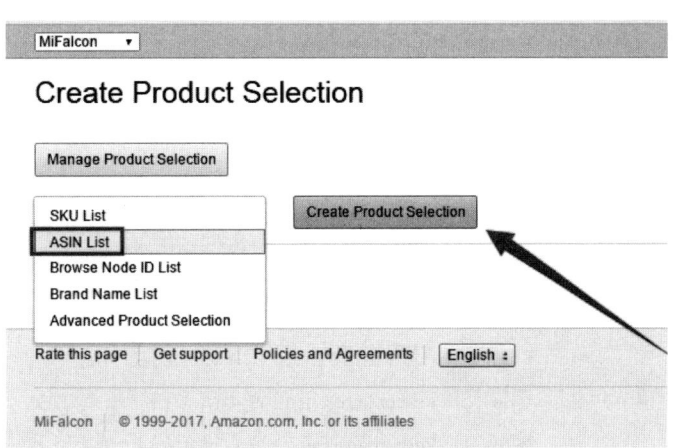

图 6-19 Percentage Off 设置步骤（4）

第五步，在文本框中设置商品详情（Setup product selection details），如图 6-20 所示。其中在字母 a 处 "Product Selection Name / Tracking ID" 输入追踪优惠活动的主题名称；字母 b 处 "Internal Description" 表示内部用资讯；在字母 c 处 "ASIN List" 输入 ASIN 码；单击字母 d 处 "Submit" 按钮提交。

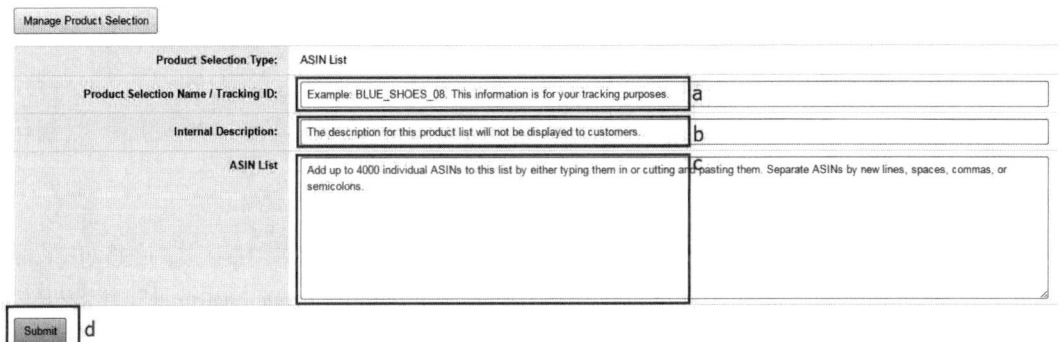

图 6-20 Percentage Off 设置步骤（5）

第六步，设置完成后，再次单击 "Advertising" →单击 "Promotions" 选项，如图 6-16 所示。

第七步，再次单击 "Percentage Off" 选项卡→单击 "Create" 按钮，如图 6-17 所示。

第八步，设置 "Percentage Off" 第一步骤的条件，如图 6-21 所示。其中，图中字母 A 处 "Buyer purchases" 下拉菜单可以选择 "At least this quantity of items"，字母 B 处 "Purchased Items" 下拉菜单选择刚建立的 "Select one"，字母 C 处 "Buyer gets" 下拉菜单选择 "Percent off"，在字母 D 处文本框中输入想要打折的百分比。注意：如果想要打 7 折，请输入 "30"；想要打 1 折，请输入 "90"。

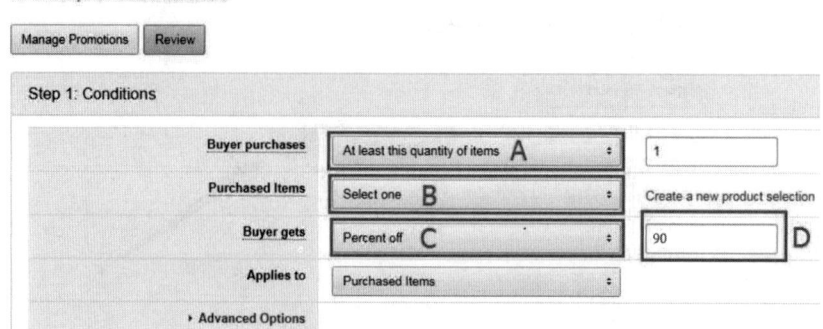

图 6-21　Percentage Off 设置步骤（6）

第九步，设置"Percentage Off"第二步骤的条件，如图 6-22 所示。其中，单击"End Date"文本框输入优惠活动结束的日期，单击"Internal Description"文本框输入优惠活动的备注。

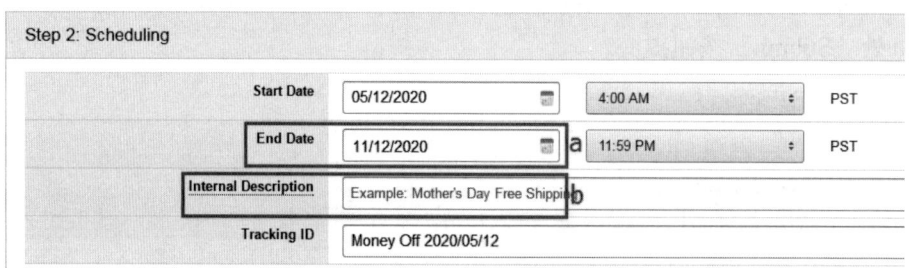

图 6-22　Percentage Off 设置步骤（7）

第十步，设置"Percentage Off"第三步骤的内容，如图 6-23 所示。其中，字母 D 处"Claim Code"单选按钮勾选"Group"，字母 E 处勾选"One redemption per customer"复选框，在字母 F 处"Claim Code"文本框中输入相应代码。

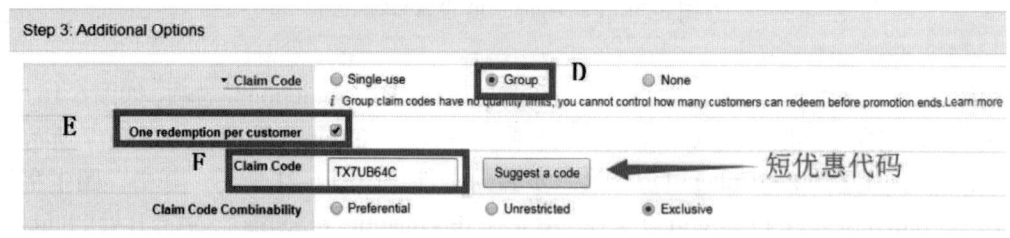

图 6-23　Percentage Off 设置步骤（8）

第十一步，确认设置内容正确后就可单击"Submit"按钮，如图 6-24 所示。

图 6-24　Percentage Off 设置步骤（9）

一、跨境电商营销的变化趋势

（一）跨境电商营销多元化趋势

跨境电商营销的多元化趋势包括营销市场多元化、营销渠道多线发展、营销平台丰富等趋势。营销市场更趋向多元化，主要表现为市场从欧美发达国家向欠发达的地区延伸。营销渠道多线发展，表现为有第三方电商平台、独立站、App、线下等多种渠道。营销平台越来越丰富，表现为有新兴媒体和区域媒体营销平台。

（二）跨境电商营销社交化趋势

为了争夺用户的流量、提高流量变现能力，社交平台逐渐形成电商化布局，同时电商平台也在向社交化方向转型。

（三）IP 化趋势

1. 自建 IP。

越来越多的智能硬件产品通过众筹首发，共同参与，聚集一批铁杆粉丝，形成强认同、强关联，赋予产品 IP 属性之后，再通过自媒体渠道扩散到全网平台。

2. IP 联名。

和大 IP 绑定，借助高热度、高人气来做跨界营销。例如，京东和电影《妖猫传》的合作，安踏霸道系列与故宫 IP 的跨界营销。

（四）跨境营销品牌化趋势

跨境营销品牌化消费升级的必然需求。用户需求不再是简单要求商品物美价廉，更要求商品突出个性，同时寄托个人情感和价值观，这也倒逼企业进行品牌化建设。品牌化是企业竞争的必然出路。

二、跨境电商营销的类型

（一）海外搜索引擎营销

搜索引擎营销是指从自然搜索结果中获得网站流量的技术和过程，是在了解搜索引擎自然排名的基础上，改进网站在搜索引擎中的关键词自然排名，获得更多的流量，从而达成网站销售及品牌建设的目标。

搜索引擎营销是跨境电商营销的重要手段。用户通过搜索引擎了解卖家及商品，找到自己所需的商品。想要更好地打开国际市场，海外搜索引擎营销必不可少。通过购置关键词的方式，可以显著提高商品被海外用户搜索到的几率。虽然全球大多数国家的用户都在使用Google，但是仍然有部分用户使用本土的搜索引擎，所以不同国家的搜索引擎也是不容忽视的。

（二）海外社交媒体营销

国际上社交媒体以 Facebook、Twitter、Instagram、Pinterest、VKontakte 等为代表。社交媒体营销主要包括社交网站新用户的开发、老用户二次营销推广及社交媒体网站核心营销。卖家可以在各门户网站注册社交账号，与用户互动，其潜在的广告效应可以有效地帮助企业打开市场。

1. 社交媒体推广的特点。

（1）直接与用户接触，目标人群明确且集中，适合口碑推广，提高用户信任度。直接掌握用户信息，可不断调整优化商品。

（2）主要通过活动带货，投入少，见效快，利于资金迅速回笼。

（3）可以针对特定的目标人群进行重点宣传。

社交媒体平台将相同爱好、需求的用户聚集在一起，帮助卖家精准找到目标用户，更有利于店铺开展营销活动。对于跨境电商卖家来说，可以根据自身产品的特点及产品的目标用户和目标市场，选择合适的社交媒体平台，通过与用户开展互动营销，卖家可以有效传播产品信息，塑造商品形象，推广商品、品牌，提高商品销量和推广排名。

卖家通过社交媒体平台可与用户互动，获得用户建议，从而调整产品设计，设计出符合用户需求、体现个性的产品，以开展营销活动。

2. 社交媒体营销策略。

（1）新用户开发。社交媒体平台开发新用户的要点是增加粉丝量。提升社交媒体粉丝数量需要做以下准备：准备公司简介；定期更新消息，保证活跃度；组建群组；回复或点赞潜在粉丝；红人推广和付费推广；准备营销方案；创建店铺活动。

（2）老用户二次营销推广。一般社交媒体营销都是基于即时通信工具的，可发送邮件、站内信，让老用户添加企业社交账号，通过发送聊天信息，将店铺活动、新产品推广等信息发送给老用户，进行针对老用户的营销推广。

（3）核心营销。社交媒体营销核心在于关系营销，要点是建立新用户，巩固老用户。无论是大卖家还是新手卖家，都需要建立关系网络，寻找目标用户。社交媒体核心营销技巧有事件营销、红人营销和信息流营销。

3. 社交媒体营销注意点。

（1）卖家需要定期维护社交账号，查看用户信息，针对网友的回帖和评论要积极回复。如果有消极评论或者言语攻击，一定要及时处理，谨慎对待。需要注意的是，老用户对产品的态度是其他用户的参考，在商品销售和品牌口碑方面影响力较大，需认真对待。

（2）在制订产品营销宣传计划中要明确目标，制订详细的社交营销计划，按计划实施。

（3）要对发表的内容进行审核，如果企业在社交媒体平台中发表的文章有明显错误，会降低粉丝的好感度。发帖要注意时间周期，发帖过密或者发帖间隔时间过长都可能会造成粉丝流失。因此在发表文章前要仔细核对内容，避免因更新不及时、内容错误或不充分等原因导致用户的流失。

（三）海外电子邮件营销

从事跨境电商前，要先了解国外用户的生活习性及他们的社交方式。海外用户每天的日常工作中，必不可少的一项就是查收邮件，因此利用好电子邮件的营销渠道可以更好地帮助卖家打开市场，抓住用户。

（四）大数据营销

大数据具有"4V"特性，即数据庞大（Volume）、产生速度快（Velocity）、形式多样（Variety）及具有价值（Value）。能够妥善利用大数据的跨境电商卖家的营收呈现指数级增长。利用大数据进行各种营销活动是一种新型的营销模式，也是未来发展的趋势。利用大数据，可以了解用户的需求及爱好甚至是生活方式，这对市场交易而言至关重要。

跨境电商是营利性的活动，任何商机都不允许放过。电商从业者需要具备数据获取能力、行为掌控能力、用户发言能力及专属推荐能力，这些能力可以帮助他们更好地开展运营工作，并探索新的运营模式。

三、常见的跨境电商营销方法

（一）站内营销

1. 平台营销。

平台营销是指专门为卖家提供引流推广服务的营销方式，卖家可以在平台的营销中心板块浏览当前的活动内容，自主选择符合条件的活动进行报名。

（1）全球速卖通平台活动。

① Super Deals：报名参加 Super Deals，可能获得单品在首页曝光的机会，比较适合店铺推广新品或者打造爆款。Super Deals 包括 Today's Deals、Weekend Deals 和 GaGa Deals 三种活动。三种活动中，开通时间最长、营销效果最显著的是 Today's Deals。Today's Deals 为用户推送质优价廉的商品，是全球速卖通平台的首要推广位，免费为卖家推广优质商品，但是对于卖家的折扣要求非常高。

② 团购活动：主要是针对不同国家进行的营销活动。目前开通了俄罗斯、巴西、印度尼西亚和西班牙四个国家的团购活动。俄罗斯团购最具代表性，整个活动的流量也大。俄罗斯团购报名要求较高，要求卖家尽快发货，最大可能地给买家最优团购体验。印度尼西亚和西班牙团购招商条件比较低，比较适合平台的中小卖家和新手卖家。

③ 行业（主题）活动：根据不同行业的特点，开展属于自己行业的营销活动。

④ 大型促销活动：通常平台大型促销活动一年会开展三次。大型促销活动促销力度大，流量也非常大。全球速卖通平台大型促销活动主要有年初的 Shopping Festival、年中的 Supernova Sales 和年底的 Double Eleven Carnival（"双 11"）。Double Eleven Carnival 促销力度大，流量也最大。

（2）亚马逊平台活动。

Best Deal 周秒杀，简称 BD，免费推广，时间一般可以持续两个星期，涵盖美国站和日本站。

Lightning Deal 限时秒杀，简称 LD，是一个具有时效性的秒杀活动，时间一般持续 4~6 小时（美国 4 小时，欧洲 6 小时）。亚马逊明确规定了电子香烟、酒精、成人用品、医疗设备、药品、婴儿配方奶粉等商品类型不能参加 Lightning Deal 活动。

Deal Of The Day 每日特惠，简称 DOTD，免费推广，时间为一天。这个活动是亚马逊站内秒杀的"王中王"，是最难申请的，每天只有三个广告位。在移动端打开亚马逊 App 的时候，第一个显示的就是 Deal Of The Day。

2. 店铺自主营销。

店铺自主营销主要包含各种折扣、满立减、满折减、店铺优惠券等活动。

3. 付费营销。

例如，速卖通直通车是指速卖通会员通过自主设置多维度关键词、免费展示产品信息、大量曝光商品来吸引用户，是按照单击付费的网络推广方式。速卖通直通车推广，在给商品带来曝光量的同时，也给商品带来了精准的潜在用户，当用户单击广告后就会进入卖家店铺，从而产生一次甚至多次的店铺内跳转流量，这种以点带面的关联效应可以降低整体推广的成本和提高整店的关联营销效果。同时，速卖通直通车还给卖家提供了首页热卖单品活动、各个频道的热卖单品活动及不定期的各类资源整合的直通车用户专享活动。

（二）移动端营销

移动端购物是脱离 PC 端网线束缚的主流在线购物模式，主要指用户通过手机、平板电脑等移动终端，在线浏览、生成订单并付款的过程。目前主流网购人群在上下班途中、候车等碎片时间利用手机网购已成常态。移动端用户的购物习惯有喜欢长尾关键词、收藏加购物车、重视个性化、访问时间长的特点，卖家在移动端展示商品时要突出产品特点、活动展示。

（三）大数据服务模式

大数据时代下，服务模式的改变和服务水平的提升是电商行业需要解决的问题。跨境电商企业在经营活动中，需要借助大数据分析并确定企业战略、产品营销、市场开发等方面的内容。

1. 个性的售前导购。

在互联网时代，用户利用网络进行浏览的时候，都会留下相应的痕迹，这些痕迹就形成了数据信息，跨境电商企业需要利用这些数据，分析和总结出用户、产品、竞品的相应信息，为用户提供个性化的服务。在用户搜索时进行个性化的推荐，缩短用户选购的时间，给用户一个良好的印象。

2. 降低流通成本。

跨境电商为用户破除了时间和空间的限制，改变了用户的购物习惯，但是对企业的物流时间和成本提出了严格的要求。为了给用户提供良好的消费体验，跨境电商企业选择合适的物流模式尤为重要。跨境电商企业应根据用户喜好，提供不同的物流服务，降低商品的流通成本，通过数据应用提高用户的体验。

3. 专业细分的服务。

跨境电商企业需要充分掌握市场信息，掌握用户一手资料，并进行分析与整理。利用专业数据分析，了解用户的需求，将数据分析结果用于个性化服务的创新。借助大数据分析，建立细分的服务模式，从细节入手，提供精细化的服务。

跨境电商北美市场一年四季销售分析

对跨境电商卖家而言，打入海外市场最关键的一点就是要投其所好，不仅要根据市场需求去选品，所销售的商品还要符合当地用户的"口味"。于是，研究当地的风俗习惯、重要活动、节假日情况就成为一个必不可少的环节。

整个北美市场虽然已被新兴市场抢了不少风头，但仍然是各大跨境电商的交易重地，同时也是跨境电商卖家绝对不愿放弃的一块"地盘"。这不仅是因为北美市场在语言沟通方面对中国卖家来说相对容易，也是因为这个看似已经相对饱和的市场还蕴藏着商机。

1月：冬装促销季

重要节日：新年（元旦）。

热销产品：服装。

虽然北半球的1月正值隆冬，是冬装需求旺季，但跨境网购物流配送时间不可控，很多用户都会"超前购物"，因此经营服装品类的商家应该注意，这既是春装上市的时机，也是冬装打折促销的季节。

2月：情人节"点睛"

重要节日：情人节。

热销产品：饰品、珠宝、手表、箱包。

2月14日情人节是整个二月的"卖点"，围绕情人节礼物的主题来推销商品对卖家来说会是个明智之举。一般情况下，时尚饰品、珠宝和手表、箱包礼品等会是北美用户比较热衷的礼物之选。

3月：户外用品升温

重要节日：复活节。

热销产品：服装、美容化妆产品、园艺产品、户外用品。

一方面，围绕复活节等特殊节日的礼品异常火热；另一方面，春天是服装和美容化妆产品的销售旺季。与此同时，由于天气越来越暖和，人们会更多地进行户外活动，因此园艺产品、户外用品、水上运动用品的销售也会升温。

4月：婚礼盛季

重要节日：愚人节。

热销产品：园艺产品、婚纱礼服、女鞋。

4月是北美春天最美的季节，园艺产品的销售迎来高峰期。同时，由于气候温和，很多人会选择在4月举办婚礼，因此婚纱、礼服、女鞋的销售都会随着婚礼需求而剧增，与婚礼相关的其他商品也比较受欢迎。

5月：给妈妈的爱

重要节日：母亲节。

热销产品：时尚饰品、珠宝、箱包、贺卡、园艺产品。

5月的第二个星期日是母亲节，必然会迎来买礼物的热潮。除贺卡以外，时尚饰品、珠宝、箱包等适合送给妈妈的东西都会比较畅销。此外，在这个春暖花开的季节，园艺产品也持续受欢迎。

6月：消费电子产品大热

重要节日：父亲节、毕业季。

热销产品：小电器、手机、消费电子产品、水上运动用品。

6月的第三个星期日是父亲节，同时6月也是毕业季，通常情况下，美国的家长们会购买手机和消费电子产品送给孩子当作毕业礼物。另外，由于天气渐热，带有制冷功能的小电器和水上运动用品会比较畅销。

7月：家居用品销售高峰

重要节日：美国独立日。

热销产品：家具、家居用品。

除了春天，夏天也是人们举办婚礼的高峰期，同时也是布置新房的时节，因此家具和家居用品在7月的销售表现会非常突出。

8月：学生返校大采购

重要节日：返校季。

热销产品：鞋服、手机、消费电子产品、办公用品、运动用品。

返校季是服装和鞋类的热卖季，几乎每个学生都会准备好新衣新鞋迎接新的学期。除此之外，手机、消费电子产品、办公用品、运动用品等也会大卖。

9月：拼"美"的日子

重要节日：美国劳动节。

热销产品：服装、美容化妆产品。

秋高气爽的时节似乎会催促人们打扮得美美地出门，所以秋天是服装热卖的季节之一。美容化妆产品也会由于秋季新品的到来而热销。

10月：万圣节带来的消费风

重要节日：万圣节。

热销产品：体育用品、毛绒玩具、Cosplay服饰。

10月31日万圣节对美国人来说是一年之中重要的节日之一。在这一天，无论大人还是小孩都会兴奋地参与进来，扮成各种奇葩的角色，所以Cosplay服饰、毛绒玩具一定会热卖。另外，美国体育用品卖家往往会在这个季节打折大促，跨境电商卖家也少不了要跟随这个步伐。

11月：毛绒玩具备受青睐

重要节日：感恩节。

热销产品：毛绒玩具、礼品、家用电器、美容化妆产品。

从11月开始，北美零售业便迎来了年底的狂欢，11月第四个星期日为感恩节，期间更是线上、线下零售消费的高峰期。面向北美市场的跨境电商卖家也不会错过"黑色星期五"大促。从热卖产品来看，园艺用品、家用电器、毛绒玩具、礼品、美容化妆产品等都会随着诸多重要节日的来临而销量倍增。

12月：圣诞购物狂欢来临

重要节日：圣诞节。

热销产品：鞋服、园艺产品、取暖设备、时尚饰品、珠宝和手表、滑雪设备、消费电子产品。

冬季是服装和鞋类的热卖季，加上圣诞购物狂潮的来临，销量将会显著增长。而且，从各类卖家的销售数据反馈来看，12月是各大品类在一年之中的销售旺季。园艺产品因圣诞节装饰之需而热卖，取暖设备也是寒冬必不可少的物品，时尚饰品、珠宝和手表在12月份会占到全年销量的1/4，手机、消费电子产品、体育用品、毛绒玩具也常作为圣诞礼物售卖。此外，滑雪设备也是冬季畅销品类。

对北美用户来说，1月、2月冬季打折买衣服，3月春季换装买衣服，4月、7月结婚旺季买衣服，8月返校买衣服，9月秋节来临买衣服，12月寒冬更要买衣服。而从事家庭园艺活动也被美国人看作是休闲娱乐、提高生活品位的重要之举。这些都是跨境电商卖家需要紧紧抓住北美市场的商机。

课后训练

一、不定项选择题

（　　）1. 以下关于全球速卖通"生意参谋"中访客数（UV，Unique Visitor）描述正确的是＿＿＿＿。

A. 指美国时间当天访问店铺页面（含商品详情页）的去重人数

B. 一个用户在统计时间范围内访问多次可记为多个

C. 所有终端访客数为App端访客数和非App端访客数直接相加之和

D. 按天去重，周和月的数据按日累加

（　　）2. 以下关于全球速卖通"生意参谋"中浏览量（PV，Page View）描述正确的是＿＿＿＿。

A. 美国时间当天店铺所有页面被访问的次数

B. 一个用户在统计时间内访问多次记为多次

C. 一个页面被点击一次，记为一次浏览

D. 一个用户多次点击或者刷新同一个页面，记为多次浏览

（　　）3. 以下关于全球速卖通的数据描述正确的是＿＿＿＿。

A. 商品指数是指统计时间段内行业中的商品数量经过数据处理后得到的对应指数

B. 流量指数不等于行业总PV，指数越大，PV越小

C. 供需指数是指统计时间段内行业中的商品指数/流量指数。供需指数越小，竞争越不激烈

D. 成交指数是指在所选行业的所选时间内，累计成交订单数经过数据处理后得到的对应的指数。成交指数不等于成交量，指数越小，成交量越大

（　　）4. 亚马逊平台上Negative Feedback Received指的是＿＿＿＿。

A. 差评率　　B. 差评数　　C. 商品评论数　　D. 平均商品评论评级

（　　）5. 全球速卖通平台的单品折扣活动的特点包括＿＿＿＿。

A. 没有每月限制的活动时长和活动次数，单场活动最长支持设置100天

B. 允许活动在进行中暂停活动（适用于活动设置错误，快速止损）

C. 活动进行中允许操作新增/退出商品（无需暂停活动即可操作）及编辑折扣，且实时生效

D. 单场活动支持最多设置20万个商品

（　　）6. 亚马逊促销活动 Promotion 包括_____。

A. 免运费（Free Shipping）

B. 满减及折扣（Percentage Off）

C. 买一送一（Buy One Get One）

D. 买赠（Give away）

二、判断题

（　　）1. 全球速卖通"生意参谋"中"支付金额（美元）"是指美国时间统计时间内支付成功的订单金额，含之前下单当天支付成功订单，若当天下单但并未支付也会计算。

（　　）2. 全球速卖通"生意参谋"中"访客数占比（行业）"是指在统计时间内该行业浏览量占上一级行业浏览量的占比。

（　　）3. 全球速卖通"生意参谋"中"客单价"是指支付金额/支付买家数，即平均每个支付买家的支付金额。

（　　）4. 全球速卖通"生意参谋"中店铺的支付转化率=商品支付买家数/店铺访客数。

（　　）5. 全球速卖通"生意参谋"中商品收藏人数是指统计时间内，收藏商品成功的去重人数，先收藏再取消收藏的，仍然统计。

（　　）6. 全球速卖通生意参谋中平均访问深度是指所有访客访问的总页面数（不包括离店页）/访客数。

（　　）7. 全球速卖通平台的商品指数不等于在售商品数，指数越大，在售商品数越少。

（　　）8. 全球速卖通平台竞争指数是指在所选行业的所选时间范围内，商品词对应的竞争指数。竞争指数越大，竞争越激烈。

（　　）9. 亚马逊平台的 Average Offer Count（平均可售商品页面）是指在所选定的时间范围内平均具有的可售商品页面。

（　　）10. A-to-Z Claims Granted 是指收到 A-to-Z 索赔的次数，没有收到是最好的。

（　　）11. 全球速卖通平台单品折扣活动支持单个商品、根据营销分组或者表格形式设置。同一个商品能参与同一时间段内两场单品折扣活动。

三、简答题

1. 阐述常见的第三方数据分析工具。

2. 简单阐述全球速卖通店铺的自主营销活动。

3. 简述社交媒体推广的特点。

4. 常见的跨境电商营销方法有哪些？

项目七　跨境电商客服人员

培养目标

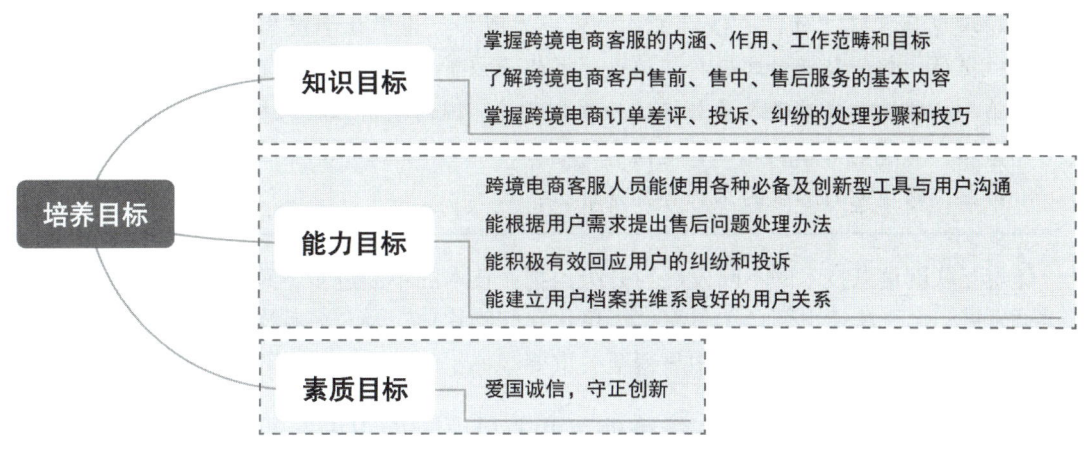

课前导学

先义而后利者荣，先利而后义者辱

"先义而后利者荣，先利而后义者辱。"语出《荀子·荣辱篇》，强调仁义是利益的根本。"义利之辩"是中国伦理学思想中的一个核心命题，"重义轻利""舍生取义""以义制利"体现了历代思想家对"义"与"利"的理性思考。重义轻利的义利观是中国古代社会的主流伦理思想，是立身处世的终极追求，是每个中国人耳熟能详的道德准则。正确对待和处理"义"与"利"的关系，重视道义与责任，是我国优秀传统文化的重要内容之一。

2024年7月1日，作为消费者权益保护法的第一部配套行政法规——《中华人民共和国消费者权益保护法实施条例》（以下简称《条例》）正式实施。该《条例》针对当前网络交易中呈现出的重点、热点问题，如直播带货、大数据"杀熟"、预付式消费、捆绑销售等行为进行了针对性规范，禁止各类网络消费侵权行为。消费者通过跨境电商平台购买的进口商品若存在质量等问题，可直接寻找跨境电商平台、进口经营者协商处理售后问题。

作为跨境电商客服人员，必须始终贯彻"以义为先""先义后利"的义利观，合理有效地处理各类咨询。对于客服人员来说，诚实守信既是道德品质、道德信念和道德责任，也是一种崇高的人格魅力。对于跨境企业和团队来说，客服人员代表着企业的形象，更是企业品牌和信誉的重要体现。客服人员只有在工作中做到实事求是、对用户诚实守信，才能赢得用户的信任。

任务一　了解跨境电商客服人员

任务导入

今天是宁波诚通贸易有限公司跨境电商客服人员小橙到岗的第一天，由于没有接触过跨境电商客服工作，小橙对工作内容一无所知。为了让小橙尽快适应跨境电商客服这一岗位，部门经理对其进行了培训，并提出以下问题。

第一，跨境电商客服人员与传统外贸业务员、国内电商客服人员的区别是什么？
第二，跨境电商客服的工作范围有哪些？
第三，跨境电商客服的工作目标是什么？

随着互联网信息技术的不断发展与升级，物流技术的不断进步，跨境电商在近年来得到了迅猛发展。由于跨境电商订单具有"小单化""碎片化"及"多频次化"的特点，跨境电商客服人员在跨境电商企业运营中显得至关重要。

一、跨境电商客服人员与传统外贸业务员、国内电商客服人员的区别

（一）贸易方式不同

传统外贸模式下的用户服务主要以 B2B、M2B 的模式存在，业务的开展主要在线下，以展会、面谈、邮件沟通为主。而国内电商和跨境电商则有 B2B、B2C、M2B、M2C 等更多元的模式，主要以线上网络沟通为主。

跨境电商客服

（二）服务对象和服务内容不同

传统外贸业务员的服务对象基本上是国外采购商；传统外贸业务订单量大、周期长，用户对产品的价格、品质要求更多。国内电商客服人员的服务对象基本上是国内的用户（不排除在华的外国友人），基本不存在语言障碍；购物的人群主要是中青年，在文化上强调秩序、和谐、包容。而跨境电商客服人员的服务对象为全球用户，用户的需求和标准变得更加多元和多层次。海外用户更多的是通过页面描述和站内信来了解商品信息，并且大多数情况下选择不与卖家交流直接下单。然而，因为价值观、消费习惯等的区别，一旦产生售后问题，无论在退货成本、沟通成本，还是在运营风险方面，都会带来很大挑战。

（三）沟通工具与回复时效不同

从客服沟通的工具看：传统外贸业务员主要使用邮件与用户进行沟通；国内电商客服人员常用阿里旺旺软件沟通，电话和短信的使用也较频繁，较少使用邮件及站内信、微博、微信等直接与用户沟通；跨境电商客服人员的沟通工具以站内信或订单留言为主、邮件为辅，电话、短信和阿里旺旺较少使用。从客服回复的时效看：传统外贸业务员一般需要在 48 小时内回复邮件；国内电商客服工作要求客服人员及时回复用户消息，所以客服人员需要轮班工作；跨境电商客服工作要求客服人员的站内信和订单留言要在 24 小时内回复，所以客服人员不需要轮班。

相比传统外贸业务员与国内的电商客服人员，跨境电商客服人员不但要有专业的技能、良好的外语书面与口头沟通能力，还要对跨境电商平台规则了如指掌，同时具备一定的推广营销能力。可以说，跨境电商客服人员是传统外贸业务员的升级版。

二、跨境电商客服人员的工作范围

跨境电商客服人员的工作范围可概括为四部分，主要是解答用户咨询、促进销售、解决售后问题、管理和监控。

（一）解答用户咨询

跨境电商客服人员解答用户咨询的工作主要包括解答用户关于商品方面的咨询、解答用户关于服务方面的咨询这两部分。

1. 解答用户关于产品方面的咨询。

从事跨境电商的企业商品涉及多个行业、多个种类，从3C商品（即计算机、通信和消费类电子商品），到玩具、服装、箱包、珠宝等，这些商品类目所需的商品专业知识跨度大、专业信息量大，需要客服人员熟悉、了解多品类产品在不同国家的规格尺寸、换算标准。例如，服装的尺码有欧洲尺码标准、美国尺码标准、中国尺码标准等；鞋子的尺码，国际上有几种常见的标法，如欧洲码（EUR）、美国码（US）、英国码（UK）、日本码（JP）。因此，若有美国用户咨询鞋子尺码数，跨境电商客服人员应该知道如何换算。再如，电器的电压，日本的电压是110V，英国的电压是200V。另外，电器插头在各国的标准也不尽相同，常见的有英标插头、美标插头等。面对这些差异，跨境电商客服人员需要对不同国家和地区的不同规格了如指掌，这样才能为用户做出完整的解答，提出可行的解决方案。

2. 解答用户关于服务方面的咨询。

由于跨境电商的交易流程、服务内容较为复杂，跨境电商客服人员需要处理用户对于商品运输方式、海关报关清关、运输时间及产品是否符合他国的安全性标准等方面的疑问。此外，用户与客服人员沟通交流多使用英语，也可能使用其他语言，这对客服人员的外语水平提出了极高要求。

（二）促进销售

促销往往被认为是营销人员的工作。但实际上，在跨境电商领域中，如果客服人员能够充分发挥主观能动性，也能为企业和团队创造巨大的销售业绩。客服人员对于产品的销售作用不仅体现在售前的产品咨询，更体现在售后的二次营销。优秀的跨境电商客服人员通过整理交易数据，可以识别有潜力、可持续交易的用户，有针对性地维系双方关系并推荐优质产品，使用户持续稳定下单。

据阿里巴巴统计，国外用户中有较大比例的小额批发用户习惯在全球速卖通平台寻找质优价廉、品种丰富的中国商品。这些用户的购物模式通常是先挑选几家中国卖家的店铺进行小额的样品采购，在确认样品的质量、款式及卖家的服务水平之后，再试探性地增加单笔订单的数量和金额，最终与中国卖家发展为稳定的"采购—批发"的供应关系。因此，优秀的客服人员应能利用营销策略技巧，把零售用户中的潜在批发用户转化为实际的批发用户，从而大幅度提高企业的销售业绩。

（三）解决售后问题

根据下单后的流程，跨境电商客服人员的售后服务可分为3点。

第一，用户下单后，告知用户物流情况，及时更新包裹状态，如果包裹运输延时需主动为用户调整收货时间。

第二，鼓励用户撰写好评或分享使用心得。用户对商品正面的评价对于跨境电商企业尤为重要。但用户一般不会主动撰写或分享使用商品心得，因此跨境电商客服人员需要在用户收到货物后向用户发邮件，邀请用户对商品进行评论，增加商品的好评率。需要注意的是，邮件发送的频率不宜过高，数量不宜过多，以免引起用户反感；而且请求好评邮件只能跟用户购买的商品有关。客服人员不能向用户有偿索要好评，否则一些跨境电商平台会对卖家进行处罚。

第三，妥善处理用户纠纷。对用户的不良评价或差评及时跟进解释，妥善处理用户纠纷是跨境电商客服人员的一项非常重要的工作。如果用户对商品做出负面评论，或有纠纷出现，客服人员应立即跟进，客观地分析用户的评价，查询用户差评的原因，并提出解决方案，最后诚恳地请求用户修改对商品的负面评论。

（四）管理和监控

跨境电商客服人员不但要对销售过程进行管理监控，还需要进行资料数据的收集与整理，主要包括以下内容。

第一，做好老用户信息的维护，对用户的资料进行收集整理，即对于已经完成购买的用户，记录好他们购买的商品、购买数量、"回头"购买次数、所处地区、评价（不管是好评还是差评），然后作出总结与分析报告，并对用户进行归档与分类。

第二，做好工作日志，及时进行反馈信息的统计、分析和汇报，如销售额情况、库存情况、商品情况等，发现问题要及时做好汇报。

三、跨境电商客服人员的工作目标

（一）保障账号安全，提升卖家服务等级

"卖家服务等级"本质上是一套针对卖家服务水平的评级机制，共有4个层级，分别是优秀、良好、及格和不及格。在此机制中，评级越高的卖家得到的商品曝光机会越多，平台在对其推广资源进行配置时，也会更多地向高等级卖家倾斜；反之，当某个卖家的"卖家服务等级"处于低位水平，特别是"不及格"层级时，卖家的曝光机会及参加各种平台活动的资格都会受到影响。

跨境电商客服人员要做到的就是通过提高服务水平，不断提升卖家服务等级，以便使商品在平台销售过程中获得更多的资源优势与曝光机会。要想在其他因素相对稳定的前提下达到更高的卖家服务等级，就需要客服人员通过各种工作方法与沟通技巧，维持各项指标。也就是说，指标越好，账号的安全度越高。这也就是我们所说的跨境电商客服人员要达到的"保障账号安全，提升卖家服务等级"的目标。

（二）降低售后成本

相对国内电商来讲，跨境电商店铺的售后成本较高。由于运输距离远、时间长、国外退货成本高，跨境电商的卖家会比国内电商的卖家更多地使用到"免费重发"或者"用户不退货、卖家退款"的"高成本"处理方式。但如果是一个富有经验且精于沟通的客服人员，则会在处理国外用户投诉时使用多元化的解决方案，通过合理、巧妙地搭配各种售后服务方式，针对不同的情况因事制宜地进行处理，最终达到将售后服务的成本指标控制在合理范围内的目的。

（三）提高用户忠诚度，促进再次交易

跨境电商的客服人员一方面要提高潜在批发用户的批发订单量，另一方面也要通过优质的用户服务提高零售用户的忠诚度，培养具有黏性的老用户，促进用户进行多次交易。可以通过以下途径实现：第一，客服人员通过优质的服务帮助用户完美解决各类问题，以增加用户信任感，使其逐渐变成忠实用户。第二，一些国外批发用户在搜寻合适的国内供应商时，更关注产品种类的丰富度、产品线的开发拓展速度、物流与清关的服务水平、批发订单的折扣力度与供货能力等。一旦发现此类用户，客服人员必须积极跟进，提供优质的服务解决用户的所有疑惑与顾虑，促成批发订单的成交。第三，客服人员要与营销业务人员配合，巧妙使用邮件群发工具，通过有效且精致的营销邮件群发，增强用户的黏性，同时也可以通过发放优惠券促使用户参与店铺的各种促销活动，提高用户复购率。

一、跨境电商客服内涵

跨境电商客服属于电子商务客服的一种，是基于互联网的一种用户服务工作。跨境电商客服人员承担着用户咨询（商品、价格、物流等）解答、订单业务受理、商品推广、处理纠纷和投诉等职能，其服务对象包括C类用户（个人消费者）、小B类用户（小型企业或微商），甚至B类用户（大型企业客户）。跨境电商客服人员通过各种沟通工具与不同国家和地区的用户直接进行联系，是企业的信息传递者，起着承上启下的作用。他们肩负着将用户对商品的建议、网站平台运营操作的意见等反馈及时传递给公司内部其他相关部门的重任。

二、跨境电商客服人员的作用和意义

随着跨境电商行业的竞争越来越激烈，优质的用户服务也显得越来越重要。提高用户服务质量，提高用户对商品或服务的满意度，可以争取用户信任，赢得市场。具体来说，跨境电商客服的作用和意义有以下几点。

（一）帮助塑造企业形象

跨境电商客服人员是企业形象的代表，也是企业的一线人员，是企业直接接触用户的群体，其服务质量的好坏直接影响用户满意度，进而影响销售的成交率。良好的企业形象是提升用户满意度的保证，可以提高企业的销售量，为企业赢得用户口碑。而跨境电商客服人员优质的服务态度、服务方式、服务品质有助于树立企业的良好形象。

（二）提高成交率

跨境电商客服人员要及时、耐心地解答用户的问题，如商品信息咨询、物流情况查询等，这种服务态度不仅能让用户觉得放心可靠，还可以进一步提高商品成交率。相反，客服人员服务态度冷淡，没有及时回应用户的咨询，用户就会寻找其他服务更好的供应商，这会使店铺订单流失，对企业造成损失。

（三）增加老用户购买率

跨境电商行业的竞争日益激烈，企业获取新用户的成本比维持老用户的成本要高得多，而要想增加老用户的复购率，除了商品自身质量好和定期对用户进行维护，优良的服务质量也是关键要素。优质的服务可以有效提升老用户的重购率，同时，也可以将新用户培养成为忠实的老用户。

（四）提高用户体验

用户在线购买商品时只能凭商品的图片或视频判断商品是否符合要求，可能会因各种不确定因素而放弃购买，但优秀的在线客服人员能满足用户的需求，为其提供贴心的帮助和详细解答，弥补了用户在线购买时无法亲自体验的不足之处。

任务二　跨境电商客服人员售前沟通与服务

任务导入

为提高店铺流量，宁波诚通贸易有限公司在跨境平台进行8.8折商品限时促销活动，在活动截止前两天，来咨询的用户很多。新手销售客服人员小橙遇到了许多问题。

第一，跨境电商客服售前沟通与服务的工作内容有哪些？

第二，如何进行跨境电商售前信息推送？

第三，针对售前用户咨询商品信息、商品价格、物流、关税方面的问题的回复技巧有哪些？

第四，对于未回复消息的用户如何进行追踪？

一、跨境电商客服人员售前沟通与服务的工作内容

跨境电商客服人员售前沟通与服务的工作内容如图7-1所示。

跨境电商售前客服

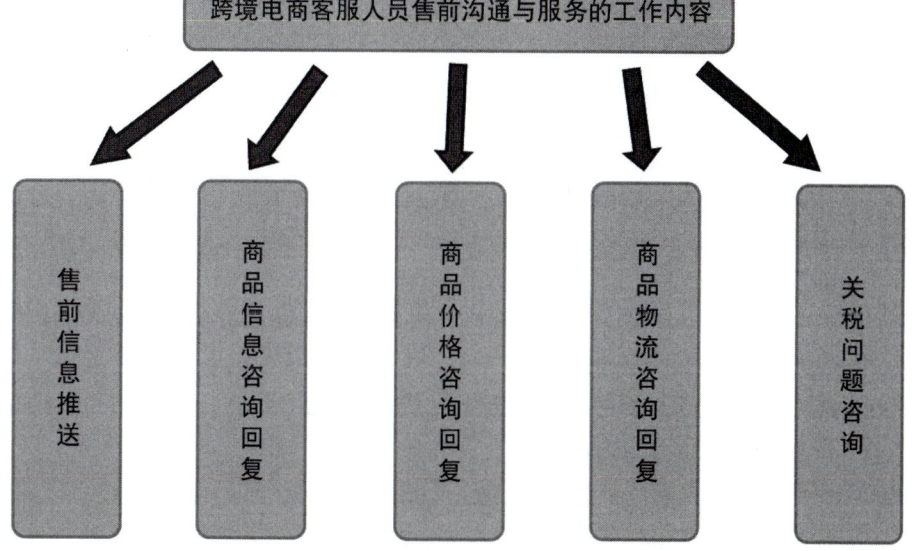

图7-1　跨境电商客服人员售前沟通与服务的工作内容

二、跨境电商客服人员售前信息推送

跨境电商客服售前信息推送一般可以分五个步骤进行：标题设置、问候寒暄、公司简介、商品简介、结尾敬语。

（一）标题设置

跨境电商客服人员向潜在用户进行信息推送时，标题的设置需要注意以下几点。

1. 文字吸引法。无论是使用订单留言、站内信还是其他相关聊天工具，都要用直接、鲜明、简洁真实的文字激发用户的好奇心，引起他们的兴趣。

2. 大用户效应法。标题可以采取"商品名称+大用户"的形式,这样新用户会因为公司能够与大用户合作,而且具有合作多年的业绩,认同公司的资质,相信公司的推荐和商品的描述,从而顺利促成交易。

3. 认证吸引法。如果有些认证比较难通过,而公司有通过此认证的资质,那么在推荐商品时,应在标题中突显认证名称。

4. 标题中嵌入商品报价。价格是用户最关注的商品信息,将产品价格信息嵌入开发信标题能够吸引用户的注意力。但是,标题包含商品型号、报价币种等数据的邮件有可能被服务器当作广告、垃圾邮件拦截。因此可以采用"Quotations offer one percent less than your target prices"这样的标题,并且用英文单词拼写代替阿拉伯数字,以降低被服务器拦截的概率。

(二)日常寒暄

向用户问好要亲切、自然,并表现出极大的热情,可以说些简单的问候语。

日常寒暄的常英文表达如下。

Hello, dear, what can I do for you? / how can I help you?

Hope this email finds you well. Please allow me to introduce myself...

Dear friends, I hope you have enjoyed your weekend…

I hope you're having a wonderful day…

It's great to hear from you…

Thanks for the quick response…

(三)公司简介

作为跨境电商客服人员,在撰写公司简介时,应该尽可能地使用专业术语传递商业信息,以保证简介的专业性。

公司简介的常见英文表达如下。

With more than 3 years' experience in world trade, we are able to provide the best prices, the highest quality and the superior service.

Adopting advanced equipment with solid techniques, our high quality products are strictly tested before being put into the market.

We sincerely hold the tenet of "quality first, customers supreme" in mind when conducting business.

Our company will consistent our tenet: all works for customers' standard. Try to produce more high quality products, in order to requite stable and new customers.

(四)商品简介

介绍商品时,应主要从商品的工艺制作、外形设计、材质色泽和质量优良等方面进行介绍。在介绍商品特点时,常用来表达制作精巧、加工精细、工艺精良的词语有 skillful manufactured/made、finely processed、with latest technology 等。

(五)结尾敬语

结尾敬语的常见英文表达如下。

Yours respectfully / Yours sincerely / Yours truly.

If you have any questions, please do not hesitate to tell us.

Please feel free to contact us if you have any questions.

Thanks for your kind understanding and looking forward to establishing long term relationship with you.

三、关于咨询商品信息的回复

由于跨境电商虚拟性的特点，用户只能通过网页上的图片、视频或评价来了解商品的特点与性能，这对用户而言，存在一定的信息缺失。因此，跨境售前客服人员熟悉和了解境外用户咨询商品时的常见问题，并进行归类总结，建立通用的回复模板就显得至关重要。掌握售前商品咨询的回复技巧，不但能提高工作效率，还能在回答用户的提问时，利用与用户接触的机会，把商品的优势展示给用户，并推荐店铺里的类似商品。

一般而言，境外用户在下单前对商品的信息咨询主要集中在颜色、尺码、材质、功能、商品的细节、运费、库存、价格等方面。

（一）关于商品颜色问题的回复

对于用户提出的有关商品颜色的问题，客服人员应遵循实事求是的原则回复。若该颜色有库存，售前客服人员除了告知"有"，还可以跟用户介绍该颜色深受欢迎，且库存有限，给用户营造一种紧迫感和有售空风险的氛围，让用户感觉商品很快会售罄，促使用户尽快下单。常见英文表达如下。

As the inventory data show, we have only 3 pieces left.

The colour is very popular and there is not much left. Please place the order ASAP if you like it.

对于没有存货的商品，客服人员除了应用较为礼貌的形式告知用户实际情况，还应尽可能地给用户推荐其他相关商品，以提高店铺总体销量。常见英文表达如下。

We are sorry to inform you that the light green colour skirt is out of stock at the moment. We will let you know once we fill up our inventory. By the way, we'd like to recommend the other popular colours, which are also very hot-selling in our store. I bet it must look great on you!

You can click on the following link to check them out.

（二）关于商品尺码、规格问题的回复

一般而言，用户咨询商品尺码、规格的具体细节主要是为了解商品质量、挑选尺码或者要求客服人员给出尺寸建议等。客服人员回复时，除了要表现出对商品的熟悉程度，还应该给出中肯意见，按照用户的实际情况推荐商品尺码信息。例如，"According to what you described, we recommend you should take size 41. You can check its specifications as the screenshot shown."

四、关于咨询商品价格的回复

针对用户讨价还价的情况，售前客服人员一般要以公司商品定价方案为前提，有针对性地逐一回复。

（一）价格无法优惠

当用户咨询的商品没有价格优惠时，客服人员应用柔和的语气，礼貌地婉拒用户提出的降价要求，并给出合理的理由。一般来说，拒绝降价的理由有以下几种。

1. 公司成本高，原材料和人力成本都在上涨，此价格已经是最低价了。
2. 利润空间低。由于行业竞争激烈，此价格水平几乎没有利润可赚了。
3. 公司目前暂时没有优惠活动，此系列商品的价格已经是最低的了。
4. 商品质量好，高价格意味着高质量。

在解释完商品不能降价的理由后，客服人员除强调公司商品的质量以外，可以顺带给用户推荐本公司其他价格稍低的商品，让用户了解更多的相关商品。

价格无法优惠时的常见英文表达如下。

I'm so sorry that we could not offer you the mentioned price, because our offer price has been carefully calculated and our profit margin is really very limited.

According to our company's pricing policy, we are sorry that we couldn't offer any discount at the moment.

If you don't mind, may I recommend you to the ×××××(the name of products or item number). These are also hot-selling products but with lower prices. Hope you will find them interesting.

May I suggest you add the item into the cart beforehand? As there will be a big sale at the end of this month. Thank you!

（二）给予价格优惠

在销售过程中，面对用户提出给予折扣优惠的要求时，若公司价格政策允许，客服人员可以采取以下不同的策略来给予用户优惠。

1. 以退为进。跨境电商客服人员首先告诉用户商品的价格已经很优惠，接着提出"买3件总价减10%""满×送×"等条件，以提高用户的购买数量。

2. 开门见山。跨境电商客服人员直接答应用户降价的要求，告知用户公司的具体优惠细节，最后提出希望用户能在平台分享商品的好评。

给予价格优惠时常见句型表达如下。

We cherish this chance to do business with you very much. The order of a single sample product costs $ ××× with shipping fees included. If you order 5 pieces in one order, we can offer you the bulk price of $ 5/piece with free shipping.

As you are a new client for us, we have decided to accept your suggested price/give 10% discount for the said product(s). Trust you would find the price has reached bottom regarding its excellent quality.

In order to assist you to compete with other dealers/In order to show our sincerity, we have decided to accept your counter-offer as an exceptional case.

（三）批量采购的讨价还价

跨境电商平台上有部分用户是采购商，他们希望通过跨境交易平台，寻找物美价廉的畅销品，转销到自己所在的国家或地区。对于这类批量采购用户，跨境电商客服人员要认真仔细分析他们的需求。在报价时，综合考虑商品成本、品质及市场需求状况等信息，对用户进行合理的报价。另外，在考虑利益最大化的同时，还要考虑该报价能否被用户接受，即交易能否成功。

一般而言，批量采购的数量和金额相对较大，跨境电商客服人员需要与用户进行多次沟通。在这个过程中，会涉及与用户讨价还价。讨价是指在一方报价后，另一方认为其报价离自己的期望目标太远，而要求报价一方重新报价或降低价格的行为，一般分为全面讨价和针对性讨价。还价是指一方根据对方的报价和自己的谈判目标，提出自己的价格条件，也就是说，一方首次报价后，另一方所作出的反应性报价。

跨境电商客服人员在应对批量采购用户还价时，要了解对方的真正期望，要让用户感受到降价是艰难的、有条件的，在这个阶段，需要做到以下几点。

1. 检查对方报价的全部过程，询问如此报价的原因和根据及在各项主要交易间有多大的灵活性。

2. 不要做无谓的减价，每次的减价幅度不宜过大，节奏不宜过快。

3. 减价要让在"刀刃"上，让得恰到好处，使我方较小的减价给对方带来较大的满足，以求得较大的回报。

4. 即使我方已作出减价决定，也要使对方觉得从我方获得减价不是一件轻而易举的事情。

讨价还价的常见英文表达如下。

As a matter of fact, the item you bargained is on sale now. You can enjoy a discount of 20 % plus free shipping if your purchase is over $ 500.

Discount can not be provided for 1 piece as we only have minimum profit. However, we can give discount of 5% for bulk buying with no less than 50 pieces.

五、关于咨询商品物流的回复

物流咨询是用户在下单前较为常见的问题。由于跨境物流的复杂性、高风险、高运费等特点，用户在下单前会对商品物流进行详细咨询，主要包括运费详情咨询、物流投递时效咨询等。

（一）运费详情咨询

跨境电商平台上提供多种物流运输方式。由于各家物流公司时效不同，收费标准也不同。对于用户而言，计算和对比商品的运输费用是一件比较复杂的事情。跨境电商客服人员应根据物流方式和用户所在国家和地区介绍物流时效，耐心地给用户解释运费标准，计算出准确的物流费用及大概运输时间，并给出运输建议。对于用户要求包邮的情况，如果公司政策不允许，跨境电商客服人员应委婉拒绝，并说明原因。

运费详情咨询的常见英文表达如下。

The cheapest express way for 10 pieces of the mentioned cases shipping to America need about extra $ 20 (0.65 kg) by UPS Expedited, which only takes 4~8 days to arrive to you.

Regarding e-Packet's latest quotation, the shipping freight for a parcel less than 2kg is $ 8 from China to Australia. It usually takes 13~20 days to reach you. Hope it'll be helpful to you.

We regret to tell you that free shipping is not available for the order as the shipping freight has gone up quite a lot recently.

We can only offer free shipping service on orders of $50.

（二）物流投递时效咨询

跨境电商客服人员在回答用户有关跨境物流投递时效的问题时，可先查询物流公司提供的时效，如遇到一些特殊情况，如节假日、恶劣天气等，要及时提醒用户投递时间会相应延长。

物流投递时效咨询的常见英文表达如下。

Generally, we would arrange your product within 2~3 business days upon receipt of your payment. It usually takes 15~30 business days by China Post.

It usually takes 7~15 business days by FedEx to your country. Sometimes if some uncontrollable situations happened, such as bad weather, holiday, etc., it would be slower than that.

If you choose other shipping company, you need to pay more shipping fee for them.

六、关税问题咨询

对于卖家来说，保证货物顺利通过海关，并安全及时地送达用户手中为首要任务。每个国家和地区都有自己的一套海关法规，商品在某些国家和地区的海关清关时，还要根据当地海关政策缴纳商品关税等费用。跨境电商客服人员应根据自己所掌握的信息，告知用户；若不了解用户当地的关税政策，也可以在邮件中建议用户咨询当地海关。下列范文可供参考。

Dear friend,

Thank you for your inquiry and I am happy to help you.

I understand that you are concerned about any possible extra cost for this item. Based on past experience, import taxes fall into two situations.

First, in most countries, it does not involve any extra expense on the buyer side for similar small or low-cost items.

Second, in some individual cases, buyers might need to pay some import taxes or customs charges even when their purchases are small. As to specific rates, please consult your local customs office.

I appreciate for your understanding! If you have any questions, please do not hesitate to tell us.

Best wishes,

×××

七、追踪未回复用户

在跨境电商客服人员给用户发回报价或还盘邮件后，经常会发现之前联系的用户一直没有回复，对于这类用户，客服人员可采取以下措施，有针对性地追踪未回复用户。

首先，发一封确认邮件。确认邮件中要先咨询用户是否收到邮件，并重新发一次报价给用户，同时向用户强调公司商品的优良品质与公道价格。当然，如果客服人员能拿到用户的联系方式，可以使用即时通信工具直接与用户联系，这样会更有效率。

其次，如果仍旧没有收到回复，大约一周之后，客服人员需再写一封信与用户联系。邮件的内容可以询问用户不回信的原因，请求用户针对商品的质量、价格、服务等给予回复，取得用户的信任。

最后，如果再过一个月左右，仍然没有收到回复，说明该用户有可能找到了其他合适的供应商，或者是用户自己的订单没有谈妥。这时客服人员可以把该用户作为潜在用户来维护，一个月或者两个月联系一次，重新写一封邮件与用户联系，但是信中的内容不建议以原先的报价来问用户。客服人员可以利用公司新商品或新设计询问用户的建议，或者给用户发一些行业知识和新闻，也可以将公司最新的推广促销活动告知用户。联系不回信用户的原因是要让用户记住本公司，知道公司是卖什么商品的。如果用户之后给了回复，客服人员可以借此机会了解用户对之前报价的态度，以此与用户建立良好的关系。

一、跨境电商售前沟通与服务的内涵

跨境电商售前沟通与服务是指客服人员在订单成交前，为用户购物提供相关指导，包括购物流程、商品介绍、支付方式及物流方式等。客服人员在用户下单前进行商品介绍，不仅可以减少用户的购买顾虑，还可以进行同类或者关联商品的推介工作，扩大订单量，从而提升销售额；在用户决定购买商品时，客服人员要指导用户了解购物流程，帮助用户完成支付。因此，售前沟通与服务直接关系到用户的购物体验和店铺成交的转化率。

二、跨境电商客服人员回复原则

作为跨境电商客服人员，最重要岗位职责之一就是回复用户的咨询。跨境电商客服人员是用户与店铺沟通的桥梁，与用户的沟通质量好坏会直接影响店铺商品的销量。尤其是在当前市场竞争激烈、商品同质化严重等背景下，打动用户、促使用户下单购买不仅要依靠网店的精美图片、广告宣传，更需要优质的客服服务。优质的客服服务包括回复及时、耐心细致、真诚友好、简洁清楚。

跨境电商客服人员在回复潜在用户的疑问和咨询时，应从专业角度为用户提供关于商品的信息，尽可能解决用户疑问，推荐可以满足用户需求的商品。跨境电商客服人员需要遵守以下原则。

（一）及时回复，礼貌真诚

面对成千上万相似商品的竞争，客服人员快速及时的回复是赢取用户订单的关键。考虑到时差问题，一般建议回复用户邮件不要超过24小时。如果回复不够及时，延迟了好几天才回复，用户就有可能会转到其他同类商品的供应商处求购。

回复的用语要礼貌真诚，称呼要得体，落款信息要准确。多用一些简单明了的语句，用"我""我们"作主语，这样才能让信函读起来充满热情。很多人都有一种误解，以为回复邮件就应该用一种特殊的"生意腔"，于是把本来应该是热情而友好的信函写得呆板而无趣。例如，"Your letter has been received""Your complaint is being looked into"等，这些语句读起来感觉是机器的自动回复，让用户觉得冷冰冰的，但若改为"I have received your letter"或者"We are looking into your complaint"，则会显得很亲切，这就像两个朋友之间的谈话那样简单、自然、人性化，拉近了卖家与用户的距离。

（二）积极主动，主导沟通

要让用户感受到优质的服务，客服人员应理解用户问题背后的动机，积极主动地回答用户提出的问题，而且要主动解决问题，而不是机械地回复用户的咨询。例如，当用户提出"Is there any other colours, like black, not white?"时，客服人员可以尝试理解用户为什么想要黑色，然后针对用户需求推荐其他商品供用户选择，而不是机械、简单地回复"Yes"或"No"。

客服人员应主导与用户的对话,把主导权握在自己手里,主动向用户提供两套以上的解决方案,让用户自行选择。同时,客服人员应站在用户角度来处理问题。例如,用户在咨询商品信息时,客服人员可以提醒用户相关商品正在进行优惠活动。

(三)实事求是,控制期望值

客服人员不能为了达到销售目的而进行过度营销,更不能为了暂时敷衍用户的提问而作出过度承诺。客服人员应实事求是,回复的内容应以公司利益为前提,将用户的期望值控制在可兑现的范围内,以免因作出过度承诺而产生纠纷。

任务三 跨境电商客服人员售中沟通与服务

> **任务导入**
>
> 通过前期努力,宁波诚通贸易有限公司在折扣活动期间成交了大量订单。跨境电商客服人员小橙积极主动对用户的日常咨询进行回复,安排发货并进行物流订单跟踪。然而,最近小橙发现了一批"问题"用户。在这些用户中,有些将商品加入了购物车但没有继续操作,有些提交了订单后却未付款,是什么原因造成用户在支付环节犹豫不决呢?要顺利完成跨境售中沟通与服务工作,小橙需要完成以下任务。
>
> 第一,掌握跨境电商客服人员售中沟通与服务的工作内容。
> 第二,处理未付款订单。
> 第三,掌握通知发货的技巧。
> 第四,掌握取消与修改问题订单的方法。
> 第五,进行有效物流跟踪。

一、跨境电商客服人员售中沟通与服务的工作内容

跨境电商客服人员售中沟通与服务的工作内容如图 7-2 所示。

跨境客服售中沟通与服务

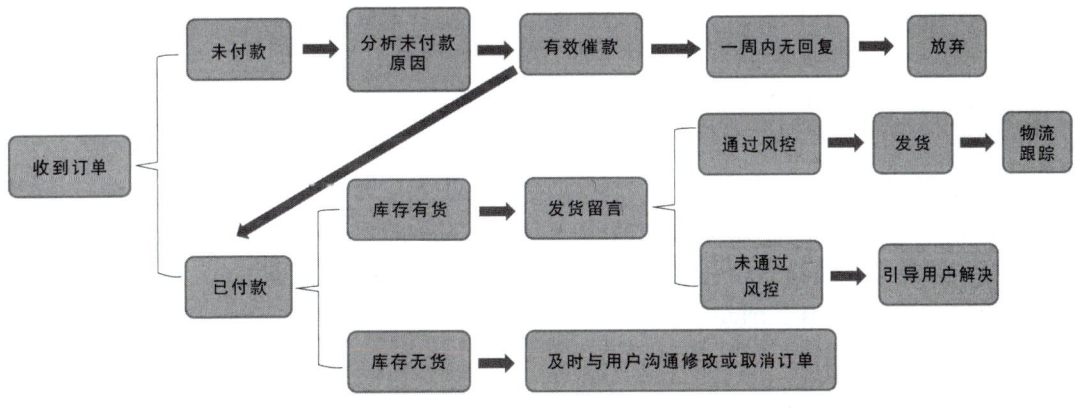

图 7-2 跨境电商客服售中沟通与服务的工作内容

二、处理未付款订单

在跨境电商平台卖家的销售服务中,客服人员要及时追踪用户购买商品的信息,帮助用户完成下单流程。在此过程中,支付流程作为交易的重要环节,客服人员应予以更多重视。下单用户是否成功付款,决定着客服人员是否有必要进行催款。但是对于用户未付款的原因,客服人员要予以区分,以便采取相应的策略帮助用户完成付款。

(一)分析用户订单未付款的原因

1. 登录设备原因导致无法正常下单。

部分用户喜欢使用手机进行浏览下单,由于网络不稳定或手机页面显示的问题,其无法正常填写个人信息或因信息填写不完整而导致下单失败。

191

2. 商品拍下后，无法与卖家及时确认商品细节。

由于时差及对平台的操作不熟练等，可能会出现用户拍下商品后对商品细节有疑惑而无法及时得到客服人员的回应的情况，用户可能因此放弃该订单。

3. 商品拍下后，发现运费过高。

跨境电商平台中运费的计算取决于国际物流不同渠道的计算方法，用户需要在拍下商品、选择快递后才能显示出具体的运费金额，而此时用户有可能因运费过高而放弃支付该订单。

4. 对同类竞争商品再次比较。

用户在跨境购物时仍然有货比三家的需求，因此其可将同类目标商品加入购物车后进行多次比较，最终选择符合自身心理预期的商品。

5. 对卖家信誉产生疑虑。

用户在平台的用户评论区中查看其他购买者的评价后，会对差评较多的卖家产生信誉上的疑虑，这将影响其最终付款。

（二）有效催款

对于未付款订单，客服人员必须及时跟进，否则订单将因未及时付款而被系统自动取消。针对未付款订单的不同情况，客服人员可采取以下策略。

1. 客服人员可先查看用户下单时间。通常情况下，用户下单15分钟内未及时付款，可以立刻发送信息有礼貌地提醒其付款。对于下单后两天内仍未付款的订单，客服人员可通过给用户发站内信、邮件，及时和用户进行沟通，了解其对"未付款订单"的态度。

2. 若提醒后用户仍未付款，则应具体情况具体分析。客服人员应及时与用户沟通，分析其未付款原因，引导用户付款；如果用户的未付款订单超过五天，且发送的邮件、站内信等仍无回复，可放弃该用户。

3. 若是客服人员因时差、节假日等原因对用户的咨询回复不及时，可以先表歉意，再通过优惠运费或促销等方式来补偿用户；如果遇到对商品进行进一步询问的用户，客服人员应耐心回答用户的问题，打动用户以促成最终交易。催付款的常见英文表达如下。

We really appreciated your purchase from us. However, we noticed that you haven't made the payment yet. This is a friendly reminder to you to complete the payment transaction as soon as possible.

三、通知发货

当用户下单并付款后，卖家应该在最短的时间内发货，客服人员发送邮件告知用户这个订单已经付款成功，并告知发货的时间、物流单号、物流查询网址及物流大致需要的时间。最后，客服人员也需要在信中提醒用户收到货后给予好评或反馈信息。参考范文如下。

Dear Customer,

Thank you for shopping with us.

We have shipped out your order (order ID：××××××) on August 21th by China Post Air Mail. The tracking number is ××××××.It will take 20~30 workdays to reach your destination. But please check the tracking information for updated information. Thank you for your patience!

We would appreciate very much if you may leave us five-star appraisal and contact us

first for any question, which is very important for us.
We treasure your business very much and look forward to serving you again in the near future.
Best Regards,
×××

值得注意的是，若因为某些特殊原因，无法及时发货，客服人员要在信中诚恳地向用户说明，以期取得谅解。常见英文表达如下。

I am sorry to tell you that there will be shipping delays due to the national holidays and your order might not arrive at the expected time frame. We apologize for the inconvenience caused and appreciate your kind understanding.

四、取消与修改问题订单

（一）建议用户取消问题订单

修改订单是客服人员在工作过程中要处理的一个主要问题。境外用户会出于某些原因，如购买数量更改、颜色修改、尺寸尺码变更、运输方式改变等问题咨询客服人员要求修改订单。此时若未发货，客服人员可以同意用户取消订单的申请后，让用户重新下单；若已发货，可根据实际情况，进一步与用户协商订单修改事宜。常见英文表达如下。

If you don't need any other item, please apply for 'Cancel the Order'. And please choose the reason of "buyer ordered wrong product". In such case, your payment will be returned in 7 business days.

（二）回复用户提出的修改地址信息的要求

对于用户下单后提出订单地址修改的要求，客服人员应注意分清用户的真正意图。这种更改收货地址的行为，产生银行拒付的风险极高，不但会给卖家造成财务上的风险，还会对卖家在全球速卖通平台上的信用记录造成极其不良的影响，后期平台也会考虑对拒付率高的卖家限制部分服务。因此，客服人员需警惕用户将收货地址更改为异国（异地）的行为，应该请求用户在取消原来的订单后，以正确的邮寄地址重新下单。

（三）建议用户合并订单

如果同一用户在同一天下的两笔不同订单，收件地址相同，可以采用合并订单的方式进行支付，卖家可以使用同一个包裹发送给用户。此种情况，客服人员要提前与用户沟通好，按照用户的需求发货，必要时也可以给予用户一定的优惠以提升用户体验。

五、物流跟踪

货物顺利发出后，作为跨境电商客服人员，需要跟踪物流包裹，并把进展情况及时告诉用户。良好的物流服务能提高用户的购物体验，它包括发货速度、物流运送时间、货物是否完整妥投、送货员的服务态度等。

（一）售中物流跟踪

售中物流跟踪"三部曲"如图7-3所示。

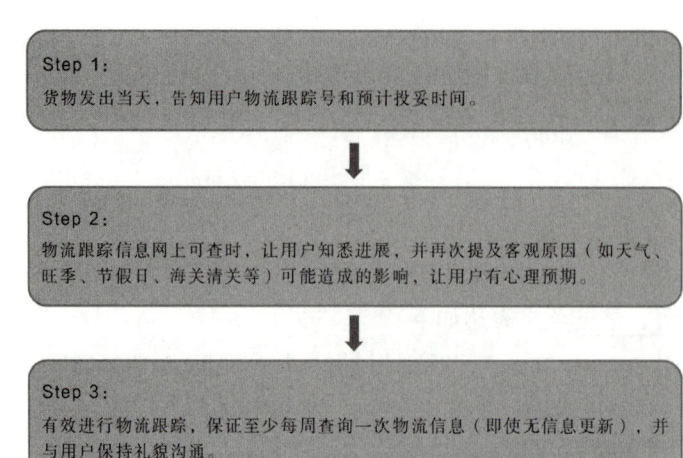

图 7-3 售中物流跟踪"三部曲"

(二)物流跟踪过程中的常见问题

货物发出后,可能会遇到各种各样的问题。例如,物流信息未能及时更新,货物没能按照预期时间到达用户所在地,由于特殊原因造成物流延误等。这些问题均会引起用户的不满,跨境电商售中客服人员需要及时掌握物流信息,积极与用户沟通,尽量安抚用户的不满情绪,避免引起与用户的纠纷。物流跟踪服务内容如图 7-4 所示。

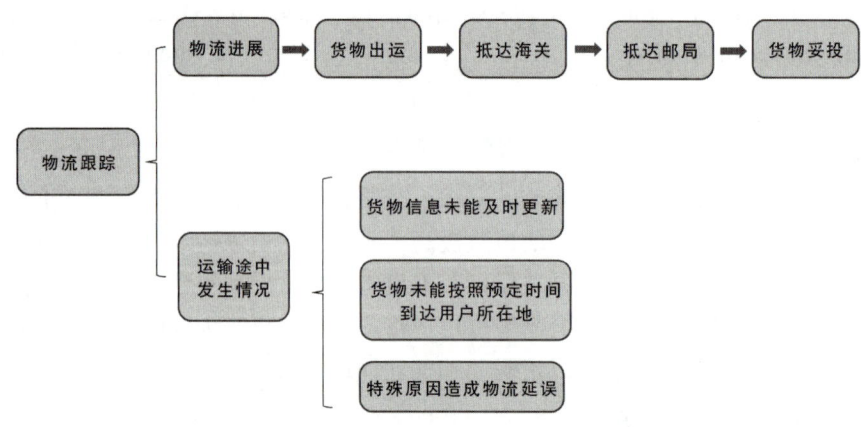

图 7-4 物流跟踪服务内容

(三)特殊订单处理

特殊订单是指由于发货、物流、海关等原因造成的、不能正常出货或退货的订单(如图 7-5 所示)。如果遇到这些情况,跨境电商客服人员必须及时与用户沟通,避免引起用户的不满,甚至产生纠纷。

发货前的特殊订单有以下几个特点:用户下单后对于支付、海关税收等情况存在疑问;由于物流风险,无法向用户所在国家或地区发货;由于订单包裹超重,无法使用指定物流;没有直航货机等。特定情况的包裹延误包括由于节假日或不可抗力造成的投递延误等。还有一些特殊情况,如卖家错发、漏发货物,用户不清关,海关扣关等。无论哪种情况发生,跨境电商客服人员必须在第一时间与用户取得联系,清晰地陈述情况,解决相关问题。

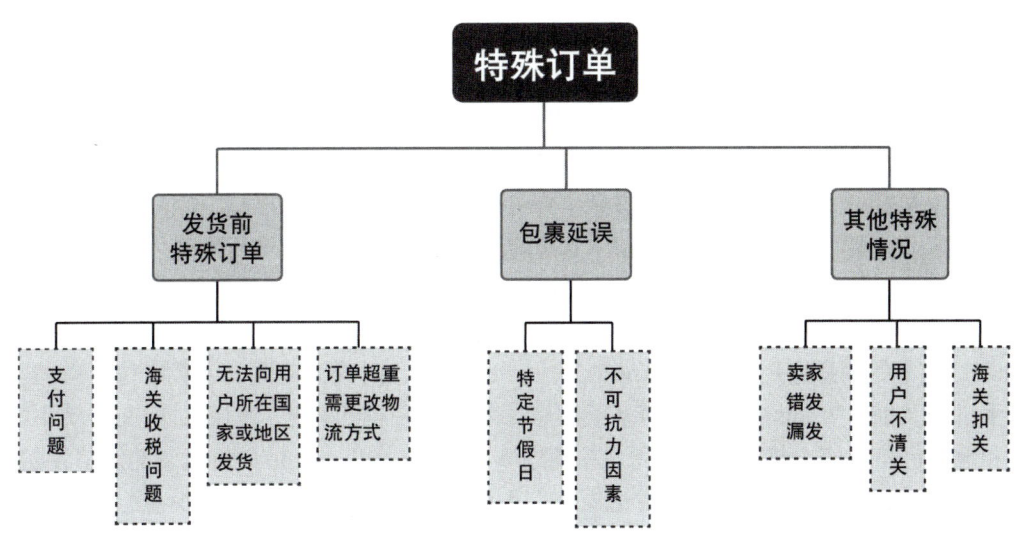

图 7-5　特殊订单

知识要点

一、跨境电商售中沟通与服务的定义

跨境电商售中是指从用户下单到用户签收货物这个阶段。售中沟通与服务是体现卖家服务质量的重要环节，其具体形式包括在线即时交流、邮件交流及部分口语交流等。

二、常见即时通信工具简介

无论是 B2B 跨境电商客服人员还是 B2C 跨境电商客服人员，通常都通过站内信、电子邮件等与用户沟通。由于跨境电商客服人员面对的用户来自世界各地，不仅语言不通，且需处理的贸易问题具有时效性和复杂性，因此建议综合利用多种通信工具辅助沟通。

（一）即时通信工具优点

1. 时效性强。

只要用户在线就可立即联络并深入沟通。即使用户不在线，也可以直接留言，避免电子邮件被系统退回的问题，且不用担心用户看不到卖家发的邮件。

2. 成本低廉。

跨境电商客服人员在处理复杂订单或亟待解决的问题时，最好通过语音沟通，而国际长途电话成本较高，这时即时通信工具的优越性就凸显出来了。很多即时通信工具如 Viber，支持与国外用户的免费通话，有效节省了沟通成本。

3. 沟通直观。

使用即时通信工具与用户沟通就像面对面交谈一样，用户对该商品是否真有需求、下订单的可能性有多大等都可以通过直观的沟通进行判断。实际上，在即时通信工具中添加用户为好友而没有被拒绝的时候，就意味着已经与用户建立了联系，省去了等待邮件回复的时间。

(二)常用的即时通信工具

1. TradeManager。

TradeManager又称国际站旺旺,是阿里巴巴国际站(包括全球速卖通)提供的即时聊天工具,卖家使用TradeManager可以实现与国外用户的实时与非实时沟通。据统计,11%的用户使用TradeManager发送询盘信息。TradeManager有电脑用户端,用户可直接点击阿里巴巴国际站首页(www.Alibaba.com)上端的TradeManager图标进行下载。

2. WhatsApp(WhatsApp Messenger,简称WhatsApp)。

WhatsApp是一款方便用户发送信息又无须支付短信费用的跨平台应用程序。作为Facebook旗下的消息应用,WhatsApp在欧美、东南亚、南美等地区的下载量位居首位。在智能手机普及前,WhatsApp对应诺基亚和黑莓等传统手机的程序,因而目前在经济不发达国家和地区仍然有使用传统手机的用户在使用WhatsApp。WhatsApp提供免费的短信发送(用户可以通过WhatsApp向其他用户发送短信,无需支付短信费用)、离线消息、显示状态等功能,具有手机号码注册、无须登录或退出、支持对话、保密性强等特点。

3. Skype。

Skype是目前流行的语音沟通软件,主要提供语音通话服务,同时具备即时通信所需的其他功能,如文字聊天、视频聊天、传送文件、多人视频会议等。Skype间的通话完全免费,如果通过Skype拨打全球任何一部座机或手机则需要付费,但费用低廉。此外,Skype还提供一系列增值服务。不同国家的用户在使用多种语言进行沟通时,可以选择读出聊天文字,且Skype支持连续性实时口语翻译。

4. Viber。

Viber是一种通过智能手机使用的跨平台网络电话及即时通信软件,能在移动数据网络和Wi-Fi网络下运行,支持iOS和Android系统。Viber用户无须付款,只要双方都已安装这个软件就能实现免费通信,还可以通过Wi-Fi与其他用户传送短信、图片、视频和音频文件。目前,Viber支持包括中文在内的多国语言。用户使用手机号码免费注册后,Viber会读取手机上的通讯录,如果发现通讯录上的朋友已经注册过Viber,就会自动地识别并标示出来,这时就能通过网络直接拨打电话或发短信给对方。

5. Facebook。

Facebook是全球第一大社交网站。用户可以通过它和别人保持互动交流,无限上传照片、发布链接和视频。跨境电商客服人员可通过Facebook及时了解用户动态,与用户展开深入交流,增强对彼此的了解,以维护用户关系。

6. WeChat。

WeChat(微信)是中国的"WhatsApp",是中国使用最广泛的社交软件。值得注意的是,随着国际贸易的发展和跨境电商的迅猛崛起,国内外联系愈加密切,许多与中国有密切贸易往来的国外用户,尤其是非洲用户,也开始使用微信。

7. Line。

Line由韩国互联网集团NHN的日本子公司NHN Japan推出,是日本国内大受欢迎的App,号称日本版的"微信"。除了随时随地免费通话,Line最大的特点是表情种类丰富,用户可使用自带的250多种表情贴图跟朋友互动,表达自己的心情。Line在泰国等国家和地区也广受欢迎。

任务四　跨境电商客服人员售后沟通与服务

任务导入

> 作为宁波诚通贸易有限公司的跨境电商售后客服人员，小橙开始学习全球速卖通和阿里巴巴国际站售后工作的相关内容。随着宁波诚通贸易有限公司在跨境电商平台上架的几大系列商品成为热销品，公司每日交易量明显上升，售后的咨询也逐渐增多。小橙经常收到类似的信件："When will I get my goods？""I haven't signed my package but why it is show received？""The tracking information shows nothing.""Where is my parcel now？"由于很多用户咨询售后情况时，小橙没来得及回复，一些售后咨询演变成差评、纠纷等，这直接导致店铺的评分下降，进而影响了商品的销量。小橙急得焦头烂额，因此必须完成下述任务。
> 第一，掌握跨境电商客服售后沟通与服务的工作内容。
> 第二，管理售后评价。
> 第三，正确处理平台纠纷。

一、跨境电商客服人员售后沟通与服务的工作内容

跨境电商客服人员售后沟通与服务的工作内容如图 7-6 所示。

跨境电商售后客服

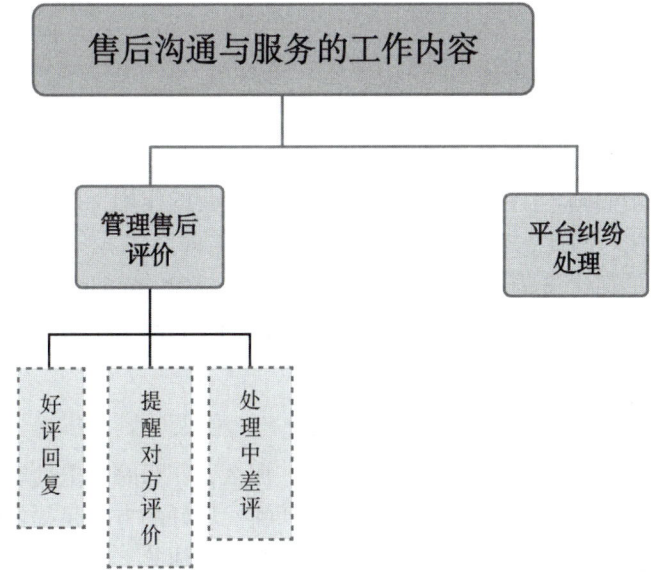

图 7-6　跨境电商客服人员售后沟通与服务的工作内容

二、管理用户的售后评价

用户的售后评价是跨境电商平台对跨境卖家的重要考核依据，是跨境店铺健康、快速成长的助力。用户在收到商品后会作出相应的评价，一般分为好评、中评和差评。当然，也有

用户没有及时进行评价。不论用户给予何种评价，跨境电商客服人员都要用积极的态度去面对，认真、诚恳、及时地沟通。根据不同用户评价情况，跨境电商售后客服人员可以采取不同的应对方式和处理办法，如图 7-7 所示。

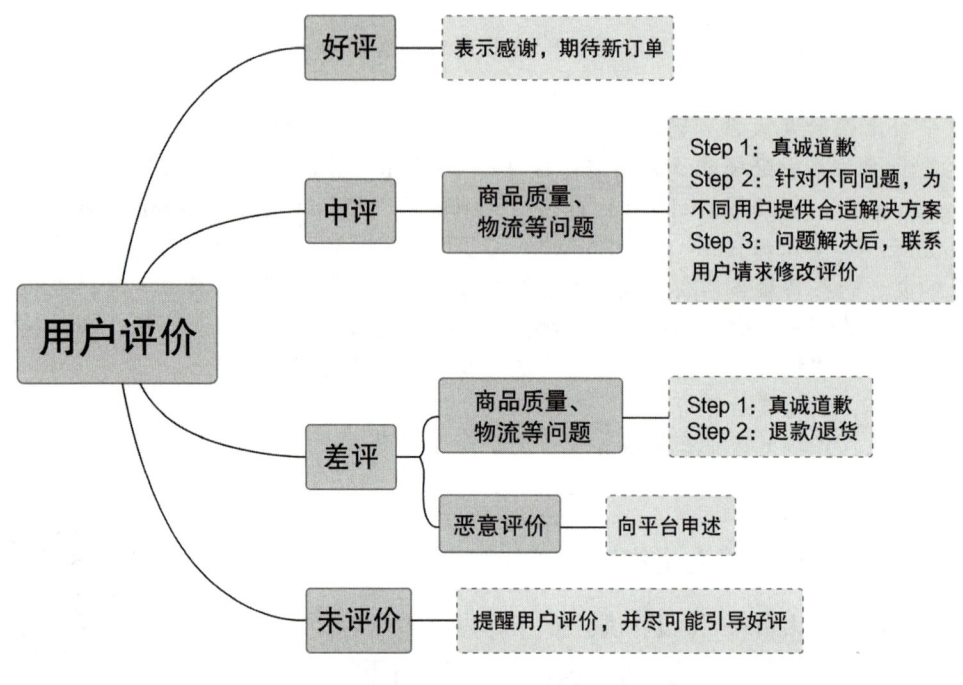

图 7-7　用户评价应对方法

（一）好评回复

用户的好评对跨境电商平台的商品销量起着至关重要的作用，好评会带来源源不断的曝光、转化与二次转化。因此，对于用户的好评，跨境电商客服人员应该对用户表示感谢，并表示今后将提供更加优质的服务。例如，"Thank you very much for your support and your satisfaction is our permanent pursuit! We will redouble our efforts to continue providing you with better products and service"。

（二）提醒用户评价

一些用户在成功收货后，并没有评价的习惯。那么，作为跨境电商客服人员，在不违反平台规定的前提下，如何提醒并引导用户留下好评呢？最好的方法是提供优质、人性化的售后服务，根据实际情况跟踪用户对商品的使用情况和使用体验，通过给用户带来无微不至的服务，引导用户留下好评。

值得注意的是，某些跨境平台如亚马逊严禁卖家私自向用户索要好评。因此跨境电商客服人员绝不能以任何形式的补偿来换取评论，在产品包装内的感谢卡上不可留有明显的诱评消息，或者在自定义邮件内容的时候不能使用诸如"Please leave a 5-star review and we'll send you a coupon"的敏感字眼。跨境电商客服人员可以使用一些带有鼓励性的语句，如"Your opinion matters to us""We value your insight"和"Would you please share your experience with other shoppers"等，提醒用户做出评价。

（三）处理差评

1. 及时主动联系用户。

收到差评通常有以下几种情况：没有沟通直接留评价的、沟通不畅彼此误解而留评价的、退款后依然留评价的。

面对以上情况，跨境电商客服人员要及时作出有针对性的、全面的分析，有的放矢地和用户进行沟通。跨境电商平台不提倡跨境电商客服人员因差评问题多次与用户进行沟通。基于这一原则，跨境电商客服人员在收到评价后去联系用户时一定要充分考虑整个订单情况和沟通情况，基于全面的评估之后写出礼貌得体、有理有据，同时能用真情实感打动对方的邮件。因此，跨境电商客服人员的邮件不能通过翻译工具进行翻译之后就直接发出，因为机器语言总是会和真实表达及其中想要包含的语气有一定出入，而修改差评邮件往往只有一两次沟通的机会，所以跨境电商客服人员一定要慎之又慎。

2. 确定差评原因。

作为跨境电商客服人员，出现差评时一定要做好记录，把一个月内产生差评的商品列出来，包括商品信息、差评的内容、用户信息和用户历史评价记录等，进一步分析用户差评的原因，是属于对商品不满意还是服务不满意，又或者是竞争对手留下的恶意评价。一般而言，产生差评的原因分为三类：一是发货问题产生的差评；二是商品问题产生的差评；三是因商品与用户心理预期不符产生的差评。出现差评的原因如图 7-8 所示。

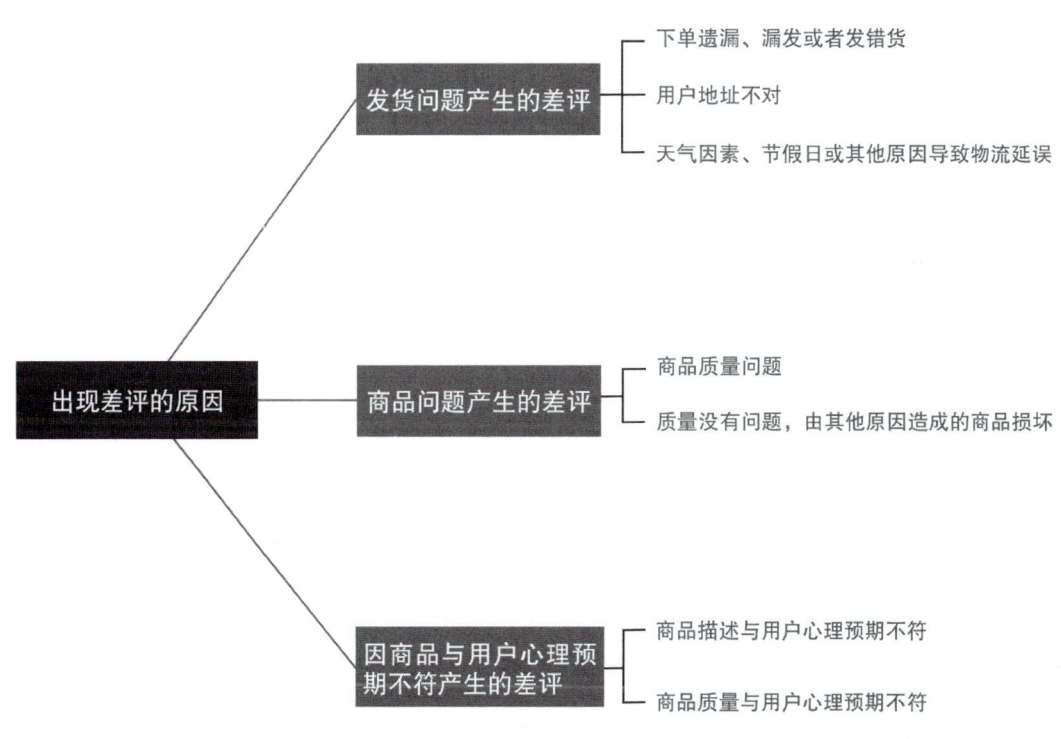

图 7-8　出现差评的原因

3. 针对原因，及时解决。

差评产生的原因与处理方法如表 7-1 所示。

表7-1 差评产生的原因与处理方法

产生差评的原因	差评处理办法
发货问题产生的差评	1. 国际快递按克计算运费，当用户提出商品漏发时，卖家可查询发货商品的数量是否和订单商品数量相符，以判断是否漏发。 2. 当用户提出发错商品，卖家可以要求用户提供照片以判断是否发错，如果是货值高的商品，建议发货时一定要视频记录整个发货流程，以备在产生纠纷时作为有力的证据。 3. 当因物流延误产生差评时，要积极与用户沟通，详细解释原因，并给予赔付
商品问题产生的差评	1. 若为质量问题，请用户提供照片，通过照片判断是商品本身的缺陷，还是物流造成的损坏，或者是用户使用不当造成的损坏。 2. 当出现商品质量问题时，卖家应同意退换货或者与用户协商及时赔付用户，取得用户谅解。 3. 出现物流造成商品损坏的情况时，如果商品可以轻易修复，应积极和用户协商并给予一定补偿；如果完全损坏，卖家也应同意退换货，并积极赔付用户。 4. 当出现用户使用不当造成商品损坏的情况时，是否赔付视卖家意愿和沟通情况而定
因商品与用户心理预期不符产生的差评	1. 不同用户对商品的心理预期不同。商品页面描述必须真实、客观，绝不能夸大其词，以免用户因收到货物后心理预期与页面描述不符而给出差评。 2. 当用户对商品的心理期待比较高时，尽量满足用户的期待，在商品质检、包装上多花些成本，以避免产生售后纠纷

4. 与用户协商删除差评。

经过详细的沟通并较好解决用户的问题后，跨境电商客服人员必须态度诚恳地请求用户删除差评，并告知其操作方法；如果用户愿意删除差评，跨境电商客服人员可以采取退还部分费用给用户作为补偿。

5. 向平台申诉移除差评。

如果用户无理差评或者恶意差评，在沟通无果的情况下，跨境电商客服人员可以通过从评价中找出漏洞和有违跨境电商平台政策的内容，如用户在评价中有侮辱性语言、有夸大问题的嫌疑、竞争对手的恶意差评等，向平台提起申诉，申请由平台协助移除差评。

以亚马逊平台为例，当卖家后台申请移除时，只要 Feedback 中含有以下任一内容，并附带证明和订单细节，亚马逊平台一般会删除掉 Feedback。

（1）评价中包含色情和暴力的词语或内容。

（2）评价中包含了卖家私人信息，如邮箱、电话号码、全名等。

（3）Feedback 完全只针对商品，而非卖家的服务。

（4）FBA 引起的物流问题。

（5）用户在留评时，arrive on time、item as described、customer service 三项中都写的 YES，然后又留下差评。

三、正确处理平台纠纷

（一）纠纷的影响和处理流程

纠纷是指争执不下的事情或者不易解决的问题。在跨境电商贸易中产生的纠纷属于交易纠纷，即在交易过程中产生了误会或者一方刻意隐瞒，从而无法使交易顺利完成。

纠纷一旦产生，将会影响用户的购物体验。不良的购物体验，会降低用户对卖家的信任，也会间接影响用户对平台的信任，进而产生恶性循环，影响交易的顺利进行及资金的流动，导致客源流失。同时，纠纷产生之后，卖家需要在时间、人力和资金方面付出更多的精力，也会影响正常的工作。在买卖双方协商不成功的情况下，则要向平台提交纠纷裁决，此时平台就会介入。

以全球速卖通为例，处理纠纷的基本流程如图7-9所示。

图7-9 处理纠纷的基本流程

（二）预防纠纷的策略技巧

预防纠纷的策略技巧如表7-2所示。

表7-2 预防纠纷的策略技巧

策略技巧	
完善服务 有效沟通	1. 发货之后应提醒用户已发货，提前告知大约需要等待的时间，并时刻关注物流状态。 2. 积极回复用户咨询，并协助解决问题，让用户体会到自己的用心服务。 3. 向用户解释海关清关缴税、商品退回责任和承担方等内容。 4. 若包裹发生了延误，请及时通知用户，解释包裹未能在预期时间内到达的原因，请求用户谅解。 5. 若包裹因关税未付被扣关，请及时告知用户，声明已在商品描述中注明了用户的缴税义务，不妨此时提出为用户分担一些关税，这样不仅能避免商品退回，更能让用户因十足的诚意而给予好评。 6. 若包裹因无人签收而暂存于邮局，请及时提醒用户找到邮局留下的字条，并在有效期内领取
严把商品质量关	1. 严把质量关。发货前对商品进行充分检测：商品外观是否良好，商品功能是否正常，商品邮寄时是否抗压抗摔、包装良好。 2. 一旦发现商品质量问题，务必与用户进行沟通，办理退换货，并给予一定程度补偿。 3. 杜绝假货、仿冒商品。重视商品侵权问题。平台是禁止销售任何侵权商品的，一旦查处，店铺就会面临不同程度的处罚，轻者罚款，重者关店

续表 7-2

策略技巧	
商品描述真实全面	商品描述真实、全面，对于商品的瑕疵和缺陷应该详细说明，切不可因急于达成交易而对用户有所欺骗。另外，针对不同的产品提供的信息也应不同。例如，对于电子类产品，需要将产品功能及使用方法给予全面说明，避免用户收到货后因无法合理使用而引起纠纷。对于服饰、鞋类产品，需要提供详细实际测量的尺码表，以便用户选择，避免用户收到货后因尺寸不合适而引起纠纷等
选择最优物流方式	选择物流方式时，需选择正规、能同时提供发货与退货保障、物流信息更新准确、运输时效佳的快递公司，如 EMS、DHL、FedEx、UPS、TNT

一、跨境电商售后沟通与服务的定义

跨境电商的售后服务阶段是指从用户签收货物到平台放款的这一时间段。良好的售后沟通与服务是提高用户购物满意度的重要保障。用户满意度越高，给卖家带来额外的交易概率就越高，同时商品的排序和曝光量也会得到提升，进而影响其他用户的购买行为，最终帮助卖家提高等级并扩大享受平台权利的范围。

二、纠纷的定义

纠纷是指争执不下的事情或者不易解决的问题。在跨境电商贸易中产生的纠纷属于交易纠纷，即在交易过程中产生了误会或者一方刻意隐瞒，从而无法使交易顺利完成。

三、纠纷处理的原则

客服人员遇到投诉纠纷时，要做好充分的准备，积极面对，一切以用户满意为目标，主动与用户协商解决，提升用户的满意度，为自己得到更多的订单打下基础。在沟通过程中，客服人员可以按以下原则处理纠纷问题。

（一）及时沟通

当收到投诉时，客服人员首先要与用户进行有效沟通，这就要求客服人员做到及时回应及运用有效的沟通技巧。及时回应是指当用户对订单的执行和货物的质量感到不满意时，客服人员应马上做出回应，与用户进行友好协商。各个平台对于纠纷的响应是有时间限制的，如果超过规定时间卖家不回应，响应超时，卖家将会被要求直接退款，所以及时回应是处理纠纷的首要原则。

若是用户迟迟未收到货物，客服人员可以重新发送货物或考虑其他方案；若是用户对货物质量不满，客服人员应与用户进行友好协商，提前考虑好解决方案。

与用户沟通时，客服人员要注意沟通的技巧和语言的运用，努力做到"尽管货物不能让用户满意，态度也要让用户无可挑剔"。一方面，要注意用户心理的变化，当发现用户不满意时，客服人员应尽量引导用户朝着能保留订单的方向走，同时也应满足用户一些其他的需求；另一方面，当出现退款时，客服人员应尽量引导用户进行部分退款，避免全额退款退货。

一般情况下，客服人员应尽量以书面沟通的方式为主。用书面的形式沟通，不仅能让买卖双方的信息交流更加清晰、准确，也能够留下交流的证据，利于处理后期可能产生的纠纷。客服人员在工作时间内要保持在线状态，经常关注收件箱信息，对于用户的询盘要及时回复。否则，用户很容易失去等待的耐心，卖家也很可能错失用户再次购买的机会。

（二）以用户为中心

客服人员在处理问题时，应坚持用户第一的原则，站在用户的角度考虑，出现问题想办法以友好的方式解决。如果公司可以承受一定范围内的退货率或纠纷损失，可以尽量让用户减少损失，这将会为公司赢得更多的机会。

另外，客服人员也要了解用户所在地的风俗习惯，了解不同国家和地区的语言文化习惯，以便沟通时拉近距离，并且有针对性地对用户进行回复。客服人员还要学会通过用户的文字风格判断用户的性格脾气。如果用户使用的语言文字简洁精练，则可判断其办事可能是雷厉风行，不喜欢拖泥带水。客服人员若根据用户的性格脾气，积极调整沟通方式，将有助于促进双方沟通的顺利开展。

（三）保留证据

客服人员应将交易过程中的有效信息都保留下来，如果出现纠纷，可将其作为证据来帮助解决问题。交易过程中，客服人员应能够及时充分地举证，将相关信息提供给用户进行协商，或者提供给全球速卖通平台帮助裁决。

四、纠纷裁决的分类（以全球速卖通为例）

纠纷裁决的提交包括以下三种情况。

1. 用户提交纠纷裁决：自用户第一次提起退款申请开始的第4天至第15天，若买卖双方无法协商一致，用户均可以提交至平台进行裁决。

2. 系统提交纠纷裁决：自用户第一次提起退款申请开始，截至第16天，卖家未能与用户达成退款协议，用户未取消退款申请也未提交至平台进行裁决，系统会自动提交至平台。

3. 卖家提交纠纷裁决：若用户申请退款或退货，在用户填写了退货地址的30天内，卖家未收到退货或收到的退货存在货不对版，可以提交至平台进行裁决。

纠纷裁决产生的2个工作日内，全球速卖通会介入处理，平台会参照买卖双方纠纷协商阶段及提交纠纷裁决阶段提供的证明进行裁决。

若现有证明充足，平台会直接给出裁决意见，然后进入申诉期；若证明不足，平台会首先联系双方，要求其限期内提供相应证明，然后根据双方提供的证明给出裁决意见。如果一方逾期未提供证明，则平台会按照已得证明给出裁决意见并进入申诉期。

申诉期内，若双方补充了充足的证明，则平台会根据补充证明进行最终裁决；若双方未补充有效证明，则平台会根据裁决意见进行最终裁决。

若买卖双方在申诉期内协商达成一致的处理意见，平台会根据此意见进行裁决。

跨境电商客服的岗位任务

跨境电商客服人员,既要熟悉公司的产品、业务,相关跨境电商平台的规则,订单处理流程,国外用户文化背景等,也要为B2B和B2C用户解决售前、售中、售后各种问题,并提供服务。跨境电商客服人员具体岗位任务如表7-3所示。

表7-3 跨境电商客服人员具体岗位任务

任务名称	任务描述
1. 收集潜在用户资源	通过多种渠道收集潜在用户资源,为用户的开发做好准备
2. 给用户发送开发信	为具有不同文化背景和特点的国外用户撰写有针对性的用户开发信,并设计有吸引力的邮件标题
3. 处理用户询盘	熟悉不同跨境电商的询盘处理界面,分析询盘有效性
4. 解答咨询	根据不同国家用户的消费心理和消费习惯提供导购服务,利用多种沟通工具及时解答用户咨询
5. 处理订单	熟悉不同跨境电商平台的订单管理界面,及时处理、跟进和更新订单状态
6. 处理差评	准确分析差评原因,利用各种沟通工具、根据用户特点进行有效沟通,说服用户修改评价
7. 处理纠纷	熟悉主流跨境电商平台纠纷规则和纠纷仲裁流程,有效规避纠纷,处理纠纷
8. 处理知识产权投诉	熟悉容易产生知识产权投诉的领域和各国商标查询工具,熟悉主流跨境电商平台的知识产权处罚规则和投诉处理流程,及时处理知识产权投诉
9. 维护用户信息库	建立用户信息库,对用户进行分类,并根据订单和其他部门人员的反馈,及时更新用户信息库
10. 维护用户关系	根据用户类别和用户文化背景发送具有针对性的用户关系维护邮件

课后训练

一、单项选择题

(　　) 1. 关于跨境电子商务客服人员需要具备的素质,下列说法错误的是_____。
A. 了解境外用户网络购物的消费理念和文化
B. 有关知识产权和法律知识以本国为准
C. 熟悉跨境电子商务平台的运营规则
D. 具备"当地化/本地化"思维

(　　) 2. 纠纷处理的原则不包括_____。
A. 及时沟通　　　　　　　　B. 以用户为中心
C. 保留证据　　　　　　　　D. 据理力争

（　　）3. 对于询盘的回复必须及时、准确、礼貌、完整。一般情况下，回复内容不包括_____。

A. 表明收到对方的询盘，并表示感谢

B. 回答用户提出的问题，适当提供用户要求的材料

C. 鼓励和暗示用户尽快下订单

D. 要求用户好评

（　　）4. 跨境电商客服人员在应对批量采购用户还价时，下列做法错误的是_____。

A. 较小多次降价

B. 了解对方的真正期望

C. 要让用户感受到降价是艰难的、有条件的

D. 表示诚意直接一次大减价

（　　）5. 关于跨境电子商务在线用户争议解决方案，下列说法错误的是_____。

A. 让用户体会到卖家解决争议的诚意　　B. 真正了解订单争议的来龙去脉

C. 积极缓解用户的负面情绪　　　　　　D. 不问任何原因，直接全额退款

二、多项选择题

（　　）1. 跨境电子商务在线客服的工作职能包括_____。

A. 帮助用户了解产品信息　　　　　B. 解决用户在选择产品时遇到的问题

C. 与用户实时交流沟通　　　　　　D. 解决一些用户就订单方面的纠纷

（　　）2. 跨境电子商务客服工作流程中容易出现的问题包括_____。

A. 不理解网站英文说明，导致用户产生焦躁心态

B. 遇到问题时，解决方案单一或者由用户提出

C. 行文沟通技巧欠缺，惹怒用户导致一星差评

D. 无证据的敷衍回复加剧用户的烦躁情绪

（　　）3. 售前沟通与服务是指客服人员在订单成交之前，为用户购物提供相关指导，包括_____等内容。

A. 购物流程　　　B. 产品介绍　　　C. 支付方式　　　D. 物流方式

（　　）4. 沟通技巧是跨境电商客服人员需要具备的重要能力之一，下面_____属于沟通技巧。

A. 从专业角度，用可信赖的数据证据向用户提供服务

B. 尽量提供多个方案供用户选择

C. 淡化事件的严重性，保证问题顺利解决

D. 寻找合适的解释理由

（　　）5. 用户订单未付款的原因包括_____。

A. 商品拍下后，无法与卖家及时确认商品细节

B. 对同类竞争商品再次比较

C. 对卖家信誉产生疑虑

D. 商品拍下后，发现运费过高

（　　）6. 跨境电商售后沟通与服务的工作内容可以分为_____几个部分。
A. 售后评价　　　　　　　B. 买卖价格协商
C. 平台纠纷处理　　　　　D. 关联营销

三、判断题

（　　）1. 在跨境电商贸易中产生的纠纷属于交易纠纷，即在交易过程中产生了误会或者一方刻意隐瞒，从而无法使交易顺利完成。

（　　）2. 好评会给跨境卖家带来源源不断的曝光、转化与二次转化，因此跨境卖家可以在商品包装内的感谢卡上许诺给用户一些额外补偿来换取好评。

（　　）3. 如果用户愿意删除差评，卖家可采取退还部分费用给用户作为补偿，请对方及时删除差评。

（　　）4. 如果用户在评价中有侮辱性语言、有夸大问题的恶意差评嫌疑，在沟通无果的情况下，跨境卖家可以向平台提起申诉，申请由平台协助移除差评。

（　　）5. 国际快递按克计算运费，当用户提出商品漏发时，卖家可查询发货商品的数量是否和商品数量总和相符，以判断是否漏发。

四、简答题

1. 跨境电商 B2C 平台的客服人员跟国内 B2C 网站的客服人员相比，需要额外具备哪些相关的技能和知识？

2. 简要论述预防纠纷的策略技巧有哪些？

3. 跨境电商客服人员需要解决的售前问题有哪些？如何解决？

4. 跨境电商客服人员需要解决的售后问题有哪些？如何解决？

五、操作题

1. 有用户在你的网站上购买了一件商品，但是迟迟未做评价，请你撰写一封站内信提醒对方给出好评。要求包含以下内容：（1）感谢用户购物支持；（2）引导用户给出好评；（3）如有问题，随时联系。

2. 为了庆祝店铺成立一周年，公司正在做满立减活动，由于全球速卖通内部营销邮件是有限额的，你作为客服人员需要选择一批老用户发送营销信息。具体内容包括：（1）公司开展满100元减20元的活动；（2）新款的夏装已经上架，希望用户关注；（3）感谢用户的长期支持。你应该如何选择老用户，如何撰写营销邮件？

项目八　跨境电商政策与法规

培养目标

知识目标
- 理解跨境电商增值税"无票免征"、所得税"核定征收"
- 掌握跨境电商出口通关的监管模式
- 了解跨境电商的相关税收、监管、支付等方面的政策与法规
- 熟悉世界主要国家和地区的跨境电商政策与法规

能力目标
- 能计算跨境电商企业的产品增值税以及企业应纳所得税
- 能自判产品是否存在专利侵权或商标侵权
- 能运用世界主要国家或地区的跨境电商政策与法规来开展相关业务

素质目标
- 爱国诚信，守正创新

课前导学

经国序民，正其制度

"经国序民，正其制度。"语出汉代荀悦撰写的《前汉纪·孝武皇帝纪一》，原句是："是以圣王在上，经国序民，正其制度。"意思是：圣明的君主在位时，治理国家，使人民安然有序，就要健全各项制度。2024年9月，第三届全球数字贸易博览会（以下简称"数贸会"）在浙江杭州举行，由浙江省人民政府和商务部共同主办，由杭州市人民政府、浙江省商务厅和商务部外贸发展事务局共同承办。作为目前国内唯一以数字贸易为主题的国家级、国际化的专业型展会，数贸会聚焦的是当前数字经济创新发展的增长引擎和竞争赛道，承载的是开放型世界经济对新质生产力的期待。本届数贸会面向全国征集和发布了《第三届全球数字贸易博览会数字贸易发展合作案例集》，以通俗易懂的方式讲好"数贸故事"，积极展示数字贸易内涵外延和取得的成效，全方位展示数字贸易发展合作方法和经验，向世界传播数字贸易发展的中国经验、中国智慧、中国方案，展现数字贸易发展对建立开放创新、包容互惠的发展格局，诠释构建人类命运共同体的重要意义。

中国特色社会主义制度和国家治理体系具有深厚的历史底蕴。从"天下为公"的大同社会理想到"民为邦本"的民本思想，从"修齐治平"的德治追求到"以法而治"的治国思想，中华民族在长期的历史演进中形成了关于国家制度和国家治理的丰富思想。中华人民共和国成立70多年来，中国共产党领导人民不断探索实践，逐步形成了中国特色社会主义国家制度和法律制度，既为当代中国发展进步提供了根本保障，也为新时代推进国家制度和法律制度建设提供了重要经验。启航新征程，我们要坚定中国特色社会主义道路自信、理论自信、制度自信、文化自信，坚持党的基本路线不动摇，不断把中国特色社会主义伟大事业向前推进。

任务一 跨境电商的相关政策与法规

> 宁波诚通贸易有限公司在开展跨境电商出口业务的过程中，碰到过因为外观侵权、商标侵权等知识产权问题引起的诉讼，也碰到过不熟悉国家的税收、出境通关等政策或规定导致业务开展出现延后的情况。宁波诚通贸易有限公司业务员小橙总结了跨境电商出口业务开展过程中需要关注的几个问题。
>
> 第一，跨境电商平台出口商品能不能享受出口退税，是否能在企业所得税上面有所减免。
>
> 第二，如果在亚马逊或者其他跨境电商平台上上架一款产品进行销售，如何自判产品是否存在专利侵权或者商标侵权。
>
> 第三，跨境电商零售出口、跨境电商特殊区域出口包裹零售、跨境电商B2B出口及出口海外仓商品的出境通关手续是否相同。

一、中国跨境电商零售出口实行增值税"无票免征"、所得税"核定征收"

（一）增值税"无票免征"

对于出口企业来说，出口退税是平衡企业增值税，影响税负构成的重要手段。出口商在贸易过程中，可以按照商品税号获得对应的退税。实现出口退税，需要满足两个条件：第一是具备退税资格；第二是必须有进项增值税发票。然而，包括宁波诚通贸易有限公司在内的跨境电商出口企业，在跨境电商平台上零售各种门类的商品，有些企业涉及数以万计的商品SKU（最小库存单位），这些商品多批次、小批量且单票价格低，导致企业无法取得增值税进项发票。在这种情况下，企业无法提供报关单和增值税发票，进而无法享受这部分的出口退税政策。

关注跨境电商的几个核心问题

2013年8月21日，国家发布第一个关于跨境电商零售出口的税收政策，即《商务部等部门关于实施支持跨境电子商务零售出口有关政策意见的通知》（国办发〔2013〕89号），对符合条件的电子商务出口货物实行增值税和消费税免税或退税政策。2015年6月16日起，国家继续出台文件明确出口货物免征增值税、消费税退税或免税政策，包括《国务院办公厅关于促进跨境电子商务健康快速发展的指导意见》（国办发〔2015〕46号）等。2018年9月28日，财政部、税务总局、商务部、海关总署联合发布了《关于跨境电子商务综合试验区零售出口货物税收政策的通知》财税〔2018〕103号（以下简称《通知》），跨境电商零售出口的税收支持政策正式落地。《通知》规定，自2018年10月1日起，对综试区电子商务出口企业未取得有效进货凭证的货物，同时符合相关条件的，试行增值税、消费税免税政策，即"无票免征"。要注意的是，享受"无票免征"需要满足"2个必须"和"1个非"的前提条件。

"无票免征"需要满足"2个必须"和"1个非"的前提条件。

第一，企业必须在跨境电子商务综合试验区（以下简称综试区）注册。电子商务出口企业需在综试区注册，并在注册地跨境电子商务线上综合服务平台登记出口货物日期、名称、计量单位、数量、单价、金额。

第二，企业必须在跨境电商综试区申报出口。出口货物必须通过综试区所在地海关办理电子商务出口申报手续。

第三，非出口取消退税货物。出口货物不属于财政部和税务总局根据国务院决定明确取消出口退（免）税的货物。

注：跨境电商出口企业，是指自建跨境电子商务销售平台或利用第三方跨境电子商务平台开展电子商务出口的单位和个体工商户。

（二）所得税"核定征收"

"无票免征"政策有效地解决了跨境电商企业在贸易过程中增值税的问题，减轻了跨境电商企业商品出口的运营成本压力。但经过实践也发现了一些新的问题，如构成企业税负的另一税种——企业所得税，如果没有获取进项增值税发票，企业就无法列支成本，虽然"无票免征"免了增值税，但可能要多交所得税，跨境电商出口企业的运营成本依然高。

2019年10月26日，国家税务总局发布《关于跨境电子商务综合试验区零售出口企业所得税核定征收有关问题的公告》（国家税务总局公告2019年第36号），宣布自2020年1月1日起，对符合条件的出口跨境电商企业，试行核定征收企业所得税办法。适用核定征收的跨境电商企业，应准确核算收入总额，并采用应税所得率方式核定征收企业所得税，应税所得率统一按照4%确定。此外，实行核定征收的跨境电商企业若符合小型微利企业优惠政策条件，可享受小型微利企业所得税优惠政策；其取得的收入属于《中华人民共和国企业所得税法》第二十六条规定的免税收入的，可享受免税收入优惠政策。注意一点，享受该项政策，同样需要满足"2个必须"和"1个未"的前提条件。

所得税"核定征收"需要满足"2个必须"和"1个未"的前提条件。

第一，企业必须在跨境电子商务综合试验区（以下简称综试区）注册。电子商务出口企业需在综试区注册，并在注册地跨境电子商务线上综合服务平台登记出口货物日期、名称、计量单位、数量、单价、金额。

第二，企业必须在跨境电商综试区申报出口。出口货物需通过综试区所在地海关办理电子商务出口申报手续。

第三，未取得有效进项凭证。出口货物未取得有效进货凭证，其增值税、消费税享受免税政策的。

注：跨境电商出口企业，是指自建跨境电子商务销售平台或利用第三方跨境电子商务平台开展电子商务出口的单位和个体商户。

二、自判产品是否存在商标侵权或专利侵权

中国跨境电商企业常常会收到跨境电商平台的侵权投诉,为了避免这些情况的发生,企业在产品上架前就要自查产品是否涉及商标侵权或专利侵权。不管是商标侵权还是专利侵权,都需要针对不同的国家和地区来判定。具体的自判方法是去相关国家和地区的官方网站查询商标、专利的申请情况。

(一)美国商标、专利查询

美国商标、专利查询有官方网站。如图 8-1 所示的界面,可以通过右上角的"Find It Fast"按钮查询商标和专利的申请情况。

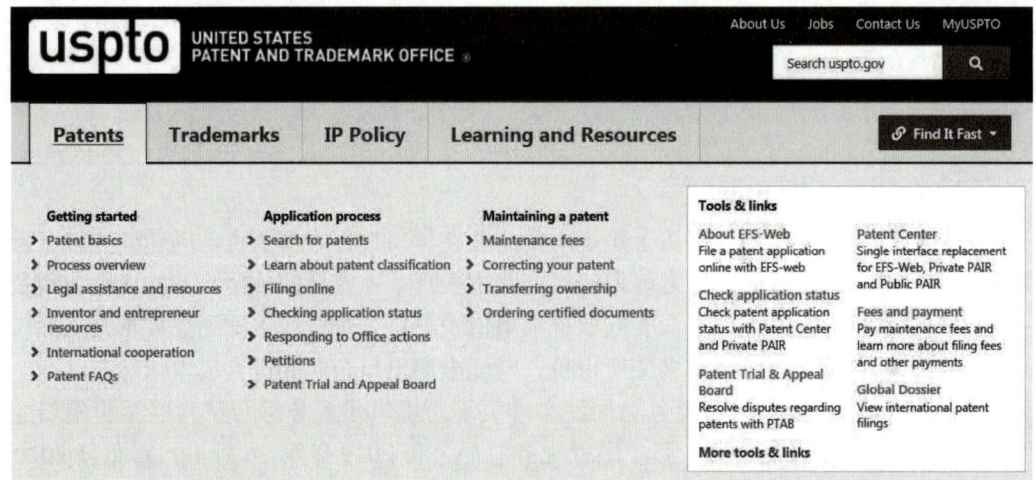

图 8-1 美国商标、专利查询

(二)欧盟商标、外观专利、发明查询

欧盟商标、外观专利查询也有官方网站。如图 8-2 所示的界面,输入"PRRO"后,页面显示"Trade marks(0),Designs(0)",因此 PRRO 文字不会造成欧盟商标与外观专利的侵权,因为其保护范围仅限于视觉表现形式,而不涉及文字本身的含义。

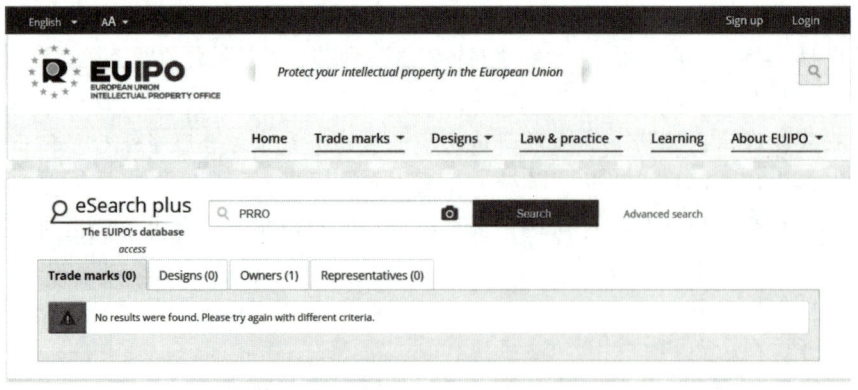

图8-2 欧盟商标、外观专利查询

欧盟的发明专利也有官方的查询网站，具体如图8-3所示。

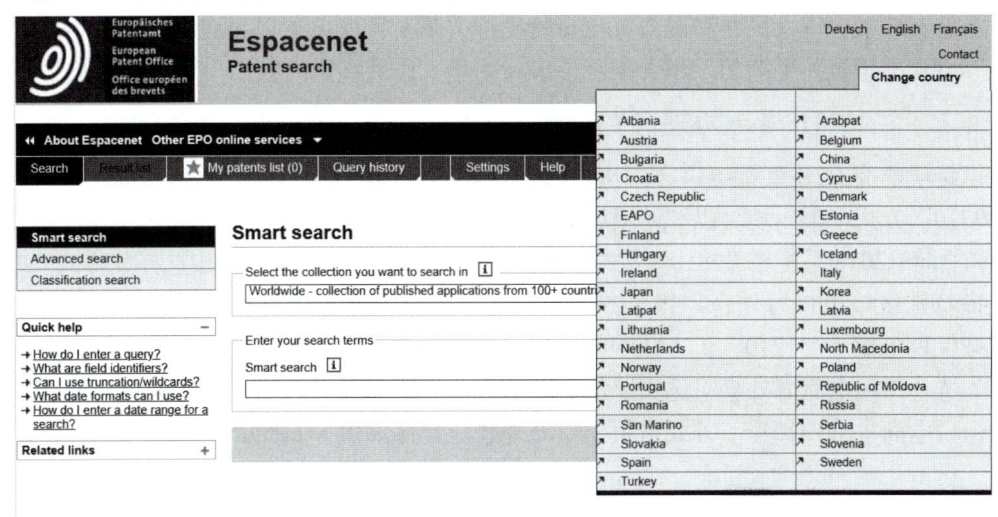

图8-3 欧盟等国家发明专利查询

三、跨境电商通关监管模式

跨境电商通关监管模式一共包含七类，如图8-4所示。

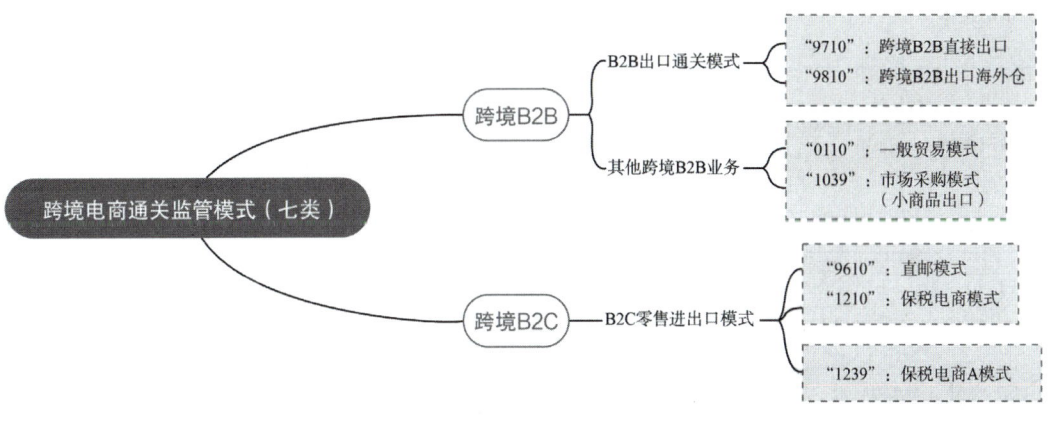

图8-4 跨境电商通关监管模式

（一）在海关跨境电商出口统一版系统中办理通关手续

跨境电商零售出口（"9610"）和跨境电商特殊区域出口包裹零售（"1210"）商品在海关跨境电商出口统一版系统中完成通关手续。出口商品申报前，跨境电商企业或其代理人、物流企业应当分别通过国际贸易"单一窗口"或跨境电商通关服务平台向海关传输交易、收款、物流等电子信息，要求传输、提交的电子信息应有电子签名，并对数据真实性承担相应法律责任。出口时，跨境电商企业或其代理人应提交申报清单，采取"清单核放汇总申报"方式办理报关手续；跨境电商综合试验区内符合条件的跨境电商零售商品出口，可采取"清单核放、汇总统计"方式办理报关手续。出口后，跨境电商企业或其代理人应当于每月15日前（当月15日是法定节假日或者法定休息日的，顺延至其后的第1个工作日），将上月结关的申报清单依据清单表头"同一收发货人、同一运输方式、同一生产销售单位、同一运抵国，同一出境关别及清单表体同一最终目的国、同一十位海关商品编码、同一币制"的规则进行归并，汇总形成《中华人民共和国海关出口货物报关单》，海关电报允许以"清单核放、汇总统计"方式办理报关手续的，不再汇总形成《中华人民共和国海关出口货物报关单》。

（二）在 H2018 系统办理通关手续

以跨境电商 B2B 直接出口方式出口时，企业通过国际贸易"单一窗口"向 H2018 系统按"9710"方式申报出境。以"跨境电商出口海外仓"方式出口时，企业通过国际贸易"单一窗口"向 H2018 系统按"9810"方式申报出境，非海外仓登记企业无法选择此方式。以"跨境电商特殊区域出口海外仓零售"方式出口时，企业通过国际贸易"单一窗口"向 H2018 系统按保税电商（"1210"）方式申报出境，在报关单/备案清单录入界面"业务事项"选项中勾选"跨境电商海外仓"选项，但非登记企业无法勾选"跨境电商海外仓"选项，且不得按保税电商（"1210"）方式申报出口海外仓。具体如表 8-1 所示。

表8-1 跨境电商出口通关监管模式与通关系统

海关监管模式	"9610"	"1210" 特殊区域出口		"9710"	"9810"
	跨境电商零售出口（一般出口）	跨境电商特殊区域包裹零售出口	跨境电商特殊区域出口海外仓零售	跨境电商B2B直接出口	跨境电商出口海外仓
报送单据	申报清单	申报清单	报关单或备案清单	报关单或备案清单（单票低于5000元人民币，且不涉税、不涉证、不涉检的一般出口商品，可报送申报清单）	
通关系统	跨境电商出口统一版系统	H2018通关管理系统		H2018通关管理系统（单票低于5000元人民币，且不涉税、不涉证、不涉检的一般出口商品，可选择H2018系统或跨境电商出口统一版系统）	
交易性质	B2C			B2B	

假设在理想状态下，2024 年宁波诚通贸易有限公司（按照小微企业算）年收入总额为 100 万元人民币，仅开展跨境电商业务，符合"无票免征"和"核定征税"条件，只有销售收入且无其他成本、费用等任何抵扣项目，试计算这一年的企业的应纳税所得额和应纳所得税额。

根据《中华人民共和国企业所得税法》及其实施条例、《财政部税务总局关于小微企业和个体工商户所得税优惠政策的公告》（财税部税务总局公告〔2023〕6 号）等规定，自 2023 年 1 月 1 日至 2024 年 12 月 31 日，对小型微利企业年应纳税所得额不超过 100 万元人民币的部分，减按 25% 计入应纳税所得额，按 20% 的税率缴纳企业所得税；而应纳税所得额＝收入总额－准予扣除项目金额，应纳所得税额＝当期应纳税所得额 × 适用税率。

一、关于跨境电商的相关税收政策

税款征收问题是企业重视的关键问题之一。为适应产业新模式、更好地解决跨境电商企业税款征收问题并最终促进业态新发展，国家政府部门出台了一系列针对性的政策。关于跨境电商的相关税收政策如表8-2所示。

表8-2　关于跨境电商的相关税收政策

发布时间	发布部门	政策名称
2013年12月	财政部、税务总局	《关于跨境电子商务零售出口税收政策的通知》（财税〔2013〕96号）
2016年3月	财政部、海关总署、税务总局	《关于跨境电子商务零售进口税收政策的通知》（财关税〔2016〕18号）
2016年9月	国务院关税税则委员会	《关于调整进境物品进口税部分商品范围的通知》（税委会〔2016〕26号）
2017年11月	国务院关税税则委员会	《关于调整部分消费品进口关税的通知》（税委会〔2017〕25号）
2018年5月	国务院关税税则委员会	《关于降低日用消费品进口关税的公告》（税委会公告〔2018〕4号）
2019年4月	国务院关税税则委员会	《关于调整进境物品进口税有关问题的通知》（税委会〔2019〕17号）
2019年4月	国务院关税税则委员会	《国务院关税税则委员会关于调整进境物品进口税有关问题的通知》（税委会〔2019〕17号）
2018年9月	财政部、税务总局、商务部、海关总署	《关于跨境电子商务综合试验区零售出口货物税收政策的通知》（财税〔2018〕103号）
2018年11月	财政部、海关总署、税务总局	《关于完善跨境电子商务零售进口税收政策的通知》（财关税〔2018〕49号）
2019年1月	财政部、税务总局	《关于实施小微企业普惠性税收减免政策的通知》（财税〔2019〕13号）
2021年12月	财政部、税务总局	《关于出口货物保险增值税政策的公告》（财税〔2021〕37号）
2023年1月/8月	财政部、海关总署、税务总局	《关于跨境电子商务出口退运商品税收政策的公告》（财关税〔2023〕4号）《关于延续实施跨境电子商务出口退运商品税收政策的公告》（财关税〔2023〕34号）

上述一系列针对性的政策主要涉及跨境电子商务零售出口与跨境电子商务零售进口。在跨境电子商务零售出口税收政策方面，2013年《关于跨境电子商务零售出口税收政策的通知》是国家发布的第一个相关税收政策，明确了适用增值税、消费税免税政策的电子商务出口企业出口货物。2018年《关于跨境电子商务综合试验区零售出口货物税收政策的通知》定义了综试区和电子商务出口企业，即综试区是指经国务院批准的跨境电子商务综合试验区，电子商务出口企业是指自建跨境电子商务销售平台或利用第三方跨境电子商务平台开展电子商

务出口的单位和个体工商户，该通知专门针对综试区试行增值税、消费税免税政策。在跨境电子商务零售进口税收政策方面，2016年的《关于跨境电子商务零售进口税收政策的通知》明确了跨境电子商务零售进口商品按照货物征收关税和进口环节增值税、消费税，购买跨境电子商务零售进口商品的个人作为纳税义务人，实际交易价格（包括货物零售价格、运费和保险费）作为完税价格，电子商务企业、电子商务交易平台企业或物流企业可作为代收代缴义务人。同时，该通知还明确了跨境电子商务零售进口税收政策的适用商品范围。

2018年的《关于完善跨境电子商务零售进口税收政策的通知》对2016年的政策进行了补充，明确将跨境电子商务零售进口商品的单次交易限值由人民币2000元提高至5000元，年度交易限值由人民币20 000元提高至26 000元；完税价格超过人民币5000元单次交易限值但低于26 000元年度交易限值，且订单下仅一件商品时，可以自跨境电商零售渠道进口，按照货物税率全额征收关税和进口环节增值税、消费税，交易额计入年度交易总额，但年度交易总额超过年度交易限值的，应按一般贸易管理。同时还对一些细节进行了补充，如已经购买的电商进口商品属于用户个人使用的最终商品，不得进入国内市场再次销售；原则上不允许网购保税进口商品在海关特殊监管区域外开展"网购保税＋线下自提"模式。

2021年《关于出口货物保险增值税政策的公告》规定自2022年1月1日至2025年12月31日，对境内单位和个人发生的两种跨境应税行为免征增值税：第一种是以出口货物为保险标的的产品责任保险；第二种以出口货物为保险标的的产品质量保证保险。2023年年初《关于跨境电子商务出口退运商品税收政策的公告》对公告印发之日起1年内在跨境电子商务海关监管代码（"1210""9610""9710""9810"）项下的申报出口，因滞销、退货原因，自出口之日起6个月内原状退运进境的商品（不含食品），免征进口关税和进口环节增值税、消费税；出口时已征收的出口关税准予退还，出口时已征收的增值税、消费税参照内销货物发生退货有关税收规定执行。其中，监管代码1210项下出口商品，应自海关特殊监管区域或保税物流中心（B型）出区离境之日起6个月内退运至境内区外。2023年8月《财政部 海关总署 税务总局关于延续实施跨境电子商务出口退运商品税收政策的公告》对2023年年初的政策进行了补充，调整为"对2023年1月30日至2025年12月31日期间在跨境电子商务海关监管代码（"1210""9610""9710""9810"）项下申报出口，因滞销、退货原因，自出口之日起6个月内原状退运进境的商品（不含食品），免征进口关税和进口环节增值税、消费税；出口时已征收的出口关税准予退还，出口时已征收的增值税、消费税参照内销货物发生退货有关税收规定执行"。

二、关于跨境电商的相关监管政策与法规

关于跨境电商的相关监管政策与法规如表8-3所示。

表8-3　跨境电商的相关监管政策与法规

发布时间	发布部门	政策或规定名称
2018年9月	海关总署	《关于修订跨境电子商务统一版信息化系统企业接入报文规范的公告》（海关总署公告〔2018〕113号）
2018年12月	海关总署	《关于跨境电子商务零售进出口商品有关监管事宜的公告》（海关总署公告〔2018〕194号）
2018年12月	海关总署	《关于跨境电子商务企业海关注册登记管理有关事宜的公告》（海关总署公告〔2018〕219号）

续表 8-3

发布时间	发布部门	政策或规定名称
2020年3月	海关总署	《关于全面推广跨境电子商务出口商品退货监管措施有关事宜的公告》（海关总署公告〔2020〕44号）
2020年3月	海关总署	《关于跨境电子商务零售进口商品退货有关监管事宜的公告》（海关总署公告〔2020〕45号）
2020年6月	海关总署	《关于开展跨境电子商务企业对企业出口监管试点的公告》（海关总署公告〔2020〕75号）
2020年8月	海关总署	《关于扩大跨境电子商务企业对企业出口监管试点范围的公告》（海关总署公告〔2020〕92号）
2021年6月	海关总署	《关于在全国海关复制推广跨境电子商务企业对企业出口监管试点的公告》（海关总署公告〔2021〕47号）
2021年9月	海关总署	《关于全面推广跨境电子商务零售进口退货中心仓模式的公告》（海关总署公告〔2021〕70号）
2022年12月	海关总署	《关于扩大公路跨境快速通关改革适用范围的公告》（海关总署公告〔2022〕133号）
2023年5月	海关总署	《关于进一步拓展吉林省内贸货物跨境运输业务范围的公告》（海关总署公告〔2023〕44号）

海关始终坚持"包容、审慎、创新、协同"的监管理念，针对跨境电商进出口新业态的发展特点，在跨境电商进出口所涉相关环节的技术标准、业务流程、监管模式和信息化建设等方面探索创新，通过进一步强化监管、优化服务，最大限度促进跨境电商新业态的健康成长。对于跨境电商进出口业务的监管，海关主要根据2018年第194号、2020年第75号等公告实施。主要包括企业管理、通关管理、场所管理、物流管理等内容。

（一）企业管理

依据2018年第194号文件，跨境电子商务平台企业、物流企业、支付企业等参与跨境电子商务零售进口业务的企业，应当依据海关报关单位注册登记管理相关规定，向所在地海关办理注册登记；境外跨境电子商务企业应委托境内代理人（以下称跨境电子商务企业境内代理人）向该代理人所在地海关办理注册登记；跨境电子商务企业、物流企业等参与跨境电子商务零售出口业务的企业，应当向所在地海关办理信息登记；如需办理报关业务，向所在地海关办理注册登记。

依据2020年第75号文件，跨境电商企业、跨境电商平台企业、物流企业等参与跨境电商B2B出口业务的境内企业，应当依据海关报关单位注册登记管理有关规定，向所在地海关办理注册登记。开展出口海外仓业务的跨境电商企业，还应当在海关开展出口海外仓业务模式备案。

（二）通关管理

依据2018年第194号文件，对跨境电子商务直购进口商品及适用"网购保税进口"（监管方式代码"1210"）进口政策的商品，按照个人自用进境物品监管，不执行有关商品首次进口许可批件、注册或备案要求。但对出现重大质量安全风险的商品启动风险应急处置时除外。适用"网购保税进口A"（监管方式代码"1239"）进口政策的商品，按《跨境电子商务零售进口商品清单（2018版）》尾注中的监管要求执行。

依据 2020 年第 75 号文件，跨境电商企业或其委托的代理报关企业、境内跨境电商平台企业、物流企业应当通过国际贸易"单一窗口"或"互联网＋海关"向海关提交申报数据、传输电子信息，并对数据真实性承担相应法律责任。跨境电商 B2B 出口货物适用全国通关一体化，也可采用"跨境电商"模式进行转关。

依据 2022 年第 133 号，为促进跨境公路运输便利，在启用公路舱单的基础上，跨境快速通关改革适用范围扩大至长沙海关。

（三）场所管理

依据 2018 年第 194 号文件，跨境电子商务零售进出口商品监管作业场所必须符合海关相关规定。跨境电子商务监管作业场所经营人、仓储企业应当建立符合海关监管要求的计算机管理系统，并按照海关要求交换电子数据。其中开展跨境电子商务直购进口或一般出口业务的监管作业场所应按照快递类或者邮递类海关监管作业场所规范设置。跨境电子商务网购保税进口业务应当在海关特殊监管区域或保税物流中心（B 型）内开展。

（四）物流管理

依据 2018 年第 194 号文件，跨境电子商务零售进出口商品可采用"跨境电商"模式进行转关。其中，跨境电子商务综合试验区所在地海关可将转关商品品名以总运单形式录入"跨境电子商务商品一批"，并需随附转关商品详细电子清单。网购保税进口商品可在海关特殊监管区域或保税物流中心（B 型）间流转，按有关规定办理流转手续。以"网购保税进口"（监管方式代码"1210"）海关监管方式进境的商品，不得转入适用"网购保税进口 A"（监管方式代码"1239"）的城市继续开展跨境电子商务零售进口业务。网购保税进口商品可在同一区域（中心）内的企业间进行流转。

依据 2023 年第 44 号文件，为落实国家振兴东北老工业基地的战略部署，促进利用境外港口开展内贸货物跨境运输合作，海关总署决定进一步拓展吉林省内贸货物跨境运输业务范围，同意在原有吉林省内贸货物跨境运输业务范围的基础上，增加俄罗斯符拉迪沃斯托克港为内贸货物跨境运输中转口岸，增加浙江省舟山甬舟集装箱码头和嘉兴乍浦港两个港口为内贸货物跨境运输入境口岸。

三、关于跨境电商的相关支付政策与法规

关于跨境电商的相关支付政策与法规如表 8-4 所示。

表8-4 关于跨境电商的相关支付政策与法规

发布时间	发布部门	政策或规定名称
2019 年 4 月	国家外汇管理局	《国家外汇管理局关于印发〈支付机构外汇业务管理办法〉的通知》（汇发〔2019〕13 号）
2019 年 10 月	国家外汇管理局	《国家外汇管理局关于进一步促进跨境贸易投资便利化的通知》（汇发〔2019〕28 号）
2019 年 12 月	国家外汇管理局	《国家外汇管理局关于在自由贸易试验区试点取消部分外汇管理行政许可申请材料的通知》（汇发〔2019〕37 号）
2020 年 5 月	国家外汇管理局	《国家外汇管理局关于支持贸易新业态发展的通知》（汇发〔2020〕11 号）

续表8-4

发布时间	发布部门	政策或规定名称
2020年8月	国家外汇管理局	《国家外汇管理局关于印发〈经常项目外汇业务指引（2020年版）〉的通知》（汇发〔2020〕14号）
2022年5月	国家外汇管理局	《国家外汇管理局关于支持高新技术和"专精特新"企业开展跨境融资便利化试点的通知》（汇发〔2022〕16号）
2023年12月	国家外汇管理局	《国家外汇管理局关于进一步深化改革 促进跨境贸易投资便利化的通知》（汇发〔2023〕28号）
2023年12月	国家外汇管理局	《国家外汇管理局关于扩大跨境贸易投资高水平开放试点的通知》（汇发〔2023〕30号）

四、关于跨境电商的其他政策与法规

关于跨境电商的相关法律及其他政策与法规如表8-5、表8-6所示。

表8-5 关于跨境电商的相关法律

实施时间	通过会议或颁布机关	法律
2014年3月	全国人大常委会	《中华人民共和国消费者权益保护法》
2019年1月	十三届全国人大常委会第五次会议	《中华人民共和国电子商务法》

表8-6 关于跨境电商的其他政策与法规

发布时间	发布部门	政策或法规名称
2019年4月	市场监管总局、公安部、农业农村部、海关总署、版权局、知识产权局	关于印发《加强网购和进出口领域知识产权执法实施办法》的通知（国市监稽〔2019〕82号）
2020年10月	商务部电子商务司	《公开征求〈B2C电子商务平台经营者交易规则制定指南〉行业标准意见》
2021年3月	商务部、发展改革委、财政部、海关总署、税务总局、市场监管总局	《商务部发展改革委财政部海关总署税务总局市场监管总局关于扩大跨境电商零售进口试点、严格落实监管要求的通知》（商财发〔2021〕39号）
2021年7月	国务院办公厅	《国务院办公厅关于加快发展外贸新业态新模式的意见》（国办发〔2021〕24号）
2021年10月	商务部电子商务司	《商务部 中央网信办 发展改革委关于印发〈"十四五"电子商务发展规划〉的通知》（商电发〔2021〕191号）
2024年3月	国家互联网信息办公室	《促进和规范数据跨境流动规定》
2024年4月	商务部	《商务部关于印发〈数字商务三年行动计划（2024—2026年）〉的通知》
2024年6月	商务部、国家发展改革委、财政部、交通运输部、中国人民银行、海关总署、税务总局、金融监管总局、国家网信办	《商务部等9部门关于拓展跨境电商出口推进海外仓建设的意见》商贸发〔2024〕125号

任务二　世界主要国家或地区的跨境电商政策与法规

2024年，宁波诚通贸易有限公司计划在俄罗斯和新西兰开展跨境电商业务，小橙负责去了解这两个国家有关跨境电商的政策与法规。

一、俄罗斯有关跨境电商的政策与法规

从用户数量和市场普及率来看，俄罗斯互联网市场近年来发展迅速。截至2022年，俄罗斯的互联网普及率已超过85%，网民人数约为1.24亿人。到2023年，这一数字进一步增长，互联网普及率达到90%。移动互联网用户在俄罗斯互联网用户中占据主导地位，显示出巨大的商业潜力。

俄罗斯互联网商务公司协会称，俄罗斯正在继续向数字在线购物转型，2023年上半年电子商务销售额达到276.7亿美元。

俄罗斯是欧亚经济联盟的成员国之一。在跨境电商方面，欧亚经济联盟已经充分认识到这一新兴业态的蓬勃发展，发布了《欧亚经济联盟中的数字贸易（电子商务）发展报告》。2019年10月25日，《中华人民共和国与欧亚经济联盟经贸合作协定》正式生效。这份协议包括了在很多领域开展合作，如海关手续、赛事和电子商务等。

俄罗斯加入的欧亚经济联盟并没有为跨境电商安排特别的监管和征税体系。作为关税同盟，跨境电商商品以邮包、快件或货运（海运、空运）等各种物流形态进入欧亚经济联盟成员国（包含俄罗斯等五国）境内，接受海关监管和征税后，在五国内自由运输。

跨境电商商品进入俄罗斯境内时有两种通道，即绿色通道和红色通道。

绿色通道

进入俄罗斯境内时，以下随身行李中的进口货物可走绿色通道免交关税。

1. 自用货物（乙醇和不可分割的货物除外），其海关价值不超过500欧元，总重量不超过25千克，若为航空旅客，则不超过10 000欧元，总重量不超过50千克。

2. 酒类不超过3升，200支香烟或50支雪茄或250克烟草，或特定产品的总重量不超过250克，18岁以上的人才可携带。

3. 其他。

（1）根据《关于越过海关联盟关境的个人携带入境的个人自用物品的协定》中的自用的旧物品。

（2）不受禁限管制的第1款所列货物随携带行李进口的货物物品，可通过绿色通道。

（3）进口的俄罗斯卢布、外币、旅行支票不需要报关，只要其总额不超过1万美元等值的，就可以通过绿色通道，免于申报。

（4）没有随身行李的。

注意：经绿色通道向海关申报的货物，需承担行政和刑事责任。如果不清楚是否可以选择绿色通道，建议走红色通道。

> **红色通道**
>
> 进入俄罗斯境内时,以下货物需通过红色通道申报:
> 进口应税货物,包括。
> 1. 价值超过500欧元或重量超过25千克的物品。
> 2. 每个18岁以上的人携带3升以上的酒精饮料和啤酒。
> 3. 不可分割的货物。
> 4. 其他。
> （1）乙醇。
> （2）禁限管制货物。
> （3）俄罗斯卢布、外币、等值超过1万美元的旅行支票和（或）证券,必须全额申报。
> （4）非随身行李（即使行李或部分行李尚未到达）或已通过货运或快递到达的行李。
> （5）特殊情况在提交相关文件（例如,重新安置到永久居留地、继承货物出口复进口等）后,才能免征关税。
> （6）机动车辆。

在货物通关方面,所有进入俄罗斯关境的货物,不管价值多少,不管是否是个人自用物品,均需向海关申报。

如果货物的海关价值（包括运输成本）不超过200欧元,可使用简化清关手续,不需要收货人提供附加文件或信息。

以下货物需单独申报:

第一,海关价值（包括运输成本）超过200欧元的货物。

第二,海关价值（包括运输成本）不超过200欧元,但海关要求提供附加文件或信息的货物。

在个人自用物品通关方面,个人自用的进口物品（非商业的,用于个人、家人、家庭或其他用途的商品）进入欧亚经济联盟边境可免征关税。

二、新西兰有关跨境电商的政策与法规

新西兰并没有像中国一样将跨境电商业务单列出来形成一套专门的监管体系。个人从海外网站购买、以各种物流形态跨境进口的物品进入新西兰后,依交易额的不同可能被征税（具体可查询新西兰海关官网在线购物板块）。

> **商业货物的进口申报流程**
>
> 1. 进口前首先确认该货物未在禁止或限制进口目录上,并在该目录中查询是否需要进口许可。
> 2. 禁止进口侵权或假冒货物。
> 3. 货物清关前,提交电子进口报关单或电子货物报关单（ECI）。
> 4. 按照适用的税率支付关税和消费税。
> 5. 支付其他适用的费用或税款。
>
> 准备报关单时,可向报关行和货运代理寻求帮助。

在入境通关方面，进入新西兰的所有货物需要向海关报关后才可以清关，不过新西兰海关网站仅明确了商业货物（即出于商业目的销售或使用的货物）的进口申报流程，对个人在境外网站上购买的物品未有明确的进口申报流程。

在贸易管制方面，根据货物的不同性质，进口商可能需要取得许可，才能确保一些特定的商品能够顺利地完成清关。例如，部分动物、植物、奶制品需要在进口前取得许可。为此，建议在商品上架销售前，提前通过新西兰海关官网查询了解具体商品的禁限情况，避免造成损失。

在税收征管方面，新西兰海关官网上有针对"在线购物"的专版内容介绍跨境税收征管政策。主要内容如下。

第一，"在线购物"金额低于1000新西兰元的，无须在新西兰海关缴纳任何税款。如果消费税已在购买时缴纳的话，可申请退还已缴纳的消费税。但无论多少价值的酒类和烟草均需缴纳关税和消费税。

第二，对海外"在线购物"金额高于1000新西兰元的，新西兰海关将征收关税和消费税，用户还需录入一个海关编码。

如果用户购买金额低于1000新西兰元的货物发生退货，卖家应负责退款。如果用户购买金额高于1000新西兰元的货物发生换货，无须为换货再次缴纳税款，但需提交换货证明，如达成换货协议的邮件或退还原物品的证明。

> **具体的纳税流程**
>
> 第一步：在线购买超过1000新西兰元，申请海关编码（用户号）。
> 第二步：货物到达新西兰时，承运货物的运输公司会通知用户。
> 第三步：向邮箱service.delivery@customs.govt.nz发送邮件。内容需包含：用户姓名和地址；身份证件复印件；购买凭证；运输文件（空运单或提单）；运输公司（快递公司、新西兰邮政等）发出的包裹已抵达新西兰的通知或信函。当然，用户也可以聘请一个报关专员为其处理这些事宜，费用由用户承担。
> 第四步：海关将根据完税价格向用户开具发票，完税价格是折算为新西兰元的购买价格及运费和保险费。此费用组成包括：15%的消费税；根据货物的来源地和种类可能需要缴纳的关税；进口交易费。
> 第五步：支付税款。
> 第六步：用户支付完税款，运输公司会自动收到可以投递的信息。

一、欧盟跨境电商相关政策与法规

（一）跨境电商的商品入境通关

欧盟跨境电商的商品在入境时与一般贸易需办理的海关手续基本相同，但近年来随着欧盟对跨境电商管理规范逐渐加强，针对跨境电商也出台了一系列措施，主要体现在以下两个方面。

1. 税制改革。

由于跨境电商在税收征管上有显著区别于传统贸易的特点，欧盟采取了一系列的税制改革措施，以加强跨境电商在入境时的税收征管。2017年12月5日，欧盟委员会公布针对跨境电商商品贸易的增值税规范化的新法案，最终改革方案分别于2019年和2021年分两部分执行。第一部分是2019年1月1日起执行的，主要是针对欧盟内部电子服务销售而采取的一系列简化措施，包括针对中小商家制订的10 000欧元的跨国征税起征点（跨国销售低于起征点的服务商可以向当地的税务局按本国税率交税），还有修改和简化关于发票的一些规定。第二部分是2021年7月1日起执行的，主要是针对欧盟内部和非欧盟国家（地区）卖往欧盟的跨境销售货物的一系列措施。主要措施如下。

（1）将一站式进口服务（Import One-Stop Shop，简称IOSS）扩大到欧盟内部和非欧盟国家（地区）卖往欧盟的远程销售活动。卖家将来只需在一个欧盟国家（地区）注册，填写一份增值税（Value-added Tax，简称VAT）报表就可以涵括卖家在所有欧盟国家（地区）需缴纳的VAT，不用分别在每个有销售活动的欧盟国家（地区）单独注册和申报VAT。欧盟预计此措施将减少卖家95%的合规成本和费用。

（2）在线交易平台将负责对非欧盟电商在其平台上销售的货物申报和缴纳VAT。该措施一开始并不在欧盟改革计划之内，但目前非欧盟电商在欧盟用于跨境电商销售的大部分货物都没有在欧盟缴纳VAT，导致了欧盟企业在竞争中处于不利地位，因此欧盟希望通过此举能有效减少非欧盟卖家的VAT逃税问题。

（3）取消从非欧盟国家（地区）进口到欧盟的低价商品（低于22欧元）进口VAT豁免政策。目前该政策常被滥用，取消后有助于为欧盟内外的电商提供一个公平竞争的平台。通过在线交易平台，从非欧盟国家（地区）进口到欧盟的货物，如果价格不高于150欧元，将来也由在线交易平台负责交税。

随着跨境电商的快速发展，欧盟海关面临的运营压力越来越大。2023年5月，欧盟委员会提出了海关法全面改革提案。这是一套一揽子的改革提案，包括欧盟海关法典、关税税则、关税豁免门槛、增值税共同制度等方面，其中也包括了对于跨境电商（欧盟称为远程销售）的关税税制改革。在海关法改革的一揽子提案中关于关税法方面的改革方案主要包括以下几点。

（1）取消价值低于150欧元的货物的关税豁免门槛。因为欧盟认为该门槛被滥用，并因此限制了其使用范围，仅限于不超过150欧元的进口货物的远程销售，所以欧盟正在考虑取消这一门槛，以扩大IOSS的适用范围。

（2）设立远程销售的五档税率简化税制。现行的《欧盟海关法典》（UCC）第56条"共同海关税则和监督"规定，进出口关税应当以共同海关税则为基础。本次海关法改革提案中对远程销售关税税制的改革，就是在该条例的附件中增加一套五档税率的简化税制，将远程销售的进口关税按照HS税则的章节简化划分为0%、5%、8%、12%和17%五档。

（3）设立"视同进口人"制度。本次海关法改革提案修改了《2006/112/EC欧盟理事会指令：增值税的共同制度》，引入了"视同进口人"（Deemed Importer）的概念，即参与从第三方领域进口的货物的远程销售并被授权使用IOSS的任何人。当远程销售的付款被接受时，此类人将承担海关债。也就是"视同进口人"成为关税缴纳的责任人。

欧盟的税制改革的主要措施变化如表 8-7 所示。

表8-7 欧盟的税制改革的主要措施变化

税制改革时间线	主要措施变化
2021年7月1日前（原来）	①货物总价22欧元以下（无关税，无增值税） ②货物总价22~150欧元（无关税，有增值税） ③货物总价超过150欧元（有关税，有增值税） ④以上货值的货物中如含有消费税应税货物（有消费税）
2021年7月1日后（增值税新政）	①取消22欧元VAT豁免额 ②货物总价150欧元以下（无关税，有增值税） ③货物总价超过150欧元（有关税，有增值税） ④货物中如含有消费税应税货物（有关税，有增值税，有消费税）
2023年5月（海关法全面改革提案）	①取消150欧元VAT豁免额 ②任何货值的货物（有关税，有增值税，如含有消费税应税货物的也有消费税）

2. 资质管理。

根据欧盟的相关规定，在欧盟关境内设立的经济主体（包含法人和自然人），须注册 EORI 号码（Economic Operators Registration and Identification Number）。同时，在欧盟关境外设立的经济主体视情况申请注册 EORI 号码，如在办理进出口申报或运输工具等业务时，也须申请注册 EORI 号码。

该规定实际上要求只要在欧盟有商业活动的企业，无论其有无 VAT 号码，但必须有 EORI 号码。卖家若要以进口方的名义进口货物到欧盟，就必须向海关提交 EORI 号码。

跨境电商企业如果使用邮政渠道发货，对于商业性质的邮政大包货物，在进口申报环节必须提供 EORI 号码；但如果是未超限额的邮政小包，可以无须提供 EORI 号码。如果通过海外仓或者亚马逊 FBA 实现本土化发货，必须严格按照进口流程清关，而且卖家需要提供与账号对应的 VAT 和 EORI 号码。

（二）跨境电商商品的海关监管

为保障欧盟区域内单一市场的有效运作，提升欧盟边境贸易效率与风险防控，为欧盟各成员国外部边境执法提供一致的规章，欧盟设立了欧盟海关联盟（EU Customs Union）。

1.《联盟海关法典》。

欧盟海关联盟出台了《联盟海关法典》，该法典规定了 17 个欧盟范围内的海关信息系统，有效促进了联盟内各国海关进出口货物信息第一时间互通。其中，海关决策系统（UCC Customs Decisions System/CDS）、海关监管系统（UCC Surveillance 3/SURV3）等 6 个系统已经建设完成；经认证的经营者系统（Authorised Economic Operator System/AEO）、国家进口系统（UCC National Import System/NIS）等 11 个系统待建设完成。以上系统都要求各国海关将经营者及跨境贸易进出口货物信息及时上传，便于真实数据共享及交叉验证。

2. ICS2。

针对此前所有欧盟边境跨境电子商务邮政包裹无需向海关进行进口简要报关（Entry Summary Declaration/ENS）的监管漏洞，欧盟海关联盟着力推进欧盟海关进口监管系统

（ICS2，上述 17 个欧盟海关信息系统之一）的改革升级。ICS2（进口管制制度 2）是新的欧盟安全申报管理制度，适用于输往欧盟关税地区（包括最终目的地或过境欧盟、挪威或瑞士）的货物。ICS2 按照欧盟相关机构定义，分三个阶段依次上线、逐步扩大实施范围。第一阶段实施时间为 2021 年，范围为空运速运预装货物与邮政空运预装货物。第二阶段实施时间为 2023 年，范围为空运一般货物、空运整箱货物与邮政空运整箱货物。第三阶段实施时间为 2024 年，范围为海上运输货物、公路运输货物与铁路运输货物。2024 年 6 月 3 日起，ICS2 第三阶段将正式实施。在第三阶段，ICS2 的安全保障数据报告要求将扩展到海运、公路和铁路运输的货物。也就说所有通过海上、内陆水道、公路及铁路运抵欧盟或途经欧盟的货物，包括邮政和快递货物，都将受到约束。这意味着所有通过上述方式运输货物至欧盟境内的进口商，在货物运抵前，都必须完成相应的数据申报和提交工作。

3. 减少各类差异政策。

欧盟海关联盟对其内部国家的跨境电商运作采取反地区封锁政策，杜绝贸易商对欧盟不同国家的用户采取限制访问网站和限制信用卡等不公平的销售手段。

针对欧盟境外跨境电商贸易商品：一是取消原先的 22 欧元免税门槛，以降低贸易商低报商品价格及用户通过网购避税等风险；二是对邮政包裹采取进境简要申报的政策，以减少邮政与快递业间的不公平竞争。

4. IOSS。

欧盟各国增值税税率不同，为提高跨境电商商品通关效率，欧盟海关联盟设立了一站式进口服务（IOSS），即欧盟外电商平台在欧盟任一成员国进行网上电子登记，通过登记后，进口商品时可暂免增值税，而后每月汇总补交税款。

（三）贸易管制

对于从欧盟出口的一般贸易商品，欧盟海关联盟没有制订相关贸易限制措施，建议企业在出口前通过欧盟官网，了解各国对欧盟出口商品的不同政策。

对于进口到欧盟的商品，欧盟设有贸易防御政策——若来自非欧盟国家的进口商品被欧盟生产者指控有倾销嫌疑，欧盟委员会将在收到此类投诉后对该进口行为展开调查。近年来，欧盟内有法律效力的反倾销、反补贴政策数量处于历史最低点，且此类政策总数量亦低于 WTO 其他主要成员。建议企业在向欧盟出口商品时，通过欧盟官网了解欧盟对倾销、补贴等行为的认定标准。

（四）"脱欧"后英国的变化

英国政府在退出欧盟后，将花一段时间审查和修改立法，特别是"脱欧"谈判时所涉及的《一般数据保护条例》《电子隐私条例》等法律法规。

由于英国一直执行比较宽松的进口申报政策，扮演了很重要的欧洲物流中转站的角色，很多跨境物流企业都在英国有所布局。但英国"脱欧"后，英国与欧盟之间不能开展自由贸易，英国不再拥有欧洲物流中转站的地理优势。这就意味着，欧盟和英国在贸易上作为两个独立的管辖区，从欧盟其他国家入境的货物再转派送到英国，又或者在英国清关再转派送到欧洲其他国家，还需要再次征收关税和增值税，因此跨境物流企业在英国的布局将受到极大限制，成本和时效都会受到很大影响，最终导致其考虑重新搭建欧洲物流系统。

另外，对于已注册欧盟商标的专利，"脱欧"后在英国不受保护。"脱欧"以前，所有已注册的欧盟商标均会被视为已根据英国法律申请并注册，与此所对应的新商标权会自动记

录在英国商标部门，不收取任何费用，且新商标将保留与欧盟商标的优先权及申请日期。除此之外，商标现有地址将继续适用，无须更改已记录的服务地址。

二、北美跨境电商相关政策与法规

（一）美国

美国并未针对跨境电商进口业务建立专门的监管体系。跟其他货物一样，跨境电商货物通过各种物流方式进入美国后，按照货物价值划分为高、中、低三档，并采取相应的申报模式和适用税率。

> 美国海关与边境保护局对跨境电商进口货物采取三种申报模式。
>
> 免税申报（Duty-free）：适用于价值不超过800美元的货物。这种申报模式称为入境代码86（Entry Type 86），根据《美国法典》第321号条款，允许每人每天累计进口总额不超过800美元的商品免税入境。这种申报方式不需要缴纳关税、税费和其他费用，也不需要提供担保。
>
> 简易申报（Informal Entry）：适用于价值在800~2500美元之间的货物。这种申报模式要求提供产品装箱单、发票等文件，并按照海关编码计算关税。简易申报通常适用于个人物品、商业货物等。
>
> 正式申报（Formal Entry）：适用于价值超过2500美元的货物。这种申报模式要求提供箱单、发票、提单等必备文件，并且需要提交保证金以确保遵守美国海关规定并支付关税。正式申报适用于需要政府其他机构监管的商品，如香烟、酒、化妆品等。

在美国，消费税常被称为销售税，它是一种针对商品或服务销售所收取的税项。通常由卖方在向买方出售时收取，并最终上缴给税务机构。需要注意的是，几乎所有销售到需征税州的订单都需要缴纳销售税，除非购买者能提供免税资格证明。销售税由州销售税和地方销售税两部分组成，整体税率在2%~12%之间波动，具体取决于各州和地方的规定。美国的销售税覆盖所有销售渠道，无论是实体店铺还是电商平台，只要销售到需征税州的商品或服务，都需要缴纳销售税。截至2024年年初，美国大部分州及华盛顿特区对远程销售征收销售税。仅有俄勒冈州、特拉华州、蒙大拿州和新罕布什尔州等少数州还未征收销售税。

《关税法案》第321号条款授权美国海关与边境保护局实施行政豁免，对单人在单日内自国外购买（进口）的货物，累计价值等于或低于800美元的部分不征收关税或其他税。但是，以下进口商品不适用上述最低起征点：酒精饮品或含酒精成分的香水，雪茄或香烟，受美国政府机构规章管制的货物。

（二）加拿大

1. 快递低价值货物（CLVS）计划。

该计划旨在加快推进价值低于2500美元且未受到禁止、管制和监管的进口货物的通关流程。该计划有如下三点需要注意。

（1）边境服务部门使用快递公司内部系统来筛选和转送用于查验的货物。

（2）快递公司按要求将指定货物交由加拿大边境服务局（Canada Border Service Agency，CBSA）查验，其他剩余货物将自动放行。

（3）为减轻跨境贸易方的行政负担，允许其合并进口后一个月内所有货物的账目。

该计划由 CBSA 与快递公司、报关行和进口商合作实施。

2. 邮政计划。

CBSA 对所有进入加拿大的进境邮寄物进行检疫检查。

通常进境邮寄物有四个检疫步骤。

（1）加拿大邮政向 CBSA 提供进境邮寄物内容的类型清单，此清单通常由邮寄方根据邮寄物品的实际情况如实申报。

（2）CBSA 对邮件进行初步检查，大多数的包裹和信件经初步清查后放行。

（3）怀疑可能携带外来有害生物的邮寄物提交其他相关行政部门（如加拿大卫生局等）查验，这些进境邮寄物的清关时间视具体情况而定。

（4）相关行政部门查验发现有风险的邮件则强制扣押，查验无风险的邮件则放行。

3. 税收政策。

在加拿大，对不同国家的产品所征收的进口税也不尽相同。目前不同国家的产品出口到加拿大时会受到不同的关税待遇。例如，最惠国待遇，针对关贸总协定的所有成员及与加拿大有双边贸易协定的国家；普遍优惠制则范围较广，相对税率优惠程度也较低。

例如，加拿大规定税款的最低起征点为 20 加元，邮包征收 5% 的商品及服务税（特别豁免的除外），而关税税率则根据进口商品类型及原产国或制造国不同而有所不同。

（三）墨西哥

2019 年年底，墨西哥《2020 年经济计划》通过，其要求在数字环境中销售商品和服务的技术平台（如 Mercado Libre、亚马逊、Uber、Netflix 等）必须遵守新的税收规定，这些规定要求平台跟踪更多的卖家数据并每月支付相应的增值税等，该政策在 2020 年 6 月 1 日生效。根据 2020 年的墨西哥税收政策，亚马逊墨西哥境内海外仓卖家需要先行支付墨西哥关税、税费和清关费用，才能把进口库存存放在墨西哥境内的亚马逊运营中心。自 2020 年 6 月 1 日起，亚马逊作为代理代扣所有亚马逊平台销售所产生的所得税和增值税，并将预扣金额缴付墨西哥税务机构。

根据墨西哥相关协定，进口货值不超过 50 美元，免征关税和增值税，但是该进口商品仍然须征收递延汇款税。进口到墨西哥的商品必须标示有适当的 8 位墨西哥关税分类编号。这将决定关税的税率并建立任何适用的非关税壁垒。

但是从 2023 年开始，墨西哥零售和服装行业一直谴责电商平台滥用"小额商品进口免税规则"逃税。墨西哥全国商场和超市协会 ANTAD 要求规范从中国进口的商品在墨西哥通过电子商务销售渠道的分销。2024 年 5 月月底，墨西哥国家税务总局（Servicio de Administración Tributaria，SAT）发布公告称，将修订对外贸易规则，严惩电商平台和快递企业在进口服装、电子产品、玩具等商品过程中存在的低价报关避税行为，并将其定义为走私和税务欺诈罪。这一公告意味着墨西哥有可能取消 50 美元以下跨境电商的税收豁免。

三、其他典型国家的相关法律和税收政策

（一）巴西

1. 税收政策。

巴西对于通过邮政和快递包裹服务进口的任何产品，不论其《协调制度》（Harmonized System，HS）归类如何，其进口关税税率均设定为60%（区别于传统货物进口，传统进口货物每个单独的HS归类对应不同的关税税率），烟草和酒精饮料例外。这一关税税率自1995年财政部颁布法令以来一直保持不变。

除进口关税外，快递进入巴西还需要缴纳以下税种。

（1）ICMS：商品流通服务税，类似增值税。

（2）TAXA ADMINISTRATIVA：国际航空公司的操作费，操作费一般是固定的。有一小部分交给巴西联邦机场基建公司。

（3）TARIFA DE ARMAZENAGEM：机场仓储费用一般是产品重量乘以0.7美元。

（4）FECP：巴西扶贫基金。

（5）MULTA：如果延长未缴纳钱款的缴纳期限，那么会有2%的离岸价（Free On Board，FOB）价格的罚款+1%的FOB价格的罚息。

如果选择巴西邮政，其国际航空公司的操作费、机场仓储费用及巴西扶贫基金都免于征收。

2. 征收模式。

巴西跨境电商采取中介征税模式，即商品到达巴西后，快递承运人和邮政运营商代表用户或进口商缴纳关税和其他税费。快递承运人和邮政运营商负责根据政府账户Siscomex Remessa海关电子申报系统的计算来征收关税和其他税费，该系统监控整个流程的每个步骤直至通关结束，如有必要调整的话，还可以追溯到通关结束后。部分电商卖方与物流运营商和快递承运人建立了合作关系，他们采用的是一种卖方征税模式和中介征税模式相结合的复合模式。购买货物时支付关税和其他税费；随后，商品的详细信息传送给快递承运人，形成可靠的进口申报数据，税款也同时汇给承运人，以便随后由承运人转交海关。

除了海关进口关税，所有进口到巴西的产品都应向目的地所在州支付名为ICMS的消费税（也就是巴西的增值税）。中介机构向州立税务部门纳税的程序与关税相似，但不受海关系统管辖。它是通过中介机构和各州之间的协议实施的，并将电子信息发送到各州自己的系统。

3. 最低起征点。

在巴西，邮购订单（如网上订购或电话订购）的进口商品均不设起征点。一般情况下，巴西关税税率在0~35%之间，工业产品税的税率则在0~50%之间。巴西实施简化税制，但凡通过邮寄或特快专递的进口商品货值在50美元和3000美元之间的，须缴纳固定统一进口税，为进口CIF价的60%。

根据巴西政府最新规定，自2024年8月1日0:00（当地时间）起，将对进口到巴西的价值不超过50美元的订单征收20%的进口税。更新后的巴西税收政策如下：对于购买金额小于或等于50美元的订单，买家需缴纳20%的进口税及17%的商品和服务流通税（ICMS）；对于购买金额大于50美元的订单，买家需缴纳60%的进口税及17%的商品和服务流通税，进口税部分可享受20美金的减免。

4. 免征。

寄给巴西任何个人使用的药品、图书、报纸、杂志等都是免税的。

5. 发生退货或弃件情况。

邮政运营商确认收到付款，就会派送包裹。如果 30 天内未收到付款，包裹会被退回给寄件人。巴西不接受无费用弃件，如果目的地清关失败和发件人选择弃件，需要支付每票至少 50 欧元的弃件费，否则巴西海关将安排到付退回。

6. 贸易管制。

巴西海关规定，邮寄同样的货物，数量如果超过 3 件，则收货人必须为公司法人而非自然人，否则海关将拒绝清关并直接退回发货地（退件前不作通知），所产生的一切运费由发货人承担。数量超过 3 件的同一商品，须以正式清关的模式进口，其收货人必须在当地海关有备案登记，并由专门的清关代理来协助办理清关手续。目前巴西只有圣保罗的 VCP 和 GRU 两个口岸可以办理正式清关手续，不在这两个口岸城市的收件人可选择支付一些额外费用，申请将货物转至就近的海关监管中心。

巴西只有一家在万国邮政联盟（UPU）框架内运营的邮政运营商，即巴西邮政，它归联邦政府所有并由联邦政府管理。巴西官网可以获得海关授权在巴西运营的最新快递承运人名单。

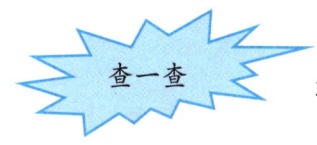

尝试去巴西官网查询现在年份下巴西海关授权在巴西运营的最新快递承运人名单。

（二）新加坡

新加坡作为全球知名的自由港，给予大部分商品免征进出口关税的优惠待遇，但仍需对部分特殊商品征收一定额度的关税，这些受到海关关税管制的货物被称为应税货物。这些应税货物包括酒精饮料、烟草制品、机动车和石油产品。

新加坡没有将跨境电商业务单列出来形成一套专门的监管体系，一般是通过邮包、快件渠道对跨境电商货物进行监管。通过邮寄或快递服务进口的商品（如新商品或二手商品、在线购买的商品）需缴纳商品及服务税和（或）关税。邮寄或空运进口商品（不包括酒和烟草），成本、保险和运费（Cost，Insurance and Freight，CIF）总和不超过 400 新加坡元的，其商品及服务税予以减免。除非另有规定，通过其他运输方式（如海运和陆运）进口的，商品及服务税不予减免。在入境流程上，新加坡移民局官员会对进入该国的车辆、货物和人士进行检查，并将贸易和海关事宜转交给新加坡海关跟进。

1. 邮包进境。

邮包上注明的收件人被视为进口商，邮政或特快专递服务进口的货物由新加坡邮政管理。为了方便清关，进口商应与海外寄件人联系将发票或确认单（标明商品价值）或邮政单据（标明商品价值）附在邮政包裹上，以计算商品及服务税和（或）应纳税额。不允许将寄给同一进口商并通过同一航班到达新加坡的邮政包裹分成多个单独的包裹进行纳税评估。邮政包裹的征税情况取决于商品类型和 CIF 价值，具体如下。

（1）免征关税、无进口限制商品，CIF 总值不超过 400 新加坡元：附带商业发票的邮政包裹将直接清关入境；不附带商业发票的邮政包裹需向新加坡移民局提交票据，新加坡移民局查验包裹后交付。

（2）免征关税、无进口限制商品，CIF 总值超过 400 新加坡元：附带商业发票的邮政包裹将直接清关入境，并在邮包交付时收取商品及服务税；未附加商业发票的邮政包裹需向新加坡移民局提交票据并支付商品及服务税，新加坡移民局查验包裹后交付。

（3）应税、无进口限制商品：如果邮政包裹中包含应税商品，则该包裹将被新加坡移民局扣留。需提交通知函和发票或海关付款许可证（如果适用），并支付商品及服务税和关税，新加坡移民局查验包裹后交付。

（4）限制进口商品：如果邮政包裹中包含限制进口物品，则该包裹将被新加坡移民局扣留。新加坡移民局将通知收件人及相关部门。收件人或授权代表需缴纳商品及服务税和（或）关税（如需缴纳），出具通知函、发票和相关部门授权海关许可（如果适用），新加坡移民局查验包裹后放行。

2. 快件进境。

所有进口货物，包括由快递服务公司交付的货物，均需由移民局进行清关。在通关期间，货物必须附有相关的进口许可和单证，如商业发票、装箱单、航空清单和托运单。快递包裹的清关程序和许可证要求也取决于货物的类型和 CIF 价值，收件人可将缴税等事宜委托快递公司办理。

（三）印度

印度对于跨境电商进口没有专设的渠道，主要通过快件进口方式予以监管。为了规范此类进出口，印度政府于 1998 年发布了《快递进出口（清关）条例》。条例主要对通关方式的适用、程序等进行了规范。

1. 快递监管口岸。

目前，在孟买、德里、金奈、加尔各答、班加罗尔、海得拉巴、艾哈迈达巴德的机场海关及佩特拉波勒、斋浦尔的陆路海关都设有快递通关设施，快递可经上述口岸进境。

2. 适用快递方式进境的物品。

除某些排除类别外，所有货物都可以通过快递方式进口。

> 不允许通过快递进口的货物。
> 动植物，易腐烂的，包含描述印度不正确边界的地图的出版物，任何形式的宝石和半宝石、黄金或白银，属于《关税税则》第 28 章、29 章和 38 章的化学品。

3. 快递要求。

仅允许经授权的快递公司通过快递方式进出口。快递包裹通常由客运或货运飞机运载。如果通过陆路海关通关，则使用其他运输方式。快递公司可任用机上快递员或飞机负责人（飞机的机长）负责进口货物，并提交快递进口单证。出于安全考虑，一般要求飞机配专职机上快递员。进口货物到达机场或陆路海关站时，快递公司的授权代理商将货物交给不同的快递公司进行海关清关。

4. 进口清关。

为了方便海关清关，印度将快递进口货物分为三类。

（1）文件资料，一般用于传达信息而非用于大批量商业宣传用的信件、法律文件、计划书和图表。对文件不征收关税。

（2）样品和免费赠品，样品指无偿提供的、价值不超过 5000 卢比、无进出口限制且不涉及外汇转移的商业样品和免费样品。免费赠品是指自用的、价值不超过 5000 卢比、无进出口限制且不涉及外汇转移的物品。对样品和免费赠品不征收关税。

（3）应税货物或商业货物。

上述三类货物的评估和清关方案不同，因而要求分别包装，快递袋上贴上标签。从本质上讲，前两类货物不征收任何关税，因此适用简化程序，使用快递入境清单通关即可（文件为 III 类，样品和免费赠品为 IV 类）。但是，为核实进口物品是否免税，以文件为例，快递公司需出具清单指明文件性质，如信件、小册子、目录、手册等。对于应征收关税的商品，需提交 V 类入境通关单。该类商品的征税标准与普通进口商品相同。

5. 关税。

印度关税由三个部分构成，即基本关税（Basic Customs Duty，BCD）、社会福利附加税（Social Welfare Surcharge，SWS）、商品及服务税（Goods and Services Tax，GST）。其中，基本关税的税率有两种。

（1）特定税率，基于物品单位（重量、数量等），是更为常见的税率。

（2）从价税率，基于物品可评估出的价值而变化的税率。

在某些情况下，二者会组合使用。SWS 是 2018 年新出台的，取代原来 3% 的教育税，在 BCD 的基础上收取 10%。GST 是全国间接征税，是向制造、销售和消费商品及服务由国家层面征收的单一增值税。它类似中国的增值税，当产品销售出去需要缴纳税务时，可用这部分进口所交的 GST 进行抵扣，也就是说每个阶段支付的投入税可以抵扣免税。商品及服务税率档次划分为五个档次：0%、5%、12%、18%、28%。实际计算公式为：

$$GST =（货值 + BCD + SWS）\times 对应税率档次$$

（四）澳大利亚

澳大利亚并没有将跨境电商业务单列出来形成一套专门的监管体系，但是澳大利亚政府要求，如果海外商户向澳大利亚消费者销售的商品或服务（包括低价值商品）的年销售额超过 70 000 澳元，须在澳大利亚税务局注册。

1. 征税监管与清关。

跨境电商商品以邮包、快件或货运（海运、空运）等各种物流形态进入澳大利亚后，依交易额的不同而由不同的征税监管机关采取不同的征税监管模式。

（1）低价值进口商品由澳大利亚税务局采用卖方征税模式进行征税监管。对海外卖家、在线交易平台和转运、代购企业对出售给澳大利亚用户的不超过 1000 澳元的低价值进口商品（烟酒除外），由澳大利亚税务局向卖方计算、征缴商品及服务税税款，税率为 10%，低价值商品不征收关税。低价值商品以进境方式的不同采取自评清关或直接清关方式：不超过 1000 澳元的低价值商品，若以货运方式入境，货运公司应通过一体化货物系统向海关提交自评清关（Self-Assessment Clearance，SAC）申报单，以自评清关方式报关；若以邮递方式入境，则无须提交 SAC 申报单，海关直接清关。

> 以下三种情况，可免于对低价值商品征收商品及服务税。
> 1. 每年向澳大利亚用户销售价值不到75 000澳元的应税商品（包括低价值商品）。
> 2. 海外业务只进行企业对企业的销售。
> 3. 企业已注册，且其买方提供澳大利亚商业编号和其商品及服务税登记证明。

已代收商品及服务税的交易，如果产生了退款，那么相对应的商品及服务税也会被退还给用户。

（2）高价值商品由海关采用传统方式征税。对价值超过1000澳元的进口商品，采用传统的边境征税模式，即在商品进境时，由海关征收商品及服务税、关税和其他间接税。高价值商品需正式报关：澳大利亚海关规定，超过1000澳元的跨境电商商品，无论是否个人使用，也无论以什么运输方式入境，均应向海关提交进口申报单进行正式申报。

2. 贸易管制。

在澳大利亚进口商品，并不需要进口商持有专门的进口许可证。但是，根据货物的不同性质和价值，进口商可能需要取得许可，才能确保一些特定的商品能够顺利地完成清关。建议卖家在商品上架销售前，提前通过官网的进口、出口和制造板块查询违禁品，了解具体商品的禁限情况，避免造成损失。

此外，澳大利亚要求进口商确保所有进口商品均被正确标识。例如，进口商品必须标有制造或生产的国家或地区的名称，并在显著位置标明商品的真实说明。

课后拓展

中国品牌"出海"之路

随着全球经贸格局的变化和自身产品力的提升，越来越多的中国品牌开始抓住机遇，制订符合自身发展要求的"走出去"战略，以全球化视野看待发展，因地制宜，稳步推进海外市场的拓展。

事实上，中国品牌"出海"之路源远流长，最早可追溯到两千多年前张骞出使西域打通一条连接东西方的、构成全球化发端的贸易之路——"陆上丝绸之路"。随后又经历成长期、觉醒期，最终发展到如今的黄金期。

中国品牌"出海"历程

两千多年前，张骞出使西域，打通了"陆上丝绸之路"。

六百多年前，郑和七下西洋，串联起"海上丝绸之路"。

1915年，"谢馥春"成为第一个走出"国门"的中国化妆品品牌。

1973年，国家外贸部试办全国第一家出口商品生产综合基地。

20世纪后，"Made in China"开始席卷各国市场。

2001年，我国加入WTO，中国企业开始在国际市场中崭露头角。

2009年，中国成为全世界最大的出口国。

2015年,"一带一路"倡议进入全面实施阶段,华为、中兴、海信、美的等大量中国品牌加快了全球化布局的步伐。

2018年开始,中国品牌"李宁""太平鸟""波司登"亮相纽约时装周,代表着中国品牌在时尚界占据一席之地。

2021年,我国加入世界贸易组织20周年,我国进出口总值从2001年的4.22万亿元人民币增至2021年的39.1万亿元人民币,年均增长12.2%。

2023年,Temu、TikTok Shop、全球速卖通、SHEIN"跨境电商四小龙"组团"出海",用一种新的"出海"思路,从"挑战者"进化为"引领者"。

中国品牌成功"出海"离不开多项政策的扶持。近年来,"十一五"规划、"十二五"规划、《中国制造2025》等多项相关政策陆续颁布,促进对外贸易发展,鼓励自主品牌"出海"。

中国品牌"出海"相关扶持政策如表8-8所示。

表8-8 中国品牌"出海"相关扶持政策

年份	政策	主要内容
2006	"十一五"规划	对外贸易:扩大具有自主知识产权、自主品牌的商品出口
2011	"十二五"规划	推动自主品牌建设,提升品牌价值和效应,加快发展具有国际知名品牌和核心竞争力的大型企业
2015	《中国制造2025》	鼓励代工企业向代设计和出口自主品牌产品转变
2016	"十三五"规划	推动高端装备出口,提高出口产品科技含量和附加值
2017	《关于深入实施商标品牌战略,推进中国品牌建设的意见》	通过完善商标等相关标准推进品牌建设
2021	"十四五"规划	开展中国品牌创建行动,提升自主品牌影响力和竞争力,率先在化妆品、服装等消费品领域培育一批高端品牌

对于中国品牌"出海",各省份也纷纷推出支持政策。典型省份支持中国品牌"出海"的相关措施如表8-9所示。

表8-9 典型省份支持中国品牌"出海"的相关措施

省份	措施
山东	山东自贸试验区济南片区"搭建文化'出海'全链条服务体系",包含搭建"线上+线下"文化出海公共服务新体系;打造"海外文化中心+跨境电商+海外仓"文化出海新通道;构建"运贸服务+中欧班列"文化出海新模式
浙江	浙江省政府印发《浙江省推进外经贸企业合规体系建设三年行动计划(2022—2024年)》,将通过强化合规预警、加强专业培训、建设人才队伍等举措,提升企业对规则变化的敏感度,减少企业因合规问题导致的海外经营损失

续表 8-9

省份	措施
新疆	结合贯彻落实《关于进一步深化税收征管改革的意见》，助力企业持续加大科技创新和技术改造力度，不断提升自主制造和工业互联网转型升级能力，为企业走稳走好"出海"之路提供"税惠政策锦囊"
广东	《广东省人民政府关于印发中国（韶关）等8个跨境电子商务综合试验区实施方案的通知》提出，韶关等地人民政府要抓紧完善工作机制，加快推进综合试验区建设，为推动全省跨境电子商务高质量发展探索新经验、新做法

资料来源：中华人民共和国商务部、国家税务总局、人民网、人民科技、百度百科、中国政府网、共产党员网、纪录片《国货出海》等公开资料。

内容来源：中国品牌出海白皮书。

课后训练

一、单项选择题

（　　）1. 2019年10月26日，国家税务总局发布《关于跨境电子商务综合试验区零售出口企业所得税核定征收有关问题的公告》，宣布自2020年1月1日起，对符合条件的出口跨境电商企业，试行核定征收企业所得税办法。适用核定征收的跨境电商企业，应准确核算收入总额，并采用应税所得率方式核定征收企业所得税，应税所得率统一按照　　　确定。

A. 2.5%　　　　B. 3%　　　　C. 3.5%　　　　D. 4%

（　　）2. 在货物通关方面，如果货物的海关价值（包括运输成本）不超过＿＿＿欧元，可使用简化清关手续，不需收货人提供附加文件或信息。

A. 100　　　　B. 200　　　　C. 3　　　　D. 400

（　　）3. 在税收征管方面，新西兰对海外"在线购物"金额高于＿＿＿新西兰元的，新西兰海关将征收关税和消费税。

A. 1000　　　　B. 2000　　　　C. 3000　　　　D. 4000

（　　）4. 欧盟海关联盟出台了《联盟海关法典》，该公约规定了＿＿＿个欧盟范围内的海关信息系统，有效促进了联盟内各国海关进出口货物信息第一时间互通。

A. 15　　　　B. 16　　　　C. 17　　　　D. 18

（　　）5.《关税法案》第321号条款授权美国海关与边境保护局实施行政豁免，对单人在单日内自国外购买（进口）的货物，累计价值等于或低于＿＿＿美元的部分不征收关税或其他税。

A. 500　　　　B. 600　　　　C. 800　　　　D. 1000

（　　）6. 新加坡快件进境时，免征关税，无进口限制商品的CIF总值不超过＿＿＿新加坡元。

A. 200　　　　B. 400　　　　C. 600　　　　D. 800

（　　）7. 澳大利亚规定，对海外卖家、在线交易平台和转运、代购企业对出售给澳大利亚用户的不超过1000澳元的低价值进口商品（烟酒除外），由澳大利亚税务局向卖方计算、征缴商品及服务税（GST）税款，税率为＿＿＿，低价值商品不征收关税。

A. 5%　　　　B. 7%　　　　C. 9%　　　　D. 10%

（　　）8. 通关系统不属于 H2018 通关管理系统的海关监管模式是＿＿＿＿。

A. 跨境电商零售出口（9610）

B. 跨境电商 B2B 直接出口（9710）

C. 跨境电商出口海外仓（9810）

D. 跨境电商特殊区域出口海外仓零售（1210）

二、多项选择题

（　　）1. 进入俄罗斯境内时，以下进口货物可走绿色通道免交关税的是＿＿＿＿。

A. 自用货物（乙醇和不可分割的货物除外），其海关价值不超过 500 欧元，总重量不超过 25 千克，若为航空旅客，则不超过 10 000 欧元，总重量不超过 50 千克）。

B. 酒类不超过 3 升，200 支香烟或 50 支雪茄或 250 克烟草，或特定产品的总重量不超过 250 克，18 岁以上的人才可携带。

C. 根据《关于越过海关联盟关境的个人携带入境的个人自用物品的协定》中的自用的旧物品。

D. 机动车辆

（　　）2. 进入俄罗斯境内时，以下＿＿＿＿需通过红色通道申报。

A. 价值超过 500 欧元或重量超过 25 千克的物品

B. 每个 18 岁以上的人携带 3 升以上的酒精饮料和啤酒

C. 不可分割的货物

D. 乙醇

（　　）3. 美国海关与边境保护局对跨境电商进口货物采取的申报模式有＿＿＿＿。

A. 免税申报

B. 有税申报

C. 简易申报

D. 正式申报

（　　）4. 除进口关税以外，快递进入巴西还需要缴纳＿＿＿＿税种。

A. ICMS 商品流通服务税

B. TAXA ADMINISTRATIVA 国际航空公司的操作费

C. TARIFA DE ARMAZENAGEM 机场仓储费用

D. FECP 巴西扶贫基金

（　　）5. 在印度，不允许通过快递进口的货物包含＿＿＿＿。

A. 动植物

B. 易腐烂的

C. 包含描述印度不正确边界的地图的出版物

D. 任何形式的宝石和半宝石、黄金或白银

三、判断题

（　　）1. 只要具备退税资格就可以实现出口退税。

（　　）2. 跨境电商商品以邮包、快件或货运（海运、空运）等各种物流形态进入欧亚经济联盟成员国（包含俄罗斯等五国）境内，接受海关监管和征税后，在五国内不能自由运输。

(　　)3. 2013年8月21日，国务院办公厅发布《国务院办公厅转发商务部等部门关于实施支持跨境电子商务零售出口有关政策意见的通知》（国办发〔2013〕89号），对符合条件的电子商务出口货物实行增值税和消费税免税或退税政策。

(　　)4. 在货物通关方面，所有进入俄罗斯关境的货物，不管价值多少，不管是否是个人自用物品，均需向海关申报。

(　　)5. 根据欧盟的相关规定，在欧盟关境内设立的经济主体（包含法人和自然人），一定要注册EORI号码。

(　　)6. 欧盟海关联盟对其内部国家的跨境电商运作采取地区封锁政策，杜绝贸易商对欧盟不同国家的用户采取限制访问网站和限制信用卡等不公平销售手段。

(　　)7. 在加拿大，对不同国家的产品所征收的进口税不相同。例如，最惠国待遇，针对关贸总协定的所有成员及与加拿大有双边贸易协定的国家；普遍优惠制则范围较广，相对税率优惠程度也较低。

(　　)8. 寄给巴西任何个人使用的图书、报纸、杂志等都是免税的，但是药品不免税。

(　　)9. 巴西只有一家在万国邮政联盟框架内运营的邮政运营商，即巴西邮政Correios，它归联邦政府所有并由联邦政府管理。

(　　)10. 澳大利亚政府要求，如果海外商户向澳大利亚消费者销售的商品或服务（包括低价值商品）的年销售额超过70 000澳元，须在澳大利亚税务局注册。

参考文献

[1] 盛立强，王佳. 跨境电子商务基础 [M]. 北京：高等教育出版社，2020.
[2] 孟盛，陈文静，杜作阳. 跨境电商基础 [M]. 北京：中国人民大学出版社，2020.
[3] 郑春芳. 跨境电商理论、政策与实操 [M]. 北京：经济科学出版社，2019.
[4] 陈旭华，蔡吉祥，陈俏丽. 跨境电商物流理论与实务 [M]. 杭州：浙江大学出版社，2021.
[5] 朱瑞霞. 跨境电商支付与结算 [M]. 上海：复旦大学出版社，2021.
[6] 华树春，李玲. 跨境电商概论 [M]. 北京：中国海关出版社，2018.
[7] 钱莎. 基于QFD的B2C进口跨境电商平台满意度评价研究 [D]. 成都：西南交通大学，2020.
[8] 李宁. 我国跨境电商B2B出口平台的发展研究 [D]. 北京：对外经济贸易大学. 2018.
[9] 董雪. 进口跨境电商平台服务创新能力评价研究 [D]. 石家庄：河北经贸大学，2020.
[10] 易观分析. 2023年度跨境进口电商用户消费特征简析 [EB/OL]. [2024-01-31].
[11] 中华人民共和国商务部. 中国电子商务报告2022[M]. 北京：中国商务出版社，2023.
[12] 中华人民共和国商务部. 中国电子商务报告2021[M]. 北京：中国商务出版社，2022.
[13] 中华人民共和国商务部. 中国电子商务报告2020[M]. 北京：中国商务出版社，2021.
[14] 商务微新闻. RCEP生效意味着什么（上）[EB/OL]. [2021-11-07].
[15] 数字人民币，未来的发展方向是怎么样的 [EB/OL]. [2021-12-05].
[16] 中国电子商务研究中心. 跨境电商北美市场一年四季销售排班表 [EB/OL]. [2015-01-26].
[17] 速卖通大学. 跨境电商物流 [M]. 北京：电子工业出版社，2016.
[18] 孙秀英. 跨境电商背景下物流网络风险管理研究 [D]. 大连：大连理工大学，2018.
[19] 谈璐，刘红. 跨境电子商务实操教程 [M]. 北京：人民邮电出版社，2018.
[20] 汪燕. 探秘亚马逊的智慧物流 [J]. 浙江经济，2018（22）.
[21] 肖建辉. 跨境电商物流渠道选择与发展 [J]. 中国流通经济，2018（9）.
[22] 谢泗薪，尹冰洁. 中美贸易摩擦下跨境电商物流联盟风险预判与战略突围 [J]. 中国流通经济，2019（2）.
[23] 许迅安. 新时期中国跨境物流海外仓建设发展现状及策略研究 [J]. 对外经贸实务，2019（9）.
[24] 杨帆. 第三方物流企业国际快递业务风险研究 [D]. 长沙：湖南大学，2018.
[25] 于承忠. 顺丰速运国际市场快递业务的策略 [J]. 物流工程与管理，2019（1）.
[26] 廖润东. 中小型跨境电商企业零售出口（B2C）海外仓使用困境及对策 [J]. 企业经济，2019（6）.
[27] 刘翠萍. 我国跨境电商海外仓建设研究 [D]. 南昌：江西财经大学，2018.
[28] 马述忠，卢传胜，丁红朝，等. 跨境电商理论与实务 [M]. 杭州：浙江大学出版社，2018.
[29] 唐连生. 电子商务运营管理实务 [M]. 北京：中国财政出版社，2020.
[30] 冯晓鹏. 跨境电子商务的法律与政策研究 [D]. 长春：吉林大学，2019.
[31] 石林. 跨境电商贸易便利化相关规则研究 [D]. 郑州：郑州大学，2018.

[32] 周勍. 中国跨境电商政策的影响效应研究 [D]. 北京：对外经济贸易大学，2020.

[33] 全球（郑州）跨境电商研究员. 世界主要国家跨境电商相关政策与解读 [M]. 北京：中国商务出版社，2021.

[34] 国际贸易实战培训：欧盟跨境电商进口关税税制将大改 [EB/OL]. [2023-05-23].

[35] 王军海. 跨境电子商务支付与结算 [M]. 北京：人民邮电出版社，2018.

[36] 冯潮前. 跨境电子商务支付与结算实验教程 [M]. 杭州：浙江大学出版社，2016.

[37] 陈秀梅，冯克江. 跨境电商客户服务 [M]. 北京：人民邮电出版社，2020.

[38] 柯丽敏，王怀周. 跨境电商基础、策略与实战 [M]. 北京：电子工业出版社，2016.

[39] 张函. 跨境电子商务基础 [M]. 北京：人民邮电出版社，2019.

[40] 杨立钒. 跨境电子商务教程 [M]. 北京：电子工业出版社，2017.

[41] 邓志超，崔慧勇，莫川川. 跨境电商基础与实务 [M]. 北京：人民邮电出版社，2017.

[42] 柯丽敏，张彦红. 跨境电商运营从基础到实践 [M]. 北京：电子工业出版社，2020.

[43] 严行方. 跨境电商运营从入门到精通 [M]. 北京：人民邮电出版社，2019.

[44] 林俊峰，彭月嫦. 跨境电商实务 [M]. 广州：暨南大学出版社，2016.

[45] 李洁，崔怡文，王涛. 速卖通运营与管理 [M]. 北京：人民邮电出版社，2019.

[46] 李文渊，魏家波. 跨境电商运营实务：跨境营销、物流与多平台实践 [M]. 北京：电子工业出版社，2019.